RICHARD DAVID PRECHT

HARALD WELZER

Die Vierte Gewalt

GOLDMANN

Buch

Für eine vitale Demokratie ist eine unabhängige Berichterstattung ebenso notwendig wie differenzierte Deutungen der politischen Entwicklungen. Dazu gehört unabdingbar die Vermeidung von Einseitigkeit, der Einbezug internationaler Perspektiven und die Darstellung auch widersprüchlicher Entwicklungen – alles Aspekte, die die Leitmedien zunehmend vermissen lassen. Precht und Welzer zeigen nicht nur, warum viele Medienschaffende hinter den Ansprüchen an ihren Beruf zurückfallen, sondern auch, wie ein Selbstverständnis zurückgewonnen werden kann, das die »Vierte Gewalt« wieder ihre Verantwortung für die Demokratie wahrnehmen lässt.

Autoren

Richard David Precht, geboren 1964, ist Philosoph, Publizist und Autor und einer der profiliertesten Intellektuellen im deutschsprachigen Raum. Er ist Honorarprofessor für Philosophie und Ästhetik an der Hochschule für Musik Hanns Eisler in Berlin. Von 2011 bis 2023 war er zudem Honorarprofessor für Philosophie an der Leuphana Universität Lüneburg. Seit seinem sensationellen Erfolg mit *Wer bin ich – und wenn ja, wie viele?* waren alle seine Bücher zu philosophischen oder gesellschaftspolitischen Themen große Bestseller und wurden in mehr als 40 Sprachen übersetzt. Seit 2012 moderiert er die Philosophiesendung *Precht* im ZDF und diskutiert zusammen mit Markus Lanz im Nr.1-Podcast *Lanz & Precht* im wöchentlichen Rhythmus gesellschaftliche, politische und philosophische Entwicklungen.

Harald Welzer, geboren 1958, ist Soziologe und Sozialpsychologe und engagiert sich auf vielfältige Weise für eine bessere und offene Gesellschaft, für Nachhaltigkeit und Demokratie. Er ist Direktor von FUTURZWEI. Stiftung Zukunftsfähigkeit und Professor für Transformationsdesign an der Universität Flensburg. Daneben lehrt er an der Universität St. Gallen und an der ETH Zürich. In den Fischer Verlagen sind von ihm u. a. erschienen: *Selbst denken* (2013), *Die smarte Diktatur. Ein Angriff auf unsere Freiheit* (2016), *Alles könnte anders sein. Eine Gesellschaftsutopie für freie Menschen* (2019), *Nachruf auf mich selbst.* (2021) und *Zeitenende. Politik ohne Leitbild. Gesellschaft in Gefahr* (2023). Seine Bücher sind in 21 Ländern erschienen.

Informationen zu weiteren lieferbaren Titeln von Richard David Precht bei Goldmann finden Sie am Ende des Buches.

Richard David Precht
Harald Welzer

DIE VIERTE GEWALT

Wie Mehrheitsmeinung
gemacht wird,
auch wenn sie keine ist.

GOLDMANN

Penguin Random House Verlagsgruppe FSC® N001967

2. Auflage
Aktualisierte und erweiterte Taschenbuchausgabe April 2024

Neumarkter Straße 28, 81673 München
produktsicherheit@penguinrandomhouse.de
(Vorstehende Angaben sind zugleich Pflichtinformationen nach GPSR.)

Umschlag: UNO Werbeagentur, München,
in Anlehnung an die Umschlaggestaltung der Originalausgabe
(Werner Marschall | LINIENLAND)
Satz: GGP Media GmbH, Pößneck
Druck und Bindung: GGP Media GmbH, Pößneck
Printed in Germany
KF · CH
ISBN 978-3-442-14292-7

www.goldmann-verlag.de

Inhalt

Inhalt 5

Einleitung 7

Der Krieg 21

Ungleiche Meinungen über das Gleiche
Eine kleine Geschichte der Öffentlichkeit **46**

Eine Frage des Systemvertrauens
Die Repräsentationslücke **72**

The Unmarked Space
Was Leitmedien nicht thematisieren **98**

Gala-Publizistik
Politischer Journalismus ist Journalismus über Politiker, weniger über Politik **117**

Auf den Cursor kommt es an!
Warum Dabeisein wichtiger ist als Unabhängigkeit **137**

Kapieren kommt von Kopieren
Wie der Cursor-Journalismus seine Breitenwirkung entfaltet **157**

Die große Ansteckung

Wie es kam, dass die Leitmedien so erregt wurden **177**

Verzweiseitigung

Wie Leitmedien durch die Direktmedien an Qualität verlieren **196**

Erregungsökonomie

Der Verlust des Kontextes **214**

Vertrauen herstellen

In welche Richtung der neue Kurs der Leitmedien gehen könnte **244**

Anmerkungen 264

Danksagung 286

Einleitung

Deutschland, eines der freiesten Länder der Welt, hat ein Problem mit der gefühlten Meinungsfreiheit. In einer Allensbach-Umfrage im Juni 2021 meinten 44 Prozent der Befragten, man könne seine Meinung nicht frei äußern – der höchste Wert, der seit Beginn der Umfrageserie 1953 je gemessen wurde.[1] Zehn Jahre zuvor waren nur 26 Prozent dieser Auffassung.

Selbstverständlich ist die Zahl von 44 Prozent Zweiflern kein Beleg dafür, dass man in Deutschland tatsächlich nicht frei seine Meinung sagen darf. Doch 44 Prozent der Deutschen, die an der Meinungsfreiheit zweifeln, sind dennoch kein Pappenstiel. Ganz offensichtlich handelt es sich hierbei nicht um eine kleine Minderheit und um die vernachlässigbare Sicht radikalisierter Außenseiter. Vielmehr ist es ein hochdramatischer Befund im Hinblick auf das Demokratievertrauen in unserem Land.

Deutschland, das Land der Qualitätspresse und eines im internationalen Vergleich vorbildlichen öffentlich-rechtlichen Rundfunks, hat auch ein Problem mit dem Vertrauen in seine Leitmedien.[2] Von über 4000 im Jahr 2022 von RTL/ntv repräsentativ befragten Bürgerinnen und Bürgern gaben nur noch 46 Prozent an, sie hätten »Vertrauen in die Presse«. 55 Prozent vertrauen dem Radio und gerade einmal 32 Prozent dem Fernsehen. Alle Werte sind gegenüber dem Vorjahr gesunken.[3]

Dieses Meinungsbild ist kein Einzelfall. Nach einer FORSA-Umfrage von 2022 sagen 43 Prozent der Befragten, der Journalismus sei in den letzten Jahren schlechter geworden.[4] Schon 2015 verzeichnete eine Umfrage von Infratest/Dimap im Auftrag des WDR 42 Prozent Befragte, die deutsche Medien für »nicht glaubwürdig« halten. Ein Drittel sprach von einem in den letzten Jahren gesunkenen Medienvertrauen. 42 Prozent der Befragten meinen, dass es aus der Politik Vorgaben für die Berichterstattung gebe. Und ein Fünftel der Befragten hält sogar den berüchtigten »Lügenpresse«-Vorwurf für berechtigt.[5]

Besorgniserregend ist auch, dass das Vertrauen bei der intensivsten Nutzergruppe der Direktmedien, nämlich den Jugendlichen, einer Studie der Universität Bielefeld zufolge äußerst gering ist: 75,8 Prozent misstrauen den Zeitungen, 71,6 Prozent den Journalistinnen und Journalisten. 37,9 Prozent glauben, dass die Medien absichtlich wichtige Informationen zurückhalten, 32,8 Prozent, dass sie nur ihre eigene Meinung verbreiten.[6] Dazu ist es inzwischen ein fester Topos in der öffentlichen Meinung, dass man besagte Meinung »nicht mehr sagen« dürfe. In einer (nicht repräsentativen) Erhebung des MDR mit immerhin 27 000 Befragten sind 78 Prozent der Auffassung, dass man »bei manchen Themen vorsichtig sein müsse, wie man sich äußert«, 48 Prozent haben zudem »Angst, die eigene Meinung zu äußern«, 59 Prozent halten den »Zustand der Meinungsfreiheit« für schlecht.[7]

Solche Zahlen sind alarmierend. Was ist in Deutschland geschehen, dass das Medienvertrauen nur noch so schwach ausgeprägt ist? Wir wagen in dieser Frage eine Hypothese:

Die Migrationskrise, die Corona-Pandemie und zuletzt der Ukraine-Krieg haben die Rolle, die Funktionsweise und das Selbstverständnis der Leitmedien deutlich verändert. Die »Vierte Gewalt« begnügt sich spätestens seit diesen Geschehnissen nicht mehr mit einer umsichtigen Kontrollfunktion des politischen Journalismus. Die Politik, so scheint es, soll von den Leitmedien nicht schlichtweg *kontrolliert*, nein, sie soll oft genug mit Macht zu Entscheidungen *getrieben* werden! Nichtgewählte Journalisten wollen der Politik nicht nur auf die Finger schauen, sondern sie wollen sie *machen*. Und das Erstaunliche daran ist, es gelingt ihnen ziemlich gut! Wie von Wissenschaftlerinnen und Wissenschaftlern gut dokumentiert, ist der Einfluss der Medien auf die Politik in den letzten drei Jahrzehnten kontinuierlich,[8] zuletzt sogar enorm gestiegen, bezahlt allerdings mit dem genannten Preis: dem dramatischen Vertrauensverlust der Bürger in die veröffentlichte Meinung. Denn je einflussreicher die Leitmedien wurden und werden, umso misstrauischer werden ihre Konsumentinnen und Konsumenten.

Doch das Problem ist noch größer. Politik- und Medienwissenschaftler diagnostizieren schon lange die unheilvolle Tendenz, dass die Demokratie, wie wir sie kannten, sich in eine »Mediokratie« transformiert.[9] Das Mediensystem kolonialisiert in dieser Sicht das politische System und lässt es zunehmend nach den gleichen Spielregeln des Aufmerksamkeitskampfes funktionieren. Massenmedial gehetzte und getriebene Politiker, die zudem jede Äußerung, ja, jeden Gesichtsausdruck durch vorauseilende Selbstzensur überprüfen müssen, um nicht skandalisiert zu werden, dürften kaum die notwendige Gelassenheit haben, um eine weitsichtige und vernunftgeleitete Politik zu verfolgen. Und der öffentliche Raum als Ort unausgesetzter Sensationierung und Skandalisierung lässt wenig Platz für Glaubwürdigkeit, Sachverstand, Bürgernähe und Tatkraft – ebenjene Eigenschaften, die Bürger an Politikern gemeinhin am meisten schätzen.[10] Der wachsende Einfluss der Medien verändert also nicht nur ihre Macht, sondern er verändert zugleich auch die Politik.

Über die letzten fünfzehn Jahre wurde die Gefährdung der demokratischen Öffentlichkeit fast ausnahmslos den neu entstandenen Direktmedien[11] angelastet. *Twitter*, *TikTok* und *Telegram*, dazu die ungezählten Kanäle demokratiefeindlicher Influencer galten als der Quell der Desinformation und gesellschaftlicher Manipulation. Natürlich sind einseitige Berichterstattung, Manipulation und Diffamierung aber keineswegs ein originäres Produkt der Direktmedien – auch Blätter wie die *Bild*-Zeitung haben da Traditionen, und die algorithmische Bevorzugung von Skandal- und Klamaukfähigem hat ihre Vorläufer im Boulevard. Aber durch die Direktmedien ist die Zahl von Skandalthemen größer und die Hemmschwellen sind niedriger geworden. So wird die Kultur der Assholery nicht mehr nur in den digitalen Kanälen der Dauererregten gepflegt – ihr Ungeist ist längst aus den Direktmedien entwichen und zuhauf in jene Leitmedien eingewandert, die bislang für sich in Anspruch nehmen, für Qualität zu stehen.

Das aktuelle Beispiel des Ukraine-Krieges liefert hier erschreckende Belege. Die nahezu geschlossen einseitige Positionierung der Kommentare, Leitartikel und Kolumnen meinungsführender Publizisten in den deutschen Leitmedien, die Lieferung schwerer Waffen an die von Russland überfallene Ukraine nicht nur gutzuheißen, sondern vom Bundeskanzler nachdrücklich zu fordern, ist ein demokratisch höchst bedenkliches Phänomen. Denn die Geschlossenheit geschieht auf Kosten des Pluralismus und der Rückbindung an eine Leser- und Zuschauerschaft, die diese Geschlossenheit nicht zeigt. Erschreckender noch sind das moralistische Hyperventilieren und der Hang zur Diffamierung Andersdenkender – gefährliche Übernahmen aus der Unkultur der Kommunikationsformen in den Direktmedien, für die Deutschlands Qualitätspresse zuvor gerade nicht bekannt war.

Das frappierend einheitliche Meinungsbild in einer so schwierigen, komplexen und hochkontroversen Frage wie jener der Waffenlieferungen an die Ukraine zeitigt eine gefährliche Folge. So leicht und zu oft drängt sich vielen Beobachtern der völlig falsche Eindruck auf, die Leitmedien in Deutschland seien von der Regierung oder »dem Staat« manipuliert. Man denkt an Länder wie Russland, China, die Türkei oder die arabische Welt, wo eine solche krasse Abweichung der veröffentlichten Meinung von der öffentlichen tatsächlich von Staats wegen verursacht ist. Wie leicht lässt sich die Inkongruenz von öffentlicher und veröffentlichter Meinung, wie Deutschland sie derzeit erlebt, deshalb missverstehen – eben als Machenschaft und Manipulation?

Tatsächlich hat sie mit einer gelenkten Manipulation überhaupt *nichts* zu tun. Bei uns geht sie, anders als in der Türkei, in Russland, in China und in der arabischen Welt *nicht* unmittelbar vom Staat aus, sondern – und das ist erstaunlich – *von den Leitmedien selbst!* Die Leitmedien in Deutschland sind *keine* Vollzugsorgane staatlicher Meinungsmache. Aber sie sind die Vollzugsorgane ihrer eigenen Meinungsmache, mit – zumindest in Krisenzeiten und solchen, die als diese empfunden werden – sich verstärkendem Hang zum Polarisierenden, Simplifizierenden, Moralisierenden, Autoritären und Diffamierenden. Und sie bilden ihre ganz eigenen Echokammern einer Szene, die stets darauf blickt, was die oder der jeweils andere gerade sagt oder schreibt, ängstlich darauf bedacht, davon nicht abzuweichen. Genau damit aber nähren die – nennen wir sie: amtierenden – Medien bedauerlicherweise viele unbegründete Verdächtigungen, die das Ihre dafür tun, die Sphäre der Öffentlichkeit zu zerstören, indem sie kollektive Zweifel daran befördern, dass unsere Leitmedien »frei« sind und die Meinungsfreiheit garantieren.

Dass unsere Demokratie nicht durch Willkür und Macht »von oben«, sondern aus der Sphäre der Öffentlichkeit selbst unterspült wird, ist ein vermutlich beispielloser Vorgang. Demokratietheoretisch ist er bislang nicht vorgesehen. Wie kann eine liberale Demokratie mit pluraler Medienlandschaft sich selbst gefährden? Aus dieser Frage entspringen viele weitere: Wie ist es in Deutschland, dem Land einer lange vorbildlichen Qualitätspresse und eines im internationalen Vergleich ebenso vorbildlichen öffentlich-rechtlichen Rundfunks, dazu gekommen, dass sich die leitmediale Kommunikation so stark verändert hat? Wie konnte und kann, wo die politische Freiheit fast kontinuierlich gestiegen ist, die Medienlandschaft durch eine verstörende Eigengesetzlichkeit unfreier werden? Und was bildet das veröffentlichte Meinungsbild ab, wenn es mit dem öffentlichen so wenig übereinstimmt?

Ohne Zweifel ist es nicht die Aufgabe von Journalisten und Redakteurinnen, stets minutiös und adäquat widerzuspiegeln, was die Bevölkerung gerade denkt. Im Gegenteil: Sie soll ihren professionellen Vorsprung an recherchiertem Wissen und gesicherter Information an die Bürgerinnen und Bürger weitergeben, damit diese angemessen an den öffentlichen Angelegenheiten teilhaben können. Gleichwohl setzt ihr öffentlich-rechtlicher und auch selbstgestellter Anspruch auf Wahrheitstreue und Pluralität der ungehemmt einseitigen Meinungsfreude Grenzen. So unabhängig von den Voraussetzungen, die der freiheitliche Staat ihnen garantiert, dürfen sie nicht sein. Und eine etablierte Medienlandschaft, die in wichtigen gesellschaftlichen Fragen in Kauf nimmt, sich weit von einem erheblichen Teil ihrer Zuschauer, Zuhörerinnen und Leser zu entfernen, ist ein Problem für eine Demokratie. Denn eine durch wechselseitige Bestätigung suggerierte Mehrheitsmeinung, die de facto gar keine sein muss, trennt die Sphäre der veröffentlichten Meinung zu stark von der öffentlichen. Genau das ist es, was wir im Untertitel dieses Buches herausstellen.

Die demokratiefremde »Entschlossenheit« und »Geschlossenheit« der amtierenden Medien zum Ukraine-Krieg ist nur das jüngste Beispiel für einen falsch verstandenen professionellen Auftrag – schon zuvor zeigten sich viele Leitmedien im Stresstest von Kosovo- und Irak-Krieg, von Finanz- über Migrations- bis Corona-Krise nicht eben vorbildlich differenziert.

Das gilt für ihre *Informationsfunktion*, die oft genug nicht von implizit transportierten Meinungen zu trennen ist, was schon in der Auswahl von Themen liegt, über die und über die *nicht* berichtet wird. Es gilt aber auch für die für unsere Leitmedien elementare *Integrationsfunktion*. Zeitungen und Rundfunk haben die Aufgabe, die in »vielfältige Interessen differenzierte Gesellschaft« abzubilden.[12] Doch kann hiervon mehrheitlich die Rede sein? Obsiegte nicht der Anspruch, die Politik zu bestimmten Entscheidungen zu treiben – Entscheidungen, die oft Wochen später gleich wieder attackiert oder skandalisiert wurden? Die Öffentlichkeit, unverzichtbar für den gesellschaftlichen Zusammenhalt, verkam und verkommt so in weiten Teilen zur Bühne permanenter Empörung.

Solche Asymmetrien, Macht- und Bedeutungsverschiebungen im großen gesellschaftlichen Debattenraum sind für die Frage nach der Zukunft unserer demokratischen Gesellschaft entscheidend. Sie sind kein ästhetisches oder rein ökonomisches Phänomen, sondern sie gehen an die Substanz der offenen Gesellschaft, sind existenziell. Denn ohne eine gut funktionierende, lebendige und prinzipiell anschlussfähige Öffentlichkeit sind liberale Demokratien weder liberal noch demokratisch. Und der hohe Anspruch an die freiheitliche Demokratie geht historisch wie systematisch mit einem hohen Anspruch an die Qualität ihrer Öffentlichkeit einher. Doch genau diese Qualität ist heute in der Breite in Frage gestellt.

Wohin die Entwicklung führen kann, zeigt verstörend ein Blick in die USA. Die mediale Landschaft ist dort mit der hiesigen aufgrund der fast vollständigen Privatisierung der Medien und der schon lange erfolgten Zerstörung einer auch in den ländlichen Räumen vitalen Presselandschaft nicht direkt vergleichbar.[13] Aber das Beispiel USA zeigt, wie eine einstmals stabile Demokratie von innen heraus erodieren kann, wenn nicht strikt darauf geachtet wird, dass explizite Regeln und implizite Normen des demokratischen Rechtsstaats geschützt und bewahrt werden. Der Wahlkampf, der schließlich zum Sieg Donald Trumps führte, war schon stark von Kampagnen auf *Facebook*, *Instagram* und *Twitter* geprägt, die zu einer bis dato unbekannten Polarisierung führten. Seine dann von Wirrnissen und Unruhen, aber auch von unablässigem Twittern gekennzeichnete Präsidentschaft war kein Unfall, sondern zeigt die Symptomatik einer zersplitternden Gesellschaft. Der Kitt, der westliche Gesellschaften zusammenhält, bröckelt. Und der gesellschaftliche Zerfall, der in den USA offensichtlich und in Frankreich wie in England bereits im Gange ist, mag in Deutschland noch immer in weiter Ferne liegen; am Horizont aber gewinnt er auch hier an Kontur.

Vorbereitet und verstärkt wurde der Ausblick auf die gesellschaftliche Erosion in den USA nicht nur durch soziale Konflikte um Arbeitsplätze, Güterverteilung und Identitäten. Er geht ebenso einher mit einer massiven Veränderung der Leitmedien. Die Landschaft der Qualitätszeitungen in den Vereinigten Staaten zählt mehr Krater als unversehrtes Terrain, *Fox News* und andere vulgärpopulistische Fernsehsender heizen die Stimmung an, die sozialen Medien mit ihren Echokammern fragmentieren die Öffentlichkeit in voneinander isolierte Atolle. Bekanntermaßen bildet die Empörungskultur der Medien jene in der Bevölkerung nicht schlichtweg ab, sondern erzeugt sie mit. Diese Entwicklung ist keine Kleinigkeit. Wenn der Kampf um Aufmerksamkeit, Marktanteile und Deutungshoheiten mit immer aggressiveren Mitteln geführt wird, kann von einer funktionierenden Öffentlichkeit nicht mehr die Rede sein.

Parallel zur anschwellenden Erregungskultur sinken interessanterweise die Auflagen der Tageszeitungen und Magazine auch in Deutschland kontinuierlich ab – von einstmals 27,3 Millionen täglich (1991) auf heute 10,9 Millionen (2023). Die Auflagen von Publikumszeitschriften sind 2023 im Vergleich zum Vorjahr um etwa 10 Prozent zurückgegangen, bei den Wochenzeitungen sieht es etwas besser aus – nach starken zwischenzeitlichen Rückgängen liegen sie heute auf dem Niveau von 2021. Allerdings sind bei allen Formaten die Werbeeinnahmen dramatisch gesunken, so dass die Suche nach erfolgreichen Geschäftsmodellen – wie etwa die RTLisierung einstmals wichtiger und traditionsreicher Medienhäuser wie Gruner & Jahr zeigt – weitergeht.

Inszenierte Empörung, millionenfach multipliziert, ist der wohl wirksamste Treiber für den Zerfall der Gesellschaft. Die Sensationierung der Öffentlichkeit geht der Sensationierung der Gemüter voraus. Die zur Regel gewordene Maßlosigkeit des Urteils zerstört das gesellschaftliche Maß. Und das permanent überdimensionierte Urteil untergräbt das Urteilsvermögen. »Wer über gewisse Dinge den Verstand nicht verliert«, sagt die Gräfin Orsina in Lessings *Emilia Galotti*, »der hat keinen zu verlieren.« Wer über *alles* den Verstand verliert, allerdings auch nicht!

Aus solcher Sorge um die Qualität der Öffentlichkeit haben wir dieses Buch geschrieben. Und als wollte man unsere Thesen vorauseilend bestätigen, ohne sie überhaupt kennen zu können, ging die hyperventilierende Kritik an diesem Buch und an unseren Personen sofort los, als nur die Verlagsankündigung erschien – da wusste nicht nur die *Twitter*-Community sofort, dass das alles Mist ist, sondern auch Armin Wolf vom ORF oder die Chefreporterin des Hauptstadtbüros von *t-online* oder Joachim Huber vom Berliner *Tagesspiegel*. Früher hat man wenigstens noch so getan, als habe man gelesen, was man kritisiert, heute scheint selbst das So-Tun nicht mehr nötig. Aus nostalgischer Erinnerung sei dazu nur erwähnt: Doof sein galt früher nicht als Tugend.

Dabei werden viele unserer Analysen unter Politik-, Kommunikations- und Medienwissenschaftlern kaum als Neuigkeit gelten – hier wird der oft frappierende »Hang zur Homogenisierung des journalistischen Informierens, Urteilens und Meinens«[14] schon lange herausgearbeitet und geteilt. Wirkungsvoll jenseits von Fachdiskussionen aber wird diese Erkenntnis vielleicht dann werden, wenn die Kritik von Autoren kommt, die selbst vielfach in den Leitmedien präsent sind – sogar gelegentlich, worüber wir sprechen werden, Teil des Problems gewesen sind.

Dabei versteht sich von selbst, dass, wenn wir von *den* Leitmedien oder den amtierenden Medien sprechen, wir nicht alle daran Beteiligten meinen. Angesprochen bei den von uns aufgezeigten Tendenzen ist nur, wer sich bei realistischer Selbstbetrachtung angesprochen fühlen muss, nicht aber all die guten Journalistinnen, Redakteure und Blattmacher, die, wie wir aus lebhaften Debatten, ungezählten Gesprächen und persönlichen Freundschaften wissen, unsere Sorge nicht nur verstehen, sondern auch teilen. Und selbstverständlich sehen wir, dass das Wegbrechen der Anzeigeneinnahmen und die gravierenden wirtschaftlichen Veränderungen in der Medienlandschaft dazu geführt haben, dass sich die Kräfteverhältnisse weg von den Redaktionen hin zu den kaufmännischen Abteilungen verlagert haben, was die Arbeit der einzelnen Journalistinnen und Journalisten nicht einfacher gemacht hat.

Gleichwohl hat es uns und viele Leserinnen und Leser doch irritiert, welche Abwehrreaktionen von Seiten der Medienschaffenden die Aussagen in diesem Buch bei seinem ersten Erscheinen 2022 hervorgerufen haben. »Nichts gibt den Autoren dieses Buches über Medien so recht, wie die Reaktion der Medien darauf.« So fasste der Filmjournalist Rüdiger Suchsland im Oktober 2022 die teilweise hysterischen Reaktionen aus der Medienwelt in einer nicht unkritischen Besprechung unseres Buches zusammen.[15]

In der Tat: Von den mehr als zweihundert Thematisierungen der »Vierten Gewalt« in den Printmedien, aber auch in Rundfunk und Fernsehen, waren nur ungefähr fünf Prozent positiv. Die überwältigende Mehrheit fand das Buch, das Sie jetzt in Händen halten, kenntnislos, fehlerhaft, aus dem durchsichtigen Interesse geschrieben, viel Geld zu verdienen. Seine Autoren seien »Medienclowns«, säßen schwadronierend in allen Talkshows, hätten aber keine Ahnung, wie differenziert es in den Redaktionen zuginge und wie ungeheuer sorgfältig der deutsche Journalismus arbeite.

Die weitgehend einheitliche und alles andere als souveräne Reaktion spricht eine deutliche Sprache: Das Buch tat dem Betrieb offensichtlich sehr weh. Vorausahnend hatten wir in der Einleitung der Hardcover-Ausgabe geschrieben, dass wir starken Gegenwind erwarten würden. Jede Kritik an den Medien müsse ja durch diese hindurch. Und doch war die Aggressivität der von unserer Kritik Betroffenen, artikuliert auch in persönlichen Angriffen gegen die Autoren, in ihrer Radikalität überraschend. So wurde die mediale Reaktion allseits sichtbar zu einem starken Beleg dafür, wie tiefgehend die Probleme im etablierten Mediensystem tatsächlich sind. Die Leitmedien, die unausgesetzt die Politik und Gesellschaft kritisch interpretieren, verwahren sich ihrerseits gegen jede kritische Interpretation ihres Tuns. So wird Medienkritik zu einem Machtkampf um die Deutungshoheit. Darf es öffentliche Intellektuelle geben, die übergreifende Entwicklungen und Tendenzen in den Leitmedien kritisieren, oder sind diese selbst die letzte Instanz ihres eigenen Tuns, so dass allenfalls Journalisten ihresgleichen kritisieren dürfen?

Dass das von vielen Journalisten so gesehen wird, zeigt ihre Reaktion auf unser Buch überdeutlich. Und die journalistische Auseinandersetzung mit Kritik ist mit dem Begriff »ungeübt« sehr wohlmeinend beschrieben. Dass das Buch zugleich sehr viele Leserinnen und Leser fand, die unsere Analysen und Beschreibungen nicht falsch fanden, ist ein weiterer Hinweis darauf, wie groß die Lücke zwischen öffentlicher und veröffentlichter Meinung inzwischen ist. Man kann dazu auch einige der vielen hundert Besprechungen auf dem Bestellportal Amazon lesen. Der Vertrauensverlust in die Medien, der in so vielen Umfragedaten deutlich wird, unterstreicht die Existenz und das Größerwerden dieser Lücke. Grund genug eigentlich, um als Journalistin und Journalist ausführlich darüber nachzudenken, warum ihnen nur noch von weniger als einem Drittel der Bevölkerung ein hohes Ansehen zugeschrieben wird – vor drei Jahren lag dieser Wert noch bei 42 Prozent.[16]

Leider gilt für alle sozialen Systeme, ob es Familien, Schulen, Verwaltungen, Unternehmen oder andere Organisationen sind, dass der sicherste Weg zum Verfall die Abschottung gegenüber Veränderung und Kritik ist. Als große Fans des Mediensystems in Deutschland machen wir uns hier nach wie vor große Sorgen. Den Niedergang der traditionellen Medien mit allen negativen politischen Folgen in einst so vitalen Demokratien wie etwa den USA oder Italien vor Augen, wünschen wir uns sehr, dass die Medienschaffenden die schwere Krise, in der sie sich befinden, als Chance sehen. Als Chance, ihre eigene Bedeutung für das demokratische Gemeinwesen wieder zu finden und zu stärken, und damit für die Bürgerinnen und Bürger relevanter und interessanter, vor allem aber wieder vertrauenswürdiger zu werden.

Der Krieg

»Vor einigen Wochen lancierten Alice Schwarzer und die Zeitschrift ›Emma‹ einen von achtundzwanzig aus Funk und Fernsehen bekannten Westdeutschen unterschriebenen ›Offenen Brief an Bundeskanzler Scholz‹. Tags darauf wurde er, zur Sammlung weiterer Unterschriften, als Petition auf der Plattform change.org freigeschaltet. Zum Inhalt des ›Offenen Briefes‹ gibt es nicht viel zu sagen. In einer ruhigen Stunde wird der Präsident der Russischen Föderation dieses Schriftstück in sein Poesiealbum einkleben, mit dem Blut jener verschleppten Ukrainer vielleicht, denen die russische Armee bis an den Rand der Bewusstlosigkeit Blut abnimmt, um ihre eigenen Verwundeten damit zu versorgen.«

So formulierte es der Schriftsteller Marcel Beyer am 27. Mai 2022 auf der Frühjahrstagung der Deutschen Akademie für Sprache und Dichtung in Dresden,[17] und man fragt sich, was wohl in diesem Brief gestanden haben mochte, das Beyer zu dieser splattermäßigen Einlassung führte. Nun, die »aus Funk und Fernsehen bekannten Westdeutschen« waren etwa der ostdeutsche Filmemacher Andreas Dresen oder der aus Halberstadt stammende Autor und Filmer Alexander Kluge, der aus dem Fernsehen eher weniger bekannte Rechtsphilosoph Reinhard Merkel, der österreichische Medientheoretiker Peter Weibel, die in Brandenburg lebende Autorin und Verfassungsrichterin Juli Zeh und noch einige andere, zum Beispiel Martin Walser oder Svenja Flaßpöhler.

Ob der kriegführende russische Diktator Interesse an Briefen hat, die an den deutschen Bundeskanzler gerichtet sind, scheint eher zweifelhaft; zumal der Inhalt dieses Briefes lediglich ein Hinweis darauf war, dass es erstens Bundesbürgerinnen und Bundesbürger gibt, die zögerliche Politiker in gefährlichen Situationen wünschenswert finden, und dass es zweitens Schutzpflichten von Staaten gegenüber ihren Bevölkerungen gibt. So wie die Regierenden in der Ukraine verantwortlich für ihr Volk sind, so ist es auch der Bundeskanzler in Deutschland für die deutsche Bevölkerung. Der Brief war also nicht mehr als ein begründetes Votum dafür, nicht nur einer beständigen Steigerung von Waffenlieferungen, sondern vor allem der Diplomatie Aufmerksamkeit zu widmen und auf einen Waffenstillstand zu drängen. Er hatte das Ziel, die Gewalteskalation zu brechen und im günstigen Erfolgsfall einigen 10 000 Menschen das Leben zu bewahren.

Obwohl der Brief kurz und ziemlich harmlos war, zog er eine Welle der Empörung und des Hasses nach sich, inklusive ziemlich widerwärtiger Gewaltphantasien vom Typ Marcel Beyer. Denn während binnen kurzer Zeit weitere 300 000 Bürgerinnen und Bürger den Brief unterzeichneten, überzog die Qualitätspresse von *taz* bis *Welt* die Urheberinnen und Urheber mit Angriffen und Häme von bestürzender Aggressivität. Und die Talkshow-Redaktionen bereiteten Sendungen vor, in denen jeweils eine Unterzeichnerin oder ein Unterzeichner des Offenen Briefes gegen drei oder vier andere Gäste anzutreten hatte, zumeist dezidierte Verfechter von gesteigerten Waffenlieferungen.

Parallel dazu, zwischen dem 29. April und dem 2. Mai, dokumentierte das RTL/ntv-Trendbarometer ein Meinungsbild in der Gesamtbevölkerung, in dem sich Befürwortung und Ablehnung der Lieferung von Offensivwaffen und schwerem Gerät mit 46 Prozent (Befürwortung) und 44 Prozent (Ablehnung) fast die Waage hielten, während zehn Prozent der Befragten keine Meinung dazu hatten.[18] Der ARD-Deutschlandtrend kam auf genau 45 Prozent Zustimmung und 45 Prozent Ablehnung.[19] Die Initiatoren des Briefes standen mithin keineswegs für eine randständige oder gar abseitige Position. Stattdessen konnten sie mit Recht argumentieren, sie machten eine Perspektive öffentlich geltend, die weder im Parlament noch in Parteien noch in den Medien angemessen repräsentiert war – obwohl etwa die Hälfte der Bevölkerung sie teilte.

Warum also der überbordende Affekt? Exakt deswegen! Nicht nur die politische Klasse hatte sich parteiübergreifend (außer Linke und AfD) auf eine einheitliche Erzählung über den Ukraine-Krieg und die Strategie zu seiner politischen Bearbeitung verständigt. Auch die mediale Deutungselite teilte so gut wie geschlossen die gleiche Interpretation und befürwortete fast unisono dieselben Mittel. Wo sich die Mehrheitspolitik und die Leitmedien einig sind – in Übereinstimmung, wie es immer hieß, »mit den Verbündeten« –, die von Russland überfallene Ukraine militärisch weiter zu stärken, wirkte der Offene Brief wie ein öffentlicher Angriff auf diese Einigkeit. Und nur sehr wenige betrachteten ihn als das, was er war und ist: ein in einer Demokratie selbstverständliches und wünschenswertes Einbringen eines weiteren Gesichtspunktes.

Stattdessen aber störte der Offene Brief die soziale Konformität der Realitätswahrnehmung in den Leitmedien und das damit einhergehende »Gruppendenken« (*group think*), wie es der Sozialpsychologie aus den Studien von Irving Janis bestens vertraut ist:[20] Mitglieder eines Teams oder eines Gremiums passen ihre individuellen Wahrnehmungen und Auffassungen denen der Gruppe an und schließen damit alternative Deutungen der Situation, mithin womöglich angemessenere Lösungsstrategien, systematisch aus. Janis illustrierte dieses Phänomen ebenfalls am Beispiel eines militärischen Konflikts: der US-amerikanischen Invasion in der Schweinebucht, mit der die Kennedy-Administration um ein Haar den Dritten Weltkrieg ausgelöst hätte – John F. Kennedy übrigens hatte seither immer darauf geachtet, dass an Sitzungen stets »Sachfremde« beteiligt wurden, um die fatale Neigung zum Gruppendenken systematisch zu schwächen. Vergleichbare Beispiele finden sich allerorten, und zwar leider besonders dann, wenn Gefahr und Handlungsdruck vorzuliegen scheinen und Einsprüche und gegenläufige Argumente von der entscheidenden Gruppe als störend, behindernd oder gar als defätistisch empfunden werden.

Blenden wir mit Janis zurück auf die Situation, in die hinein der Offene Brief erschien. Es war der 29. April 2022, gut zwei Monate nach dem völkerrechtswidrigen Angriff der russischen Armee auf die Ukraine am 24. Februar 2022. Nachdem es als ein zuvor ehernes Prinzip deutscher Außenpolitik galt, keine

Waffen in Kriegsgebiete zu liefern,[21] hielt Bundeskanzler Scholz am 27. Februar auf einer Sondersitzung im Bundestag eine Rede, in der er einen Paradigmenwechsel ankündigte: Nach der Versicherung, dass man in der Verteidigung der Ukraine »auf der richtigen Seite der Geschichte« stehe, teilte er den tags zuvor getroffenen Regierungsbeschluss mit, »dass Deutschland der Ukraine Waffen zur Verteidigung des Landes liefern wird«. Und dass der deutschen Bundeswehr mit Hilfe eines »Sondervermögens« von 100 Milliarden Euro auf die Sprünge geholfen und künftig die NATO-Vorgabe von zwei Prozent des Bruttoinlandsproduktes für die Verteidigung erfüllt werden solle (so vom Bundestag beschlossen am 3. Juni 2022).

Diese Rede wurde schon Minuten später von Medienvertretern als »historisch« bezeichnet, obwohl sich derlei in der Regel erst nach Jahren, mitunter nach Jahrzehnten erweist. In der politisch-medialen Hauptstadtszene setzte sich sofort die Auffassung durch, man sei – wie die Außenministerin es formuliert hatte – nach dem 24. Februar in einer »anderen Welt« aufgewacht. Demzufolge konnte man sich eben auch von bis dahin geltenden Überzeugungen umgehend verabschieden. Eine wichtige Rolle bei allen dann folgenden eiligen Verabschiedungen spielte die ukrainische Regierung mit zahlreichen Online-Auftritten ihres Präsidenten Selenskyj, ebenso zahlreichen Talkshow-Besuchen ihres Botschafters Melnyk und hoher medialer Präsenz der in Deutschland prominenten Klitschko-Brüder. Das machte großen Eindruck nicht nur in Deutschland, sondern auch in der EU und in der US-Administration. Der deutsche Bundeskanzler und seine Verteidigungsministerin sahen sich so einem immensen und immer stärker anwachsenden medialen Druck ausgesetzt, schneller mehr Waffen und schließlich insbesondere »schwere Waffen« zu liefern – worunter gemeinhin Kampfpanzer, Kampfflugzeuge, Kriegsschiffe und U-Boote verstanden werden.

Der Kanzler zögerte trotz dieses Drucks gelegentlich. Ihm war, wie er ausdrücklich betonte, bewusst, dass der unterstützende Westen gegen eine Atommacht aufrüstete, gegen die man – wie Jürgen Habermas am 29. April in der *Süddeutschen Zeitung* formulierte – einen Krieg nicht gewinnen könne, jedenfalls nicht durch ein unbegrenztes Mehr, eine Eskalation. Sicher ging Scholz die unangenehme Möglichkeit im Kopf herum, als derjenige Kanzler in die Geschichte einzugehen, der Deutschland in den Dritten Weltkrieg geführt habe. Und ebenso sicher wollte er jede Eskalation vermeiden, die den Beistandsfall der NATO und damit ihren unmittelbaren Kriegseintritt ausgelöst hätte. So entstand eine Situation, in der das Drängen der ukrainischen Regierung auf ein Zögern des deutschen Regierungschefs traf. Zugleich aber hatte die allgemeine Empörung über den völkerrechtswidrigen russischen Angriffskrieg zu einer großen Welle vielfach bekundeter Solidarität mit der Ukraine geführt, in der den Forderungen der Ukraine moralisch nur schwer zu entkommen war. Zu dramatisch schienen die Bilder von flüchtenden Frauen und Kindern und von an die Front ziehenden Männern, zu zwingend die Rhetorik des bald schon im militärischen Outfit auftretenden und in alle europäischen Parlamente geschalteten ukrainischen Präsidenten.

Die Menschen in der Bundesrepublik entwickelten eine mitfühlende Anteilnahme am Geschehen in der Ukraine, und ihre Hilfsbereitschaft gegenüber den geflüchteten Menschen übertraf jene gegenüber den Opfern des Syrienkrieges, sieben Jahre zuvor, noch bei weitem. Zugleich trat ein verblüffender Schuldstolz der politischen Klasse zutage, der in der Geschichte der Bundesrepublik seinesgleichen sucht. Das jahrzehntelang gepflegte und lange erfolgreiche Konzept des Wandels durch Annäherung und Handel galt plötzlich als *der* Irrtum unserer Zeit. Mitbeerdigt wurde zugleich die Kultur der Verhandlungen und der Diplomatie sowie die dauerhafte Perspektive einer Friedensordnung unter Einschluss Russlands. All dies stand blitzartig und über Nacht als fürchterlicher Irrtum im Raum.

Souffliert wurde das Schuldstolz-Thema von politischen Journalisten wie dem stellvertretenden *Welt*-Chefredakteur Robin Alexander, der als Talkshow-Gast fortan jeden Sozialdemokraten mit scharfen Fragen zur blauäugigen ostpolitischen Vergangenheit konfrontierte, und von inquisitorisch fragenden Talkmastern, immer auf der dringenden Suche nach der scheinbar geheimen Antwort auf die Frage, wie man sich in Putin nur so hatte täuschen können. Die Leitmedien zogen aus, suchten und erkannten überall Schuldige und entlarvten dabei vorwiegend Sozialdemokraten als lebensgefährliche Illusionisten. Sogar der Bundespräsident, der formal höchste Amtsträger im Staat, wurde zum Schuldeingeständnis genötigt, der frühere Bundeskanzler Schröder und die ehemalige Bundeskanzlerin Merkel sollten ebenfalls bekennen, verweigerten das aber.

Dies alles vor dem Hintergrund, dass im Detail nicht immer wirklich klar war, welche ganz konkreten Handlungen der Vorgängerregierungen nun diese Exkommunikation verdienten und ein öffentliches Schuldgelöbnis erforderten. Bestürzend aber auch, dass die Mehrheit der politischen Journalistinnen und Journalisten nicht mit sich selbst ins Gericht ging: Hatten sie nicht selbst jahrzehntelang die gleichen Lieder gesungen, die sie jetzt als Teufelslitanei verdammten? Waren sie nicht genauso dabei gewesen und hätten den Hahn dreimal krähen hören müssen? Und waren die mutmaßlichen Illusionen der verurteilten Politiker nicht auch ihre eigenen gewesen? Wieder einmal jedenfalls erwies sich das klassische Diktum der Neuen Frankfurter Schule als zutreffend: »Die schärfsten Kritiker der Elche / waren früher selber welche.«

Tatsächlich wurde der Begriff der Scham schnell zu einem journalistischen Thema. Verleger wie Mathias Döpfner, Chefredakteure und politische Kommentatoren schämten sich öffentlich zuhauf und machten somit das privateste ihrer Gefühle öffentlich. Aber sie schämten sich nicht für sich selbst und ihre früheren (wirtschafts-)politischen Überzeugungen, sondern inszenierten die Kunst des öffentlichen Fremdschämens hinsichtlich des Bundeskanzlers, der Schreiber des Offenen Briefes oder gar für das ganze Land. Intimes Schämen für andere als öffentliches Gelöbnis – schöner ließ sich der Bekenntnisdrang zum Guten nicht äußern und die eigene Mittäterschaft kaschieren.

Das Massenfremdschämen der Besserwisser im Nachhinein wurde so zum Teil einer hegemonialen Erzählung. Die komplexe geopolitische Lage wird darin auf ein vergleichsweise niedrigkomplexes Niveau tiefer gelegt und in eine Geschichte gegossen, die durch folgende Eckpunkte festgelegt ist: Demokratie steht gegen Diktatur; der Diktator ist zu allem fähig; sein Expansionsdrang wird nach der Okkupation der Ukraine ungebremst weitergehen; eine militärische Aggression kann nur mit Stärke bekämpft werden; Verhandlungen haben zu nichts geführt und werden auch in Zukunft zu nichts führen; Kriegsverbrechen gehen ausschließlich auf die barbarische Natur des Aggressors zurück, nicht auch auf die Natur des Krieges. Angegriffene sind unabhängig von ihren Überzeugungen und Motiven »Helden«, Angreifer sind unabhängig von ihren Überzeugungen und Motiven Verbrecher, Mörder, »Horden«, »Soldateska«, »Schergen«, folgen ganz einfach »dem Barbarismus der russischen Zerbombungsmoral«.[22]

Der Vorteil einer solchen ziemlich einfachen Geschichte ist: Sie lässt ein äußerst komplexes und vor allem überraschendes und bedrohliches Geschehen als einfach und beherrschbar erscheinen. Für Gesellschaften – gerade für jene, die über mehrere Generationen hinweg nicht von Krieg betroffen waren – gibt es für die Einschätzung des künftigen Verlaufs eines Krieges ebenso wenig ein Skript wie für das angemessene Reagieren der Politik. So entsteht mit der Situation des Kriegsausbruchs ein großes Orientierungsdefizit. Da Menschen Lagen mit ungewissen Parametern und vor allem ungewissem Ausgang aber schwer aushalten, gibt es sofort das Bedürfnis, das Orientierungsdefizit loszuwerden, also Orientierung zurückzugewinnen. So wird jeder Krieg immer auch zu einer Geschichte, in deren Rahmen die Ereignisse verstehbar werden. Doch eine Geschichte, die Orientierungsdefizite ausgleichen soll, ist notwendigerweise eine vereinfachende Geschichte. Je mehr sie ausblendet, umso stimmiger wird sie. Kriegsgewalt macht Weltsichten manichäisch; es dampft sie zu einem scharfen, simplen und maßlosen Gut-Böse-Schema ein. Und der gewaltige Schritt vom brutalen Angriff der russischen Armee auf die Ukraine zum Angriff auf Moldau, das Baltikum, Polen, Deutschland und den ganzen Westen erscheint nicht als absurd, sondern als zwingende Folge der Entfesselung eines unbegrenzten Bösen. So definiert das Narrativ die Gestalt der Geschichte des Krieges, und umgekehrt rahmt diese Geschichte die Wahrnehmung des Geschehens.

Ausgekleidet wird eine solche Geschichte mit ihr entsprechenden Begriffen von Heldentum und Feigheit, Ehrbarkeit und Niedertracht, Zivilisiertheit und Barbarei. Das binäre Schema verstärkt die Selbsteinschätzung, auf der ungetrübt guten Seite des Geschehens zu stehen und zugleich im Alleinbesitz von Klarheit und Moral zu sein. Alle Guten sind immer durch und durch gut und alle Bösen immer durch und durch schlecht. Selbstverständlich ist der Diktator Putin beim Überfall auf die Ukraine der Täter. Aber lässt sich daraus auch folgern: Wenn Fluchtkorridore scheitern, kann das nur an den Russen liegen? Waisenkinder werden nicht in Sicherheit gebracht, sondern deportiert? Kriegsverbrechen werden nur von russischen Soldaten begangen? Und menschliche Schutzschilde sucht man sich nur auf russischer Seite? Und kämpfen umgekehrt tatsächlich alle Ukrainer freiwillig heldenhaft für ihr Vaterland? Wünschen sie sich allesamt, die Russen zurückzuschlagen, koste es an Blutzoll, was es wolle? Und zerstört nicht der Krieg auch ihre Seelen und macht sie zu Grausamkeiten bereit, die Zivilisten sich nicht vorstellen können?

Das leitmedial breit erzählte Narrativ hat mit solchen Fragen Probleme. Wann immer Kriege ausbrechen, erfolgt regelmäßig eine entsprechende Komplexitätsreduktion. Der früh verstorbene amerikanische Pragmatist Randolph Bourne analysierte dies bereits 1914 angesichts des Ersten Weltkriegs in einem Essay mit dem Titel »The Disillusionment«. »Bourne beobachtete«, schreibt der Romanist und Kulturtheoretiker Jan Söffner, »wie nationalistische Ideologie und hierarchische Loyalitätsansprüche den politischen und wirtschaftlichen Pluralismus ausschalteten, wie politische Meinungsäußerung zu Landesverrat wurde, wie Wohlstand und Freiheit zugunsten militärischer Zwecke untergraben wurden, wie Befehlsketten die komplexe Architektur der Verwaltung ablösten, die Bürokratie erstarkte und sich in eine effiziente hierarchische Ordnung verwandelte, wie staatliche Symbole mit der Aura des Heiligen belegt wurden und das gesellschaftliche sowie private Leben der Funktionalität des Militärs untergeordnet wurde (und so weiter und so fort). Er fasste diese Beobachtungen in einer Theorie zusammen, der zufolge auch in friedlichen staatlichen Zusammenhängen immer die Möglichkeit der Regression auf militärische Organisationsformen gegeben ist.«[23]

Bourne schrieb vor mehr als hundert Jahren. Aber dasselbe geschieht auch in der Gegenwart. Krieg ist nicht, wie im zu Tode zitierten Clausewitz-Diktum, die Fortsetzung der Politik mit anderen Mitteln, sondern *etwas anderes* als Politik. Er erzählt eine *andere* Geschichte. Die Gewalt macht den Unterschied. Und Krieg findet nicht ausschließlich auf Schlachtfeldern statt, sondern er spielt sich zugleich ab in Begriffen, Narrativen, Bildern, heute auch auf *YouTube*, *Twitter*, *TikTok* und *Instagram*. Jeder Krieg ist eine Geschichte, und obwohl im Fall des Ukraine-Krieges die NATO-Staaten stets darauf bestanden, nicht Kriegspartei zu sein, wurden sie es psychologisch doch schon in dem Moment, in dem sie ihre Geschichte manichäisch verengten und simplifizierten.

Dass Leitmedien sich im Angesicht von Kriegen eng an die Regierungspolitik anschließen, ist auch in der Bundesrepublik kein Ausnahmefall, sondern die Regel. Inhaltsanalytische Studien aus den vergangenen Jahren sprechen hier eine deutliche Sprache. Eine Auswertung der Leitartikel in *Welt*, *Frankfurter Allgemeine Zeitung*, *Süddeutsche Zeitung*, *Frankfurter Rundschau* und *taz* zwischen dem 25. März und dem 20. Juni 1999 – dem Zeitraum zwischen dem Beginn und dem Ende der NATO-Bombardierungen im Kosovo-Krieg – kam zu dem Schluss, dass der Mediendiskurs die politische Linie »fast identisch« reproduzierte, und dies, obwohl die Entscheidung über den Kriegseintritt eine deutliche Zäsur in der deutschen Nachkriegsgeschichte darstellt.[24] Eine Analyse der medialen Begleitung des Afghanistan-Krieges, der 519 Kommentare in *Welt*, FAZ, SZ, FR und *taz* zugrunde lagen, fand zwei Drittel kriegsunterstützende Aussagen.[25] Auch Medienauswertungen zum Irak-Krieg deuten erhebliche Überschneidungen zwischen den medial präsentierten Auffassungen und denen der jeweiligen Regierungen an. Auf diese Weise asymmetrisch zur Meinung der deutschen Bevölkerung war auch das Mehrheitsurteil der Leitmedien in Bezug auf Auslandseinsätze der Bundeswehr, die insbesondere nach der russischen Krim-Annexion 2014 verstärkt gefordert wurden. Der Medienwissenschaftler Uwe Krüger schloss daraus: »Es existiert eine Kluft zwischen Elite und Bevölkerung in diesen Fragen, was Sicherheit eigentlich ist und wo und wie man sie verteidigen sollte. Die Bevölkerung ist zumindest gespalten oder sogar mehrheitlich gegen weltweite Bundeswehreinsätze. Demgegenüber haben wir einen Gleichklang von wichtigen Medien, die sich zusammen mit Eliten aus Politik und Wirtschaft für mehr Rüstung und weltweite Bundeswehreinsätze engagieren. Das hängt meiner Auffassung nach damit zusammen, dass die Medien bzw. die Entscheider in den Redaktionen selbst Teil dieses Elitendiskurses sind. Sie tendieren dazu, die Meinung der Bevölkerung als unqualifiziert abzuwerten, den Menschen Ignoranz vorzuwerfen. Das kann man mit kognitiver Vereinnahmung durch das Eliten-Milieu erklären.«[26]

Im Angesicht von Kriegen rücken die Medien sehr nahe an die Regierung heran. Nun ist Meinungsfreude nicht per se eine journalistische Untugend und starke Betroffenheit, wie heute im Angesicht der russischen Aggression, auch verständlich. Das Dilemma bei der konzertierten Übernahme des Regierungsnarrativs durch sämtliche Leitmedien aber ist, dass sie nun nicht mehr in der Lage sind, die *Position eines Dritten* gegenüber den Angegriffenen und den Angreifern einzunehmen; jene Position, die auf bestmögliche Weise dazu geeignet ist, objektiv über das Geschehen und seine Deutungsmöglichkeiten zu berichten. Stattdessen hielten sie es beim Ukraine-Krieg gerade umgekehrt für eine moralische Pflicht, auf die Position des Dritten zu verzichten und sich vorbehaltlos mit der Position der Angegriffenen zu identifizieren. Doch was menschlich verständlich ist, wird systemisch zum Problem, weil es sowohl die Informationsfunktion wie die Integrationsfunktion der Leitmedien einschränkt. Wie will objektiver Mittler und Vermittler sein, wer mit Haut und Haaren die Position einer Seite adaptiert und stellvertretend einnimmt?

Dabei dürfte auch den Herausgebern, Intendanten, Programmdirektorinnen, Chefredakteurinnen und Ressortleitern klar sein, dass eine Geschichte, die so einfach und so klar sein soll, etwas sehr Fragiles hat: Sie ist so schlicht, dass man sich ihrer und sich selbst in seinem Bekenntnis nie ganz sicher sein kann. Gerade deshalb gilt jede Stimme, die die Position des Dritten reklamiert, als gefährliche Störung. Die Position des Dritten zerstört die stimmige Geschichte und die bruchlose Identifikation mit ihr. Und sie löst eine kognitive Dissonanz aus, eine sehr unangenehme Empfindung, die immer dann aufkommt, wenn die Wirklichkeit sich anders darstellt als die Erwartungen, die man an diese Realität hat.[27] Bezeichnenderweise lösen Menschen kognitive Dissonanzen nicht dahingehend auf, dass sie ihre ursprüngliche Position in Frage stellen. Stattdessen bewältigt man die Dissonanz dadurch, dass man seine Erwartung so nachjustiert, dass sie der Realität wieder zu entsprechen scheint: Wenn sich etwa, wie sich im weiteren Kriegsverlauf herausstellte, die ukrainische Armee doch nicht als so widerstandsfähig und kampfstark erwies, dass sie den russischen Vormarsch in der Ostukraine stoppen konnte, dann lag das nicht etwa an einer vorherigen Fehleinschätzung ihrer Möglichkeiten. Es konnte nur daran liegen, dass man eben noch nicht genug Waffen geliefert hatte!

Entsprechend aggressiv – man ist geneigt zu sagen: historisch aggressiv – fiel die Antwort auf jede und jeden aus, die den Versuch machten, die Position des Dritten einzunehmen und einzufordern. Nach alter Kriegslogik gehörten sie, leitmedial gesehen, der »Gegenseite« an. Die »Putinversteher« warfen sich »vor dem Diktator auf die Knie«, waren die »Fernuni für Moskau«, »Kapitulationsintellektuelle«, »Unterwerfungspazifisten« oder eben »Texter für Putins Poesiealbum«. All das und noch viel mehr wurde den Unterzeichnerinnen und Unterzeichnern des Briefes in der Qualitätspresse und in Fernsehsendungen unterstellt – gerade so, als hätten sie nicht für eine Differenzierung plädiert, sondern für das genaue Gegenteil: die Unterwerfung der Ukraine unter die fürchterliche Herrschaft des ruchlosen Diktators.

Erstaunlicherweise wurde der Sachverhalt, dass nahezu alle Leitmedien eine einheitliche Erzählung nicht nur über die Verursachung des Krieges, sondern auch über die zu treffenden Maßnahmen verfertigten, in den Diskussionen und Reaktionen nach Erscheinen dieses Buchs ebenso homogen von einer überwältigenden Mehrheit der Medienschaffenden verneint. Neben der wiederholten Darlegung, wie unfassbar differenziert und kontrovers es in deutschen Redaktionen zuginge, wurde vor allem eine These zurückgewiesen, die wir nie aufgestellt hatten: nämlich, dass die Medien alle das »Regierungs*narrativ*« übernommen hätten. Das aber haben wir gerade nicht gesagt, sondern darauf hingewiesen, wie sich die Leitmedien fast unisono dazu bemüßigt sahen, Olaf Scholz zu mehr und mehr Waffenlieferungen zu drängen (siehe S. 38 ff.).

Eine Kritik ganz anderer Art äußerte Nils Minkmar, Journalist bei der *Süddeutschen Zeitung*, am 28. September 2022 in *Übermedien*: Von einer Homogenität im Journalismus könne doch grundsätzlich gar keine Rede sein. »Es wird in jeder Redaktion permanent alles hinterfragt: Das Geschäftsmodell, die letzte Ausgabe, die generelle Strategie, die gegenwärtige Taktik, die Berichterstattung über Deutschland und die Welt und alles andere auch.«

Minkmars Überschrift »Hätten Precht und Welzer doch einfach mal jemanden gefragt« verrät bereits eine erstaunliche Auffassung: dass nur diejenigen, die Insider eines Systems sind, dasselbe analysieren könnten. Das ist insofern lustig, als dass dann der eigene Beruf komplett überflüssig wäre. Wie sollen Journalisten Politiker, Wissenschaftler, Regisseure oder Wirtschaftslenker kritisieren dürfen, wo sie doch selbst keine Insider sind? Es ist leider sehr deprimierend, wenn ein Alpha-Journalist hier in schöner Selbstgewissheit offenbart, dass ihm selbst erkenntnistheoretische Binsen unbekannt sind. »Den Wahn erkennt natürlich niemals, wer ihn selbst noch teilt«, hat Sigmund Freud dazu gesagt.

An keiner Stelle unseres Buches wird zudem bestritten, dass in Redaktionsstuben diskutiert wird. Erklärungsbedürftig bleibt jedoch, warum man sich von FAZ bis *taz* in der Bewertung der Kriegsursachen wie in der Notwendigkeit, die Ukraine mit immer mehr Waffen zu unterstützen, gleichwohl so verblüffend einig war und noch immer ist. Auch dass Friedensverhandlungen ausgeschlossen und/oder utopisch sind, wird seit nahezu zwei Jahren äußerst breit geteilt und gebetsmühlenhaft wiederholt.

Diese von vielen Kritikern unseres Buches bestrittene Homogenität in der Bewertung der Kriegsursachen und die Einheitlichkeit der Leitmedien im Hinblick auf die notwendigen Maßnahmen der Bundesregierung sind inzwischen wissenschaftlich gut belegt. Anfang des Jahres 2023 veröffentlichte die Otto-Brenner-Stiftung eine klassisch inhaltsanalytische Untersuchung der Berichterstattung und Kommentierung in acht Leitmedien (FAZ, *Süddeutsche Zeitung, Bild, Spiegel, Zeit*, ARD *Tagesschau* (20 Uhr), ZDF *heute* (19 Uhr), RTL *Aktuell* (18:45 Uhr)) durch eine Forschungsgruppe um Markus Maurer von der Uni Mainz. Sie umfasst den Untersuchungszeitraum vom 24.2. bis 31.5.2022.[28]

Die gleichen Leitmedien untersuchten auch Leo Keller und Harald Welzer, allerdings über den viel längeren Zeitraum vom 1.2.2022 bis zum 31.1.2023. Die empirische Grundlage umfasst 107 000 Texte, die zum Thema »Krieg in der Ukraine« in den Leitmedien über diese Periode hinweg publiziert wurden (mit Ausnahme jener der *Zeit*, die ihre Artikel für automatisierte Crawling-Prozesse nicht zur Verfügung stellt).[29]

Besonders in der Frage der Waffenlieferungen ergibt sich aus beiden Studien exakt das von uns beschriebene Bild. Schon die Mainzer Studie verzeichnet ein in dieser Hinsicht stark vereinheitlichtes Narrativ: »Dies betrifft insbesondere die Bewertung der unterschiedlichen Maßnahmen zur Beendigung des Krieges. Dass die militärische Unterstützung der Ukraine im Allgemeinen und die Lieferung schwerer Waffen im Besonderen in den meisten der untersuchten Medien als deutlich überwiegend sinnvoll und auch als sinnvoller als diplomatische Maßnahmen dargestellt wurden, ist angesichts der schrecklichen Bilder aus der Ukraine und der offensichtlich mangelnden Verhandlungsbereitschaft auf russischer Seite verständlich, überrascht in dieser Deutlichkeit aber dennoch«, resümieren Maurer et al. auf Seite 20 ihres Berichts.

Angesichts von Umfragen über die entsprechenden Auffassungen zum selben Thema in der Bevölkerung, die eben durchgängig ein eher polarisiertes Bild zeigen, ist das aus unserer Sicht allerdings nicht ganz so verständlich. In erster Linie zeigt die festgestellte Einheitlichkeit nämlich, dass die Medienschaffenden in einer spezifischen Diskursgemeinschaft leben, die eine weitgehend einheitliche Auffassung teilt und kommuniziert. Wenn man den Fortgang dieses Diskurses bis Ende Januar 2023 betrachtet, sieht man, dass die in der Mainzer Studie festgestellte Einheitlichkeit der Deutung keineswegs schwindet, sondern sich im Gegenteil noch vertieft.

Besonders die mediale Debatte im Januar 2023 über die Frage der Lieferung von Kampfpanzern in die Ukraine zeigt eine Kulmination der Forderung, dass der Kanzler die Lieferung beschließen müsse. Dabei stieg auch die Zahl der negativen Attribuierungen seines »Zögerns« sehr stark an. Der »Zögerer-Vorwurf« gegen Scholz wurde im Januar in den Leitmedien um den Faktor 3.5 häufiger erhoben als in den elf Monaten davor. Zeitgleich nimmt die Thematisierung von Risiken wie einer Entgrenzung des Krieges oder einer Eskalation zum Atomkrieg im Januar 2023 signifikant ab.

In den Monaten April/Mai 2022 lag der Anteil der Beiträge in den Leitmedien, in denen nicht nur über die Lieferung von schweren Waffen diskutiert wurde, sondern auch über die möglichen Eskalationsrisiken, nämlich die Risiken eines Dritten Weltkriegs oder eines Atomkriegs, bei 12 Prozent (303 von 2500 Dokumenten). Im Oktober wurden die Eskalationsrisiken sogar in 17 Prozent der Beiträge zur Frage der Waffenlieferungen mit thematisiert (im Durchschnitt der Monate Februar bis Dezember 2022 betrug dieser Anteil 11 Prozent). Im Januar schwoll die Diskussion über die Lieferung schwerer Waffen deutlich an (November/Dezember 1200 Dokumente/Monat, Januar 2800 Dokumente), aber der Anteil jener Texte, in denen auch die Eskalationsrisiken »Dritter Weltkrieg/Atomwaffeneinsatz« mit thematisiert wurden, sank im selben Zeitraum zugleich um die Hälfte.

Dass diese Tendenz nicht dem Meinungsbild in der Bevölkerung entsprach, zeigen die zeitgleichen Umfragen – der ARD-Deutschlandtrend vom 19.01.2023 verzeichnete 46 Prozent Befürworter und 43 Prozent Gegner der Kampfpanzerlieferungen, das RTL/ntv-Trendbarometer kam auf 46 Prozent der Befragten für Panzerlieferungen und 46 Prozent dagegen, das ZDF-Politbarometer auf 54 versus 38 Prozent. Hier befürchteten aber 48 Prozent eine erhöhte Gefahr der Entgrenzung des Krieges.[30]

Wenn man die Verteilungen in den Umfragen mit jenen in den Leitmedien vergleicht, kann man gesichert sagen, dass der Diskurs, der in den Berichterstattungen und Kommentaren der Leitmedien zum Ukraine-Krieg stattfindet, die Meinungs- und Diskurslandschaft in der Bevölkerung nicht spiegelt. Sicher kann man hier noch einmal daran erinnern, dass es durchaus ein informationelles und argumentatives Gefälle zwischen veröffentlichter und öffentlicher Meinung geben kann und soll. Und doch scheint hier auf Seiten des politischen Journalismus vor allem der Anspruch vorzuherrschen, die politische Debatte über diesen Fall von Krieg und Frieden selbst so weit wie möglich leiten zu wollen.

Das ist so anmaßend wie übergriffig. Immerhin geht es in der beschriebenen Krise buchstäblich um Leben und Tod und um erhebliche Eskalationsrisiken. Sich hier freiwillig und bewusst auf die Erzählung einer ganz bestimmten Geschichte zu beschränken, ist fatal. Man mag sie mit Wohlgefallen schreiben und hören – das tatsächliche Geschehen jedoch wird dabei nicht entfernt in seiner Komplexität und Widersprüchlichkeit abgebildet und begriffen. Und schlimmer noch: Abweichende Lesarten und Versuche, den beschränkten Diskurs zu erweitern, werden oft unisono mit einer geradezu schäumenden Diskreditierung belegt. So kann man vom »Manifest für Frieden« von Sahra Wagenknecht und Alice Schwarzer halten, was man will – aber die Empörung darüber, dass zwei Personen öffentlich zur Geltung bringen, dass sie es für möglich halten, dass verstärkte Waffenlieferungen nicht die einzige außenpolitische Option sind, erscheint gemessen am Anlass geradezu grotesk. Sie sagt mehr über die mediale Landschaft aus als über den Sinn oder Unsinn des Manifestes.

Eine Pointe hatte die einheitliche Medienerzählung von der Dringlichkeit der Lieferung von Kampfpanzern noch: Sie war unter anderem gestützt auf das Argument, Deutschland würde sich ansonsten außenpolitisch völlig isolieren. Die Realität sah dann ganz anders aus. Denn nachdem Bundeskanzler Scholz nach einer Abstimmung mit den USA den Beschluss der Bundesregierung verkündete, eine Anzahl von Leopard-Panzern in den Ukraine-Krieg zu schicken, passierte in den anderen europäischen Ländern erstmal – gar nichts. Das zentrale Konstrukt der Erzählung in den deutschen Leitmedien, dass Deutschland sich zunehmend peinlich Absichten verweigere, die in anderen europäischen Ländern längst vorhanden seien, ja, dass Deutschland blockiere und sich zunehmend von den Bündnispartnern deswegen geächtet sähe, war damit widerlegt. Die Erzählung entpuppte sich schlicht und ergreifend als falsch. Niemand von den Bündnisstaaten hatte gedrängt (mit Ausnahme von Polen, das aber immer drängte), niemand hatte selbst Lieferungen am Start. Die US-amerikanische Administration zeigte sich sogar verärgert, von Scholz gedrängt worden zu sein, Abrams-Panzer in die Ukraine zu liefern.

Ein Journalismus, der sich nicht als Aktivismus missversteht, hätte hier mit sich selbst ins Gericht gehen müssen. Sollte der Realitätsschock oder wenigstens die Peinlichkeit der ausbleibenden Lieferzusagen der Bündnispartner nicht Anlass genug sein, künftig bescheidener und zurückhaltender zu agieren? Tatsächlich aber wurde schnell ein neuer Kampagnenanlass gefunden. Auslöser war Emmanuel Macron. Nach seinem dreitägigen Chinabesuch im April thematisierte der französische Präsident die Gefahr, dass Europa in den absehbaren Konflikt zwischen China und den USA wegen der chinesischen Ansprüche auf Taiwan hineingezogen werden könnte. Und wie schon seit Beginn seiner Amtszeit wies er erneut auf die Notwendigkeit einer europäischen Souveränität in militärischer Hinsicht hin. Die leitmediale Empörung in Deutschland, die auf Macron niederprasselte, war hocherregt und flächendeckend. Als der SPD-Fraktionsvorsitzende Rolf Mützenich Macron inhaltlich zustimmte (»Europa muss versuchen, eine eigenständige Rolle so weit wie möglich zu formulieren und nicht als Anhängsel der USA dort in der Region zu erscheinen.«), traf diese einheitliche Empörung auch ihn. Die Botschaft: Alles, was auch nur nach einer vorsichtigen Problematisierung der Treue zu US-Amerika riecht und eine eigene europäische Position diskutiert, wird als »Spaltung« deklariert. Wiederum ergibt sich die Frage: Was ist die Rolle der Leitmedien in einer liberalen Demokratie? Agitation für durchsichtige Interessen oder Recherche, Analyse und Kommentar für transparente Förderung der politischen Meinungsbildung?

Was hier seit Beginn des Ukraine-Krieges in den Leitmedien geschah, wurde auch in den Wissenschaften bemerkt. Die Kölner Medienwissenschaftlerin Marlis Prinzing stellte schon früh fest: »Manche Journalistinnen und Journalisten machen sich in Talkrunden freiwillig zum Sprachrohr der ukrainischen Politik, stehen stramm zum ›Ja‹ für die Lieferung schwerer Waffen an die Ukraine und verharmlosen die atomare Eskalationsgefahr auch, um damit ein Argument zur Zurückhaltung bei solchen Lieferungen zu entkräften. ›Spiegel‹-Journalistin Melanie Amann warf bei Maybrit Illner (28. April 2022) Bundeskanzler Olaf Scholz vor, er jage den Menschen Angst vor einem Atomkrieg ein und verzögere damit, dass sie die wachsende militärische Unterstützung für die Ukraine billigen. Die Grenzen hin zum Kriegsaktivismus und zum Vernachlässigen der eigentlichen Rolle von Journalismus erscheinen fließend.«[31]

Journalismus, schreibt Prinzing weiter, sei die zentrale Instanz, die notwendige Debatten organisiert und moderiert, was auch heißt, unterschiedliche Ansichten zur Geltung zu bringen und Dilemmata zu benennen. Aber genau das werde systematisch verhindert: »In etlichen Talkshows werden bestimmte Antworten erwartet beziehungsweise fast vorausgesetzt. Zum Beispiel das ›Ja‹ auf die Frage ›Schwere Waffen, ja oder nein?‹. Kulturschaffende haben in einem Offenen Brief auf die Risiken dieses ›Ja‹ hingewiesen. Man muss ihre Positionen nicht teilen. Aber die Unerbittlichkeit irritiert, mit der auch medial teilweise auf den Brief reagiert wurde (...). Ein solcher Debattenstil ist nicht werteorientiert. Jürgen Habermas, der Philosoph, der gerade den verantwortungsbewussten öffentlichen Diskurs als grundlegend für die demokratische Willensbildung beschwor, schrieb für die *Süddeutsche Zeitung* einen Gastbeitrag. Darin analysierte er den von ›Pressestimmen geschürten Meinungskampf‹, der ›zwischen ehemaligen Pazifisten, einer schockierten Öffentlichkeit und einem abwägenden Bundeskanzler nach dem Überfall auf die Ukraine‹ entbrannt sei. Wieder waren die Reaktionen extrem heftig. Stellvertretend hier die von Simon Strauss, der ihm in der *Frankfurter Allgemeinen Zeitung* eine ›fahrlässige Denunziation der ukrainischen Regierung‹ vorwarf, und die von *Welt*-Autor Thomas Schmid. Er unterstellte Habermas eigene Interessen: Er verteidige ›auf orthodoxe Weise sein Lebenswerk. Und in durchaus trickreicher und mitunter auch boshafter Weise‹.«[32]

Jede einzelne journalistische Diffamierung wäre für sich genommen nicht weiter schlimm. Aber der Umstand, dass Politikerinnen und Politiker – wie der baden-württembergische Ministerpräsident Winfried Kretschmann (auch Habermas könne dazulernen), der Wirtschaftsminister Robert Habeck (»Vulgärpazifismus«) oder die Außenministerin Annalena Baerbock (»naiv, verstörend, überheblich«) – in den journalistischen Chor einstimmten, zeigt, dass Vereinseitigungen, Vereinfachungen und Ausgrenzungen in der Presse ganz reale Konsequenzen im wirklichen Leben haben: Sie verstärken politische Handlungsoptionen wie die genannten Waffenlieferungen, die Ausbildung von Soldaten kriegführender Armeen in Deutschland, die Mobilisierung ungekannter Geldmittel für die »Verteidigungsfähigkeit«, schließlich die Forderung nach Dienst- und Wehrpflicht.

Die Geschichte vom Krieg hat also genauso wie im Fall des Ersten und des Zweiten Weltkrieges eine ganz erhebliche Wirkung auf den Fortgang des Geschehens. »Wenn Menschen Situationen als wirklich definieren, dann *sind* diese wirklich in ihren Folgen«, hat William Thomas 1928 formuliert,[33] und vor diesem Hintergrund ist es keineswegs gleichgültig, wie sich die Deutungselite, also die Leitmedien, angesichts gerade von unerwarteten und überraschenden Entwicklungen verhalten. Wer medial »Druck auf den Kanzler« ausübt, bestimmt über diesen Weg die Geschehnisse mit. Und die Frage ist: mit welchem Recht?

Die Vierte Gewalt hat keinen Verfassungsrang, ihr Mitregieren ist nicht vorgesehen. Journalismus ist kein Aktivismus, gehört zu den tausendmal wiederholten Glaubenssätzen der Zunft. Und dass sich ein Journalist mit keiner Sache gemein machen darf, auch nicht mit einer guten, gilt fast als Verfassungspräambel der Vierten Gewalt.[34] Vor diesem Hintergrund ist die publizistische Zeitenwende angesichts des Ukraine-Krieges hochproblematisch – für die Demokratie ist es gefährlich, Pluralismus zu verhindern, Meinungen zu monopolisieren und Einwände zu diskreditieren. Nicht nur schießen politische Journalisten hier weit über ihre Aufgabe und Legitimation hinaus, sie unterspülen damit auch, wie eingangs an Umfragen belegt, das Vertrauen in die Leitmedien. Ungezügelter Aktivismus durch die amtierenden Massenmedien ist nicht nur Treibmittel für ihren eigenen mittelfristigen Untergang; er ist es auch für die Erosion einer funktionierenden Öffentlichkeit in Deutschland. Und ohne diese bröckelt, wie hinlänglich erforscht und beschrieben, die Demokratie.

Ungleiche Meinungen über das Gleiche

Eine kleine Geschichte der Öffentlichkeit

Wovon ist die Rede, wenn von einer »Gefahr für die Öffentlichkeit« die Rede ist? Das Wort »Öffentlichkeit«, semantisch so trocken und sperrig wie »Volkshochschule« oder »Erziehungswissenschaft«, ist ein unsinnliches Wort. Zugleich aber ist »Öffentlichkeit« die Voraussetzung schlechthin, damit Demokratie gelebt werden kann. Öffentlichkeit ist mehr als nur der öffentlich geteilte Raum auf Straßen und Plätzen, in Rathäusern, Parks und Universitäten. Sie ist mehr als das »öffentliche Recht«, dem auch die Öffentlich-Rechtlichen verpflichtet sind. Öffentlichkeit – das ist, wenn viele frei über das Gleiche reden, einen gemeinsamen Debattenraum schaffen und dabei ungestraft von ihrer Meinungsfreiheit Gebrauch machen können. Diese Öffentlichkeit kennt keine Zensur und keine Notwendigkeit zur Selbstzensur, sofern die artikulierten Meinungen den anderen nicht diffamieren und die Grundwerte unserer Verfassung grob verletzen.

Wann und wo diese Öffentlichkeit entstand, ist umstritten. Eine Teilöffentlichkeit jedenfalls gab es bereits im antiken Griechenland. Die Sphäre der *polis* – aus der das Wort Politik stammt – war die Sphäre der öffentlichen Angelegenheiten. Man trennte sie sorgsam von der Welt des *oikos*, der häuslichen Privatsphäre. Der freie griechische Mann, wohlhabend und Nutznießer der Arbeit der Unfreien, traf sich mit anderen freien Männern auf dem Marktplatz, der *agora*, um, Gleicher unter Gleichen, frei und kontrovers über Gleiches zu reden. Und auch wenn die antike griechische Gesellschaft eine Ausschlussgesellschaft war, die nur wenige zu Gleichen machte – bis heute ist sie die Blaupause dafür geblieben, was eine Öffentlichkeit ist und wie sie funktioniert.

Von einer Öffentlichkeit wie im antiken Athen oder in Rom konnte später lange nicht mehr die Rede sein. Das von Kirche und Adel beherrschte europäische Mittelalter war am freien Austausch der Bürger nicht interessiert, sondern scheute jede Form von Öffentlichkeit. Was gesellschaftlich von Belang war, regelte die Kirche intern. Allenfalls in den Hanse- und anderen Handelsstädten bildeten sich kleine begrenzte Teilöffentlichkeiten heraus. Spätestens in der Renaissance erblühte allerdings der Traum von einer Öffentlichkeit nach antikem Vorbild erneut. Geträumt wurde er von den Humanisten, Gelehrten ohne die Macht der Kirche und ohne das Privileg vornehmer Herkunft (Ausnahmen bestätigen diese Regel). Wo Bürgerlichen der Weg zu den Pfründen der Macht versperrt war, träumten sie von einer Gelehrtenrepublik, in der Gleiche unter Gleichen diskutieren sollten. An die Stelle der Macht der Herkunft sollte die Macht der Bildung treten. Auf die Waffe der Vernunft und des besseren Arguments setzt, wer keine besseren hat. So lässt sich die Geschichte des Humanismus in den mittel- und oberitalienischen Städten des 15. Jahrhunderts als der hundertfache Versuch lesen, mit Hilfe von

Bildung Zugang zu den privilegierten Schichten zu finden, der einem von Geburt oftmals verwehrt war.[35]

Begünstigt wurde all dies durch den Buchdruck. Die Humanisten schrieben einander Briefe, die nicht nur vom Adressaten, sondern, gedruckt und verbreitet, von vielen gelesen wurden. Zum ersten Mal bildete sich ein Zirkel bürgerlichen Publikums. Zwar verwandelte sich dadurch kein einziger Kaufmanns- und Patrizierstaat in Italien in eine echte Republik, geschweige denn eine Gelehrtenrepublik. Aber immerhin war damit die Saat gesät, die zwei bis drei Jahrhunderte später aufgehen sollte: die Vorstellung von einer Öffentlichkeit, in der der Idee nach jeder sich in die öffentlichen Angelegenheiten einbringen kann und soll. Was Belang für jedermann war, sollte auch von jedermann mitbestimmt werden.

Dass die Welt der Aufklärung bis zum Anfang des 19. Jahrhunderts sich für das Bild eignet, eine idealtypische Öffentlichkeit in ihr zu sehen, ist eine Idee von Jürgen Habermas. Sechzig Jahre ist es inzwischen her, da veröffentlichte der damalige Nachwuchswissenschaftler seine Habilitationsschrift *Strukturwandel der Öffentlichkeit* (1962). Der junge Philosoph am Frankfurter Institut für Sozialforschung hatte dafür einen brennenden Anlass: Viel zu stumpf, zu unreflektiert und zu unkritisch erschienen Habermas die deutschen Leitmedien der Adenauer-Zeit; zu viel Demut vor der Bonner Regierung und zu viel alberner Sensationismus in Nebensächlichkeiten schienen dem an der Kritischen Theorie geschulten Denker das Ende der hehren Idee der »Öffentlichkeit« zu bedeuten. Die Leitmedien, ihrem Versprechen nach Orte des unbegrenzten rationalen Diskurses, folgten vor allem ihren Geschäftsinteressen, nicht aber ihrem eigentlichen Auftrag. Wie der aussehen sollte, leitete Habermas aus einer eher romantischen Analyse des späten 18. Jahrhunderts ab, jener Epoche, in der der bürgerliche Geist erwachte und sich anschickte, das feste Gehäuse der Adelsherrschaft zu sprengen. Was die Französische Revolution kurzzeitig geschafft hatte, diente, nach Habermas, auch in Deutschland als Vorbild: ein herrschaftsfreier Diskurs und ein freier Austausch der Vernunft im Vertrauen auf den Sieg des besseren Arguments. Der »repräsentativen Öffentlichkeit« stellte das Bürgertum, so Habermas' Theoriekonstruktion, eine »bürgerliche Öffentlichkeit« entgegen.

Dass der Kreis der Personen, der Ende des 18. Jahrhunderts im offenen Diskurs auf die Kraft der Vernunft und des besseren Arguments setzte, verschwindend klein war, so klein, dass der Begriff »Öffentlichkeit« dafür sehr gewagt war, räumte Habermas nach starker Kritik von Historikern später selbst ein. Viel gewichtiger und unheilvoller war, dass Habermas »repräsentativ« und »bürgerlich« als Gegensatzpaar einführt – als sei das Bürgertum nicht auf seine eigene Weise an repräsentativer Herrschaft interessiert wie zuvor der Adel. »Feudale Autorität« ist nicht auf Angehörige des Hochadels beschränkt, feinste Rangabstufungen finden sich in jedem Tennisclub, Statusmerkmale sind ein konstitutiver Bestandteil der bürgerlichen Massenkonsumgesellschaft, »Hof« halten auch Politiker, Herausgeber und Konzernlenker, und »rhetorische Formeln« durchziehen den gesamten bürgerlichen Politik- und Massenmedienbetrieb.

Habermas' Begriff der bürgerlichen Öffentlichkeit ist von viel Idealismus getränkt. Und es ist nicht einfach, eine solche Öffentlichkeit des freien Austauschs und des besseren Arguments irgendwo in der Realität einer konkreten Gesellschaft wiederzufinden. Seinen Platz in der Ideengeschichte hat er deshalb vor allem als Ideal. Dass Menschen ein Recht auf »öffentliche Meinung« haben sollten, die nicht durch »öffentliche Gewalt« unterdrückt werden darf, ist ein zeitloser Klassiker moderner Demokratietheorie. Tatsächlich ist er eng verknüpft mit dem Aufkommen einer Zeitungslandschaft im Zeitalter der Aufklärung. Wie sollten auch Gleiche über Gleiches unbegrenzt reden können, wenn sie keine Medien des öffentlichen Austauschs haben? Bezeichnenderweise waren frühe Demokratien, wie im klassischen Athen oder später im Stadtstaat Genf, immer auf enge Räume begrenzt, in denen sichergestellt war, dass man sich über den Weg lief. Erst das Zeitungs- und Zeitschriftenwesen konnte diese Räume entgrenzen und, anders als Bücher und Traktate, dabei gleichzeitig aktuell bleiben. Wo die Überschaubarkeit des Raumes nicht gewährleistet war, leisteten die ersten Zeitungen und Flugschriften wirkungsvolle Abhilfe beim Abgleich wie beim Zusammenschluss politischer Überzeugungen. Und nur unter dieser Voraussetzung konnten überhaupt Demokratien entstehen, die auch in größeren Flächenstaaten funktionierten. Noch Rousseau hatte diese Möglichkeit bestritten.

Nur insofern ausreichend Bürger lesen und sich schriftlich austauschen, kann eine bürgerliche Öffentlichkeit entstehen. Zeitungen, die seit dem 17. Jahrhundert auf dem Geschäftsmodell beruhten, dass sich auch am kommenden Tag oder in der kommenden Woche hinreichend Neuigkeiten ereigneten, wurden so teils bewusst, teils als Nebeneffekt, nach und nach zu wichtigen Instrumenten der Demokratie. Und so wie die Freiheit des Handels der Forderung nach einer Freiheit des Handelns vorausging, so die Belange der Wirtschaft den Belangen der Politik. Nicht zufällig sind es die Messestädte – Amsterdam, Antwerpen, Leipzig –, in denen die ersten Zeitungen aufkommen. Und lange bevor das von Kant so genannte »kritische Geschäft« in Zeitungen eingeübt wurde, war das ökonomische Geschäft publizistisch intensiviert und öffentlich gemacht worden in Anzeigern, Merkuren, Boten und Intelligenzblättern.

Die Entstehung der bürgerlichen Öffentlichkeit hat also von Anfang an ein Doppelgesicht. Sie ist Geschäftsinteresse und bürgerliche Machterlangung zugleich und Letztere stets abhängig von Ersterem. Will man Habermas' Gegenüberstellung von repräsentativer und bürgerlicher Öffentlichkeit retten, so kann man sagen: Im ersten Fall ist die Öffentlichkeit an den Hof und seine Interessen gebunden. Im zweiten Fall wird sie Spielball der Ökonomie. Und genau aus dieser Perspektive lässt sich der Schlingerkurs der Presse und später der Leitmedien am besten beleuchten: aus den Nöten und Notwendigkeiten, jene Aufmerksamkeit zu generieren, der ihren ökonomischen Bestand sicherstellt. Und wird in der Aristokratie die Informationsfülle durch Zensur stark reduziert, so explodiert sie im bürgerlichen Zeitalter, denn Zeitungen und Zeitschriften müssen mit Inhalt gefüllt werden auf Teufel komm raus.

Die bürgerliche Öffentlichkeit basiert also sowohl auf demokratischen Idealen wie auf Geschäftsinteressen. Und so erzeugte die Interessenfusion Publizität/Geschäft zwar eine reale bürgerliche Öffentlichkeit, aber seit der Aufklärungszeit selten eine ideale. Die Kraft des besseren Arguments blieb nämlich immer nur *ein* Aspekt realer bürgerlicher Öffentlichkeit. Als das Bürgertum die Zeitungsmacht erlangte, die es brauchte, um die Massen zu beeinflussen, machte es von dieser Macht stets wesentlich umfassenderen Gebrauch als nur von der Macht des besseren Arguments. Gleichwohl ist unstrittig, dass Zeitungen, Zeitschriften und Periodika einen wesentlichen Beitrag dazu leisteten, komplexe Gesellschaften untereinander kommunikationsfähig zu machen. Dabei lassen sich allerdings Phasen voneinander unterscheiden, in denen diese bürgerliche Öffentlichkeit besser und weniger gut funktionierte. Wovon hing dies ab?

Es ist richtig, dass die bürgerliche Öffentlichkeit, bevor sie sich durchsetzte, in den westeuropäischen Staaten weitgehend in der Opposition zur Adelsherrschaft stand. Doch durchzog sie von Anfang an ein Riss zwischen dem Besitzbürgertum, das bereits in der Feudalzeit seine Interessen vertreten und durchsetzen konnte, und denjenigen, die vom politischen Prozess ausgeschlossen waren. So brauchte das englische Wahlgesetz das 19. Jahrhundert hindurch mehrere Novellierungen, um allmählich auch die minderbetuchten Bürger zu solchen zu machen und ihnen das Wahlrecht zu geben. Im Angesicht dessen, dass die Mehrheit der Engländer von der politischen Beteiligung ausgeschlossen war, verlieh der *Times*-Redakteur

Henry Reeve der Presse 1855 den Rang eines *fourth estate.*[36] Die Presse versorge nicht nur die gut ausgebildeten Klassen täglich mit dem »Material, das ihren Geist informiert und ihre Urteilsfähigkeit erhellt«, sondern verhelfe auch den nicht im Parlament vertretenen Bürgern zu ihrem Recht.[37] Statt nur 700 000 wahlberechtigten Engländern bekämen nun zehn Millionen eine Stimme. Die Presse als »Vierter Stand« sollte die Gesellschaft demokratischer machen. Öffentliche Angelegenheiten würden durch sie auch endlich öffentlich diskutiert, und zwar unter Einbezug möglichst aller (Männer). Und je breiter und ausführlicher die Fragen der Politik diskutiert würden, umso transparenter würden die politischen Entscheidungen werden und umso besser sei dies für die Demokratie.[38]

Der »Vierte Stand«, so weit das Konzept, manifestiert die Öffentlichkeit. Mit zunehmender Macht allerdings wurden die Ansprüche der Presse steiler, und sie veränderten entscheidend ihre Bedeutung. Denn wer die Meinungsvielfalt *beeinflussen* kann, begnügt sich zumeist nicht mehr damit, sie zu *repräsentieren.* Nur so ist es erklärlich, dass sich die Presse seit Ende des 19. Jahrhunderts immer mal wieder nicht in der Rolle eines Standes, sondern einer »Vierten *Gewalt*« sieht.[39] Was in den wilden Zeiten der 1848er Revolution in Frankreich kühn erträumt worden war, die Presse als Vierte Gewalt, die die drei anderen Gewalten – Legislative, Exekutive und Judikative – ersetzt,[40] setzt sich so zwar nicht durch. Die Landschaft bleibt gespalten in Parteipresse und Generalanzeigerpresse, von denen die erste nicht unabhängig und die zweite keine »Gewalt« sein will. Aber der Gedanke einer Vierten Gewalt ist immerhin in der Welt. Und er wird auch dort mächtig, wo offiziell gar nicht von ihm die Rede ist. Dass dieser Anspruch der Presse, die Regierung und die Volksvertreter kontrollieren zu wollen, nicht ganz unproblematisch ist, ist allgemein bekannt. Denn zwischen Kontrollieren und Manipulieren besteht keine klar definierte Grenze. Man denke nur an die gespenstische Machtkonzentration der selbsternannten Vierten Gewalt in den Händen weniger Zeitungstycoone um die Wende zum 20. Jahrhundert. So versammelten die US-Amerikaner Joseph Pulitzer und William Hearst zu dieser Zeit eine zuvor beispiellose Zeitungsmacht um sich. Gemeinsam trieben sie die USA 1898 in den viermonatigen Krieg gegen Spanien und steigerten dabei ihre Auflagen in Millionenhöhe. Besonders Hearsts Vorgehen liest sich bis heute wie eine Regieanweisung für publizistischen Machtmissbrauch. Die rätselhafte Explosion des US-Kriegsschiffs *Maine* vor Kuba wurde von ihm kurzerhand zur Missetat der Spanier erklärt, obwohl die Umstände unklar waren. Und als Hearsts Reporter auf Kuba keine Belege für Gräueltaten der Spanier fand, wies ihn Hearst an: »Sie besorgen die Bilder – ich sorge für den Krieg« – dem einen oder anderen Leser heute bekannt als Ausspruch des Medienmoguls Elliot Carver im James-Bond-Streifen *Der Morgen stirbt nie.*[41]

Hearsts *Morning Journal* zeigte auf diese Weise eindrucksvoll, dass Macht ohne Missbrauch offensichtlich nicht reizvoll ist. Der Verleger wies seine Mitarbeiter dazu an, Interviews zu erfinden und Bilder zu manipulieren, und formulierte das bis heute gültige Credo des Boulevardjournalismus: »Haben Sie keine Angst, einen Fehler zu machen. Ihren Lesern könnte er gefallen.«[42] Die Formel ging auf. Hearst verkaufte jeden Tag 13 Millionen Zeitungen und schaffte es so, die Idee der Öffentlichkeit zu privatisieren und damit zugleich zu desavouieren. Statt Gleiche sich über Gleiches austauschen zu lassen, glich der allmächtige Zeitungszar in seinen etwa fünfzig Zeitungen die ungleichen Meinungen der Menschen, soweit es ging, aneinander an und brachte sie auf eine einzige veröffentlichte Linie.

Dass totalitärer Publizismus eine besondere Vorliebe für politischen Totalitarismus hegt, wird nicht verwundern. Hearst – das Vorbild für den Verleger in Orson Welles' Film *Citizen Cane* – liebäugelte mit dem italienischen wie dem deutschen Faschismus und feierte Hermann Göring in einer Artikelserie. Erfolglos versuchte er zudem, die USA vom Eintritt in den Zweiten Weltkrieg abzuhalten.[43] Eine politische Karriere hingegen blieb ihm, anders als seinem deutschen Vetter im Geiste, Alfred Hugenberg, dennoch verwehrt. Hugenbergs Konzern umfasste zwischen 1916 und 1943 nicht nur Presseverlage und Pressedienste, sondern auch Werbe- und Nachrichtenagenturen und Filmgesellschaften, darunter die größte von allen, die UFA. Als Steigbügelhalter Hitlers impfte Hugenberg den Deutschen eine außerordentliche Dosis Nationalismus und Revanchismus ein. Nach der nationalsozialistischen Machtübernahme fungierte er kurzzeitig als Hitlers Wirtschaftsminister, bis er seine Schuldigkeit offenbar getan hatte und die Nazis den Konzern schrittweise gleich selbst übernahmen.

Vom gleichen Zuschnitt waren auch die englischen Zeitungstycoone. Man denke etwa an Alfred Harmsworth, der angeheiratete Baron Northcliffe. Als Gründer der *Daily Mail* (1896) und mit der Übernahme der *Times* (1908) avancierte er in England zum mächtigsten Medientycoon des Landes. Unermüdlich schürte er den englischen Nationalismus und schrieb den Krieg gegen Deutschland geradezu herbei. Sein Konkurrent William Maxwell Aitken, der spätere Lord Beaverbrook und Verleger des *Daily Express*, des *Sunday Express* und des *Evening Standard*, stand ihm dabei kaum nach. Im Februar 1918 wurde er sinnigerweise Propagandaminister und vereinte so ungerührt die Zweite mit der Vierten Gewalt – die ideale Blaupause für die Medienmanipulateure des späten 20. und des 21. Jahrhunderts. Rupert Murdoch und Silvio Berlusconi lassen grüßen.

Der rasante Aufstieg hochmanipulativer Zeitungsmagnaten in der ersten Hälfte des 20. Jahrhunderts enthält eine unmissverständliche Moral: Die Vierte Gewalt, will sie sich nicht pervertieren, bedarf mindestens ebenso sehr der Kontrolle, wie sie ihrerseits die Kontrolle der anderen drei Gewalten für sich beansprucht. Die Gefährdung der Öffentlichkeit geht nämlich potenziell von allen Gewalten aus, auch von der Vierten. Und die Beispiele dafür sind so frappierend und unüberschaubar, dass sich gerade das Gegenteil mit der Lupe suchen lassen muss: die Zeit, in der sich der Machtmissbrauch der Leitmedien in engen Grenzen hielt.

Dass unkontrollierbare Kontrolleure als Stimme der Öffentlichkeit ein großes Problem darstellen, hat der Münchner

Kommunikationswissenschaftler Hans Wagner bereits vor fünfzehn Jahren äußerst präzise analysiert. Er erkennt darin sogar eine »doppelte Widersinnigkeit«: »Angetreten, um die angeblich marode gegenseitige Kontrolle der öffentlichen Gewalten im Parteienstaat als eigenständige Kontroll-Gewalt zu heilen, entziehen sich Medien und Journalisten selbst jeglicher Kontrolle, lassen sich selbst in das System von ›checks and balances‹ nicht einbinden, ihre eigene Macht nicht bändigen.«[44] Die zweite Widersinngkeit folgt aus der ersten: »Entsprechend konsequent akzeptieren Journalisten für sich lediglich Instrumente der Selbstkontrolle, beanspruchen damit das Privileg einer förmlich berufsständischen Organisation, ohne den Verbindlichkeiten eines Berufsstandes, sei es im Bereich der Selbstkontrolle, sei es im Bereich des Berufszugangs, der Minimalausbildung oder der Qualitätssicherung nachzukommen.«[45] Oder in den Worten des Dresdner Kommunikationswissenschaftlers Wolfgang Donsbach: »Die stärkste Waffe dieser neuen Macht« liegt »in der permanenten Kritik vorhandener Zustände bei gleichzeitiger Immunisierung des eigenen Standes gegen Kritik von außen.«[46]

Man fragt sich deshalb mit Wagner, wo eigentlich der gesellschaftliche Punkt ist, auf dem die Leitmedien zu verorten sind. Will man sie sich nicht imaginär und illusionär in einem Raum außerhalb der Gesellschaft vorstellen, müssen sie doch irgendwo in ihr sein. Und was seinen Ort in der Gesellschaft hat, muss sich doch dingfest machen und kontrollieren und kritisieren lassen. Doch mit Ausnahme der öffentlich-rechtlichen Medienanstalten, die von Rundfunkräten formal kontrolliert werden, sucht man solche externe Kontrolle vergebens; auch der Presserat ist ein Organ der freiwilligen Selbstkontrolle. Und Initiativen, wie die 1993 vom damaligen Bundespräsidenten Richard von Weizsäcker berufene Expertenkommission »Zur Lage des Fernsehens«, verpufften folgenlos. Dabei ging es der Kommission um nicht weniger als um die Medienmitverantwortung an ihrer Berichterstattung. Der Politik war deutlich geworden, dass die Spirale der Programmverflachung durch das Privatfernsehen auch die Öffentlich-Rechtlichen nicht unbeschadet gelassen hatte. Deshalb hatten sowohl der Bundespräsident wie der damalige CDU-Generalsekretär Peter Hintze einen »Medienrat zur Selbstkontrolle des Fernsehens« angeregt. Die Experten des Gremiums mahnten zahlreiche Missstände an – wie etwa die nicht allzu »diskursive Vermittlung politischer Positionen« und die zunehmende Inszenierung politischer Positionen und Konflikte. Doch außer einigen zusätzlichen Gremien fiel den Medienräten der Kommission nicht viel zur Abhilfe ein.[47] Und im Hinblick auf die Qualitätssicherung und Mitverantwortung der privaten Leitmedien ist ohnehin niemand zuständig.

Wie ist es dazu gekommen? Um die prinzipiell freizügige Haltung gegenüber der Qualität der Leitmedien zu verstehen, lohnt sich der Blick auf die Medienlandschaft der jungen Bundesrepublik. Mit Ausnahme des 1947 gegründeten *Spiegel*, der *Süddeutschen Zeitung* und der *Frankfurter Allgemeinen Zeitung* galten in den 1950er und frühen 1960er Jahren nahezu sämtliche Medien, einschließlich von ARD und des ab 1963 sendenden ZDF als handzahm und/oder regierungsnah. Auf Hugenberg war Axel Springer gefolgt, der mit der Regierungspolitik der Adenauer-Zeit in bestem Einklang und Wohlklang stand. In diese Lage fällt Habermas' aufgebrachte Kritik der modernen Massengesellschaft und der »Kulturindustrie«. Was ehemals eine streitbare bürgerliche Öffentlichkeit gewesen sei, sei nun eine Spielwiese manipulativer Werbung und politischer Public Relations; paternalistische Adenauer-Herrschaft statt der regen Beteiligung mündiger Bürger. Dieser unheilvolle Strukturwandel der Öffentlichkeit sollte dringend verändert werden, und zwar durch mehr »soziale Teilhabe«.

Dass das zugleich eine Veränderung der »re-feudalisierten« Leitmedien bedeuten musste, war auch Habermas klar. Ihre folgenschwerste Umdeutung aber erfuhren sie nicht durch ihn, sondern bereits zuvor durch den Presserechtler Martin Löffler. Sieben Jahre vor Habermas' Diagnose eines fatalen Strukturwandels schrieb Löffler seinen überaus einflussreichen Kommentar zum Presserecht.[48] Hier und in zahlreichen Folgeveröffentlichungen in den 1950er und 1960er Jahren belebte er die Idee der Vierten Gewalt neu und befugte sie überaus pathetisch mit einer Reihe unbefugter Vollmachten. Sie soll eine Quasi-Staatsgewalt sein, eine »Publikative«, die sich als außereheliches Geschwister neben Montesquieus drei Staatsgewalten stellt, und zwar wahlweise neben oder über die anderen. Löffler trug somit entscheidend dazu bei, die berühmte quasi-rechtliche Kontrollfunktion der Leitmedien als Vierte Gewalt für die Bundesrepublik Deutschland herauszustellen: »Die moderne Presse ist in der Lage und berufen, heute als vierter Träger der öffentlichen Gewalt gegenüber dem gefährlichen Machtstreben des ständelosen Parteienstaats das gesunde Gegengewicht zu bilden.«[49]

Wenn Löffler der Vierten Gewalt Rechte einräumte, die so nicht eins zu eins in der Verfassung stehen, sah er die Presse in einer Art Notwehrsituation. Wie Habermas bekämpfte Löffler den von autokratischen Elementen durchsetzten Adenauer-Staat, dem er ein »gefährliches Machtstreben« attestierte.[50] Doch eine Funktionsbeschreibung der Leitmedien, die gegen eine konkrete Regierung formuliert wurde, muss nicht zwangsläufig dazu dienen, allgemeingültig zu werden. Was ist, wenn man es in späterer Zeit in der Bundesrepublik mit Regierungen zu tun hat, die demokratischer, liberaler und von weniger Machtstreben getrieben sind? Ist die aus vordemokratischer Zeit stammende Definition der Vierten Gewalt noch in genau gleichem Maße sinnvoll, wenn sich die Vorzeichen demokratisch geändert haben? Demokratische Abgeordnete medial zu kontrollieren ist jedenfalls nicht das Gleiche, wie Licht ins Dunkel undemokratischer und undurchsichtiger Regierungsentscheidungen eines Obrigkeitsstaates zu bringen.

Ohne Zweifel war Löffler in seinem Idealismus sehr weit gegangen. Die Bundesrepublik seit den späten 1960er Jahren ist jedenfalls weniger durch die Gefahr eines »gefährlichen Machtstrebens« der Regierung bedroht als eben eher von der steigenden Gefahr eines gefährlichen Machtstrebens der Leitmedien. Nur diesmal findet es – wie gezeigt wird – unter anderen Vorzeichen statt als in den Zeiten der Tycoone alten Schlages.

Nun lässt sich der Kontrollfunktion der Leitmedien grundsätzlich viel Positives abgewinnen – man denke etwa an die *Spiegel*-, die Neue-Heimat- oder die NSA-Affäre –, ohne sie deswegen unbedingt als Vierte Gewalt verstehen zu müssen. Investigation ist ein wichtiger Bestandteil eines liberal-demokratischen Journalismus. Doch ist man seinem Selbstbild nach eine »Gewalt«, so fragt sich heute wie damals: Wo hört Kontrollieren auf, und wo fängt Vor-sich-her-Treiben und Manipulieren an? Wie groß ist in einer völlig gewandelten Medienwelt der allseitigen Verfügbarkeit von Information der massenmediale Einfluss? Und immer wieder: Wer kontrolliert die Vierte Gewalt, wenn ihre Selbstkontrolle versagt?

Vor diesem Hintergrund ist das Kokettieren der Leitmedien, aber auch das zahlreicher Politiker, mit dem Begriff der »Vierten Gewalt« keineswegs so harmlos, wie es scheint. Denn je mehr Vierte Gewalt man sein will, umso weniger Vierter Stand ist man noch – also eine öffentlich und transparent organisierte Diskussion Gleicher, die über das Gleiche reden. Genau eine solche ideale Konzeption des Vierten Standes aber war das Lebenswerk des noch heute vielzitierten österreichischen Rechtsphilosophen und Publizisten René Marcic. Wenn bei ihm von Vierter Gewalt die Rede ist, dann stets in der Bedeutung des Vierten Standes.[51] Marcics Definition seit den 1950er Jahren verleiht der Presse keinen Spezialauftrag, sondern vergesellschaftet sie mit allen erdenklichen Kräften der Zivilgesellschaft. Die Vierte Gewalt ist der gesamte Kosmos der außerparlamentarischen Meinungsbildung, und die Leitmedien sind darin lediglich ein Spieler unter vielen anderen. Eine solche Vierte Gewalt artikuliert »die in ihrer Struktur unartikulierte öffentliche Meinung« und bringt sie dort zur Sprache, »wo das Volk sich nicht beim Abstimmungsakt versammelt«.[52]

Von hier zu Habermas ist es nur ein kleiner Schritt. Nicht die Leitmedien sind, sondern die »Öffentlichkeit« ist für ihn die »Institution« der gesellschaftlichen Willensbildung. Und die Leitmedien bilden lediglich eine Teilöffentlichkeit. Ihre Deutungsmacht entspringt auch nicht einem ungeschriebenen Verfassungsauftrag wie bei Löffler, sondern ihrer engsten Verknüpfung mit der Zivilgesellschaft, deren Teil sie sind. Denn nur so kann die Öffentlichkeit allgemein geteilter Raum sein, ein Forum der Kommunikation und somit »herrschaftsfrei«. Setzen sich die Leitmedien eigenmächtig darüber hinweg, so zerstören sie die demokratische Selbstbestimmung. Die Gesellschaft kann sich dann nicht mehr frei und gleichberechtigt über Gerechtigkeit und Gemeinwohl verständigen. Und das, was alle besonders angeht, wird zur Angelegenheit meinungsmächtiger Weniger.

Das Zauberwort all jener, die an einer wirklich demokratischen Öffentlichkeit interessiert sind, heißt *deliberativ*. Eine gut funktionierende Öffentlichkeit *beratschlagt* sich. Sie ist zivilgesellschaftlich organisiert und tauscht ihre Argumente aus. Urheber des Begriffs ist der US-Amerikaner Joseph H. Bessette, Professor für Government and Ethics im kalifornischen Claremont. Im Jahr 1980 veröffentlichte er sein Buch *The Mild Voice of Reason. Deliberative Democracy & American National Government*. Eigentlich hatte Bessette die US-amerikanische Demokratie verteidigen wollen, die trotz starker Einflussnahmen und Lobbyismus erstaunlich gut funktionierte. Doch der Begriff löste sich schnell von seinem Urheber und beseelte von nun an das Denken zahlreicher Philosophen, die über Öffentlichkeit nachdachten. Der Bogen reicht von John Rawls über Amartya Sen bis zu Jürgen Habermas. Wie schon Aristoteles in seiner *Politik* gefordert hatte, verdankt sich gutes Regieren einer regen Beteiligung möglichst aller Bürger an den allgemeinen Angelegenheiten. Für die Theoretiker der Gegenwart bedeutet dies: ohne einen lebendigen öffentlichen Dialog keine Demokratie.

Für die Leitmedien ergeben sich daraus zahlreiche in der Theorie breit akzeptierte Bedingungen. Sie müssen bei ihrem Informationsauftrag sowohl *inklusiv* wie *integrativ* sein,[53] der Informationsjournalismus hat, wie der Medienwissenschaftler Michael Haller formuliert, »eine diskursive und insofern integrativ funktionierende Kommunikationsleistung zu erbringen«.[54] Möglichst viele Meinungen einzuschließen und sie zusammenzuführen, ist ihre vielfach beschworene Aufgabe. Oder wie der Dortmunder Politikwissenschaftler Thomas Meyer es idealtypisch formuliert: »Die basisdemokratisch *deliberative* Öffentlichkeit der zivilgesellschaftlichen Foren bürgerschaftlicher Verständigung über gemeinsame politische Zwecke kann nämlich dem System der Leitmedien nicht nur Themen aufnötigen, die dessen Filtersysteme sonst aussondern, sondern ihnen auch ein Maß an Information und Argumentation bei der Behandlung dieser Themen abtrotzen, das deren Inszenierungsgewohnheiten eigentlich fremd ist. Damit verändern sich temporär die Struktur der gesamten Öffentlichkeit und die Arbeitsweise der Leitmedien in Richtung größerer Inklusion und demokratischer Qualität.«[55]

Deliberativ, inklusiv, integrierend, vermittelnd, bürgernah, pluralistisch, demokratiefördernd – all diese Begriffe stehen schon lange als unverrückbar schweres Mobiliar in der Kommunikationswissenschaft und der Publizistik herum, auch wenn ihre Relevanz unterschiedlich gewichtet wird. Sie bezeichnen die Bedingungen der funktionierenden Mediengesellschaft. Und man kann sie auch ganz konkret auf die Rolle der Leitmedien anwenden, wie es der 2021 verstorbene *Independent*-Journalist David Randall in seinem Buch *The Universal Journalist* getan hat.[56] Danach sollen Presse und Rundfunk Informationen verbreiten, die an die Stelle von Gerüchten und Spekulationen treten. Sie sollen sich der Kontrolle der Regierung entziehen und ihrem Einfluss widerstehen. Sie sollen die Wähler informieren, um sie mündig zu machen. Sie sollen die Autorität jener untergraben, deren Meinung auf einem Mangel an Informiertheit beruht. Sie sollen das Tun und Lassen der Regierung und der gewählten Volksvertreter überprüfen. Das Gleiche gilt für die Wirtschaftswelt, den Umgang mit Arbeitnehmern und Kunden und für die Qualitätskontrolle von Produkten. Presse und Rundfunk sollen die Geplagten umsorgen und die Umsorgten plagen, damit jene eine Stimme bekommen, die sonst in der Öffentlichkeit keine haben. Sie sollen der Gesellschaft den Spiegel vorhalten, ihre Tugenden und Laster widerspiegeln und ihre liebgewonnenen Mythen entlarven. Sie sollen sichergehen, dass der Gerechtigkeit Genüge getan wird, sehen, wo das nicht der Fall ist, und es investigativ ans Licht bringen. Eine wichtige Aufgabe der Leitmedien ist zudem, den freien Austausch der Ideen zu ermöglichen und jenen eine Plattform zu bieten, deren Philosophie sich von der vorherrschenden unterscheidet.[57]

Das ist natürlich ein ideales Aufgabenprofil, dessen allseitige und perfekte Erfüllung in der Wirklichkeit vermutlich nicht vorkommt und auch nicht vorkommen kann. Aber es ist ein hübsch formuliertes Ideal, an dem zu orientieren sich lohnt. Als Inschrift für Verlagshäuser und Journalistenschulen leistet es gewiss einen guten Dienst, weil es die Leitmedien daran gemahnt, welche Aufgabe ihnen in und für die Gewährleistung einer demokratischen Öffentlichkeit zukommt. Die amtierenden Medien, insbesondere der politische Journalismus, soll neben der Inklusions- und Integrationsfunktion eine möglichst umfassende Informationsfunktion erfüllen, eine freie und offene Meinungsbildungsfunktion ermöglichen und eine umfassende Kritik- und Kontrollfunktion ausüben. Im Internetzeitalter, so definiert es Haller, behandelt das deliberative Öffentlichkeitskonzept darüber hinaus »vor allem die (möglichst) diskursiv zu verkoppelnden digitalen Kommunikationsräume und -inseln. Von daher gehört es zur anspruchsvollen Aufgabe des Journalismus, dass er die aktuellen Problemthemen nicht nur als Nachrichten und Meinungen transportiert, sie vielmehr verständigungsorientiert aufbereitet (…). Wenn ihm dies gelingt, erreichen seine Berichte nicht nur das angestammte Publikum, sondern auch die Welten, in denen die Skeptiker, die Verängstigten und Verärgerten interagieren. Und wenn er es im normativen Sinne richtig gut macht, werden viele Individuen und Gruppen – nun als informierte Bürger – für den öffentlichen Diskurs (wieder) aufgeschlossen sein.«[58]

Dass hier in der bundesdeutschen Realität einiges im Argen liegt und auch schon früher dort lag, ist ein sehr ernsthafter Anlass zur Besorgnis. Man muss sich sogar fragen, ob die amtierenden Medien diesem Auftrag heute mitunter nicht sogar weniger gerecht werden als die Direktmedien, die in den letzten beiden Jahrzehnten die Sphäre der Öffentlichkeit enorm vergrößert und massiv verändert haben.

Die Verschiebung der Plattentektonik durch das Aufkommen von *YouTube*, *Twitter* und Co. ist enorm. Denn theoretisch ließe sich nun argumentieren, dass die technische Revolution, die es jedem Bürger ermöglicht, direkter Teil der Öffentlichkeit zu sein, einen Vierten Stand weitgehend überflüssig macht. »Material, das den Geist informiert und die Urteilsfähigkeit erhellt«, wie *Times*-Redakteur Reeve es im 19. Jahrhundert formuliert hat, kann nun jeder beisteuern und verbreiten. Auf der anderen Seite bereitet eine nicht durch »Gatekeeper« bewachte, regulierte und zensierte Öffentlichkeit, in der Bürger zu Direktteilnehmern werden, nicht nur den Leitmedien Sorgen, sondern auch den Vordenkern einer deliberativen Öffentlichkeit wie Jürgen Habermas.[59] Geht die Breite der Kommunikation, die Fülle der Information und die Unmittelbarkeit sekundenschneller Verbreitung unweigerlich mit einem Qualitätsverlust einher?

Die Schelte auf Verführer, Ideologen und Hetzer im »Netz« ist inzwischen ein fester Topos der Empörung. Nicht nur die

Vierte Gewalt fürchtet die bisweilen so genannte Fünfte Gewalt. Hier ist es die nachvollziehbare Sorge um das Geschäftsmodell (Private Leitmedien) und die Legitimation (Öffentlich-Rechtliche). Die herrschaftliche Repräsentation der bürgerlichen Öffentlichkeit in Form konzertierter Deutungsmacht ihrer amtierenden Medien steht somit ernsthaft auf dem Spiel. Und selbst wenn der Begriff Fünfte Gewalt ebenso anmaßend daherkommt wie der der Vierten – gewaltig ist die Konkurrenz und der neue Strukturwandel der Öffentlichkeit schon. Die noch von Habermas so beschriebene und gelobte »Gegenöffentlichkeit« – die zivilgesellschaftliche Öffentlichkeit jenseits des Mainstreams – verliert heute ihr »Gegen«. Direktmedien opponieren nicht gegen den Alleinvertretungsanspruch der Vierten Gewalt, sondern sie mischen fleißig mit und zerstückeln damit die nicht zuletzt von Politikern liebgewonnenen Deutungsmonopole der alten Bundesrepublik. Dass sie auf diese Weise inklusiv sind – inklusiver als alle Leitmedien – wird kaum bestritten werden können. Im Netz kann jeder seinen ortlosen Ort finden und seine Stimme erheben. Die Frage ist, ob die Direktmedien dabei auch integrativ sind. Und bei dieser Frage wird es spannend.

In dem Urteil, dass unsere Öffentlichkeit heute fragmentierter, zerstückelter, atomisierter und gespaltener sei als in früheren Zeiten, sind sich sehr viele einig. Kommunikationswissenschaftler diagnostizieren dies, Politiker und Verbände beklagen es, und nicht wenige Bürgerinnen und Bürger trauern der verlorenen Weltordnung sorgsam ausgewählter, aufbereiteter und entsprechend eingekochter Nachrichtenkost hinterher. So definierten sich die Leitmedien beim Aufkommen der Direktmedien vor allem über ihre Orientierungsfunktion. Fernsehen, Radio, Zeitungen und Zeitschriften überprüfen, bündeln und gewichten, was sich in den Direktmedien unübersichtlich, wahllos und ungeprüft Geltung verschafft. Besonderer Stolz lag und liegt auf der Nachrichtenüberprüfung und ausgewiesener Expertise. Auf diese Weise verhindert der Gatekeeper – der Türsteher einer funktionierenden Öffentlichkeit – den hemmungslosen Einbruch von Fehlinformationen, Manipulation und ungezügelter Meinungslust.

Auch für Habermas sind die Direktmedien, deren Qualitätsvielfalt von niedrigstem bis zu höchstem Niveau er nicht in aller Fülle wahrnimmt, ungebremste Boten aus der Hölle: »Halböffentlichkeit« statt inklusiver Öffentlichkeit, Verantwortungslosigkeit statt Qualitätskontrolle. Das große emanzipatorische Versprechen der Direktmedien löse sich nicht ein. Stattdessen dröhnen wüste Geräusche aus den in sich selbst kreisenden Echoräumen. Eine solche nicht ganz klischeefreie Diagnose des Grandseigneurs ist etwas enttäuschend. Inwiefern die Öffentlichkeit eines *YouTube*-Videos »halb« sein soll, erschließt sich nicht. Und sind die Leitmedien wirklich allesamt und jederzeit inklusiver? Die qualitätsbewussten Vertreter der Direktmedien bezweifeln bezeichnenderweise stets, dass sich die Türsteher der Leitmedien einer idealen Habermas'schen Öffentlichkeit verpflichtet fühlen und nicht vielmehr Auflage, Geschäftsinteresse und Deutungsmacht. So etwa weist der YouTuber Rezo gerne darauf hin, dass seine Beiträge durch Hunderte von einsehbaren Quellennachweisen belegt werden; Belege, die in den Leitmedien gewöhnlich fehlen.[60] Dass die Grenze zwischen politischem Journalismus und politischem Aktivismus in den Leitmedien ohnehin immer fließender wird, ist eine der Hauptthesen dieses Buches. Doch können sie dann, zunehmend meinungsfreudig, ihre Integrationsfunktion überhaupt noch erfüllen?

Qualität ist keine Frage des Mediums. Direktmedien und amtierende Medien unterscheiden sich hier bei weitem nicht so prinzipiell, wie die Leitmedien es für sich in Anspruch nehmen. Beide können Öffentlichkeit schaffen wie sie verhindern. Und so sehr die Leitmedien öffentlich auf die Direktmedien herabschauen, so sehr haben sie sich gleichzeitig deren Mittel zunutze gemacht. Talkshow-Redaktionen suchen ihre Gäste auch bei *Twitter*, und Journalisten, die dort mit einer steilen These aufgefallen sind, haben eine gute Chance, eingeladen zu werden. Als Antipode wird dann ein Politiker eingeladen – fertig ist der Krawall, der Quote macht. Sensationierung, Personalisierung, der Zwang, zu allem Haltung zu demonstrieren und persönliche Profilierung von Journalisten haben in der Medienkonkurrenz enorm zugenommen. Noch nie waren politische Journalistinnen und Journalisten so präsent im Fernsehen wie heute, und noch nie waren sie so sichtbar darauf bedacht, das Meinungsklima und den permanenten Meinungsklimawandel selbst zu verursachen.

Die damit leider einhergehende Meinungsverengung wird oft erstaunlich billigend in Kauf genommen. Denn Meinungsvielfalt wird damit nach direktmedialem Vorbild nicht integriert, sondern häufig exkludiert, also ausgeschlossen. So werden die verpönten Direktmedien von den Leitmedien sowohl im Netz wie im Zeitungsblatt oder im Fernsehstudio zahlreich kopiert – vielfach auf Kosten der Pluralität. Dieses Problem ist enorm. Denn diese Pluralität ist, anders als bei den einzelnen Direktmedien, ihr ureigenster Auftrag und die zentrale Bedingung der Öffentlichkeit im modernen liberalen Staat. Online ergibt sich die Pluralität durch die Vielfalt der Anbieter, sie gilt nicht für den einzelnen Akteur. Im öffentlich-rechtlichen Fernsehen dagegen muss ein einzelner Anbieter eine möglichst große Pluralität sichern. Und die privaten Medienhäuser müssen zwar nicht pluralistisch sein, aber zumindest die (kartellrechtlich festgelegte) Pressevielfalt sichern. Diese Differenz zwischen Leitmedien und Direktmedien machte bisher einen wichtigen Unterschied und setzt dem Kopieren der Erfolgsmechanismen der Direktmedien bislang eigentlich schon im Grundsatz enge Grenzen.

Dass die Leitmedien der Versuchung zu Polarisierung, Personalisierung und Diffamierung dennoch nicht widerstehen können, bringt Öffentlichkeit und Demokratie in eine schwierige Lage. Wenn, wie beim Ukraine-Krieg, sogar sämtliche Leitmedien die gleiche weltanschaulich-ethische Haltung einnehmen und fast alle Waffenlieferungen und einer eskalierenden Konfrontation mit dem Aggressor Russland das Wort reden, geschieht eine kollektive Pluralitätsverengung. Gegenteilige Überzeugungen finden nur noch als abständige Randpositionen ihren Platz, wenn überhaupt. Und Appelle an die Geschlossenheit der Bevölkerung widersprechen zutiefst dem Integrationsauftrag. Denn Integration im liberalen Staat bedeutet nicht Anpassung und Auf-Linie-Bringen, sondern im Gegenteil: die Aufnahme des Widerspruchs in das Gesamtbild.

So sieht man sich heute leider gezwungen, eine Art negativer Randall-Liste der leitmedialen Laster, Verirrungen und Fehlentwicklungen zu erstellen; eine Liste all dessen, was der »universale Journalist« und sein Medium *nicht* tun sollen: eigenmächtiges Machtstreben entwickeln zum Beispiel, die eigene Bedeutung in den Vordergrund rücken, Informationen unterdrücken, einseitig berichten, Meinungen zensieren, sich mit den Mächtigen gemein machen, sich ineinander spiegeln, Aufmerksamkeit vor Umsichtigkeit setzen, Probleme über Gebühr personalisieren, Personen diffamieren etc.

Womit wir mitten im Thema wären.

Eine Frage des Systemvertrauens

Die Repräsentationslücke

»Der freiheitliche, säkularisierte Staat lebt von Voraussetzungen, die er selbst nicht garantieren kann.«[61] So lautet das berühmte Diktum des Staatsrechtlers und Rechtsphilosophen Ernst-Wolfgang Böckenförde, das in den Kern der Funktionsweise moderner Demokratien hineinführt: Denn dass die Bürgerinnen und Bürger Sorge und Verantwortung für die Gesellschaft und für die Demokratie tragen, ist die zentrale Voraussetzung dieser Form von Staatlichkeit – sie kann aber nicht per Verordnung oder Gesetz garantiert werden. Die Bürgerinnen und Bürger müssen sich als Teil von etwas Gemeinsamem begreifen können, von dem alle anderen Mitglieder der Gesellschaft auch ein Teil sind. Darin liegt, wie Böckenförde fortfährt, ein »großes Wagnis«, ohne das Freiheit nicht zu haben ist. Der freiheitliche Staat kann nur bestehen, »wenn sich die Freiheit, die er seinen Bürgern gewährt, von innen her, aus der moralischen Substanz des einzelnen und der Homogenität der Gesellschaft, reguliert«.[62]

Eine liberale Demokratie muss Vertrauen in der Bevölkerung genießen. Und ohne Zweifel war die Herstellung von Systemvertrauen eine der großen historischen Leistungen der Bundesrepublik. Nach dem mörderischen Totalitarismus des

Nationalsozialismus und im Angesicht des sowjetischen Totalitarismus auf der anderen Seite des »Eisernen Vorhangs« musste die junge Republik die Aufgabe bewältigen, eine Gesellschaft zu bilden, der die allermeisten Bürgerinnen und Bürger zustimmen konnten. Das aber ließ sich nicht allein über politische Bildung, Re-Education und den Import US-amerikanischer Kultur bewerkstelligen, sondern bedurfte auch der gelebten Erfahrung, dass diese Gesellschaft etwas zu bieten hatte – individuelle Aufstiegsmöglichkeiten, Teilhabe am Wohlstand, gerechte Bildungschancen und anderes mehr. Das Mittel, um über solche Angebote Systemvertrauen herzustellen, bildeten Wirtschaftswachstum und die soziale Marktwirtschaft. Man verteilte die Zuwächse so, dass auch in Arbeiterschichten bedeutende Verbesserungen des Lebensstandards spürbar wurden.

Insofern gelang es der alten Bundesrepublik in ihren ersten Jahrzehnten äußerst gut, den allermeisten ihrer Bürgerinnen und Bürger das Vertrauen zu vermitteln, Teil einer im Großen und Ganzen guten Gesellschaft zu sein. Dieser freiheitliche Staat konnte, im Sinne von Böckenförde, tatsächlich jene Zustimmung erzeugen und erwarten, die die Bedingung seiner Freiheitlichkeit ist. Erste Risse zeigten sich erst Ende der 1960er Jahre mit APO und Studentenbewegung, dann mit der ersten Energiepreiskrise 1973, dann mit wachsender Arbeitslosigkeit und innenpolitischen Verunsicherungen wie dem RAF-Terrorismus. Der innenpolitische Ton wurde schärfer, beruhigte sich aber in den wohlstandsverwöhnten 1980er und 1990er Jahren wieder. Der krieglose Sieg der liberal-demokratischen Gesellschaften über den Staatskommunismus machte das Freiheits- und Aufstiegsversprechen der westlichen Gesellschaften für einen welthistorischen Moment universal. Doch die Freude währte nicht lang. Anstelle des bedrohlichen Ostblocks traten der islamistische Fundamentalismus und Terrorismus auf den Plan, die überwunden geglaubten Kriege kehrten zurück, und die Gegensätze im Innern der Bundesrepublik traten immer offener zutage. Insbesondere die wachsende Kluft in der Einkommensverteilung, die nachlassenden Aufstiegschancen der unteren Schichten, das schwierige Zusammenwachsen von Ost und West und die Schattenseiten der Globalisierung sorgten für politischen Zündstoff. Die saturierte Selbstverständlichkeit, in einem Land zu leben, das einem ein sehr auskömmliches Leben und dazu noch eine vielversprechende Zukunft zusichern konnte, begann deutlich zu schwinden.

Mit dem sinkenden Vertrauen in die Problemlösungskompetenz der Regierenden sinkt zugleich das Systemvertrauen und mit ihm die Zustimmung zur bestehenden Staatlichkeit. Das Aufkommen eines Rechtspopulismus und einer in einigen Bundesländern sehr erfolgreichen rechtsextremen Partei können dafür ebenso als Zeichen gelten wie die oft konstatierte Verunsicherung der Mittelschicht. Seit den 1990er Jahren ist die Chancenungleichheit gestiegen und prekäre Beschäftigungsverhältnisse nahmen rasant zu. Dazu kommen Schwerfälligkeiten in den Verwaltungen oder bei der Planung von großen Infrastrukturprojekten. Alles das trägt heute zu dem für eine Demokratie nicht vorteilhaften Gefühl bei, es stünde mit diesem Staat und mit dieser Gesellschaft nicht mehr zum Besten. Solche Indikatoren für sinkendes Systemvertrauen in der Bundesrepublik gibt es inzwischen viele: In einer repräsentativen Umfrage im Auftrag der Friedrich-Ebert-Stiftung aus dem Jahr 2019 zeigten sich nur 53,4 Prozent der Befragten damit zufrieden, wie die Demokratie in Deutschland funktioniert; von Angehörigen der Arbeiter- bzw. Unterschicht sind sogar 70 Prozent mit der Demokratie unzufrieden.[63] Ohne Zweifel hat das Vertrauen in die Funktionsfähigkeit des politischen Systems auch etwas mit dem allgemeinen Zukunftsvertrauen zu tun, aber darum steht es sogar noch schlechter: Die monatliche FAZ-Umfrage des Allensbach-Instituts verzeichnete im März 2022, dass nur noch 19 Prozent der Bundesbürgerinnen und Bundesbürger mit Optimismus in die Zukunft blicken – der niedrigste Wert, der je für die Bundesrepublik gemessen wurde.[64] Selbst nach 9/11 lag er bei 31 Prozent, während der Finanzkrise bei 34 Prozent.

Das sind einige Umfragewerte, man kann aber Demokratievertrauen auch daraus ableiten, wie die jeweilige Wahlbeteiligung ausfällt: Die betrug bei Bundestagswahlen zu ihren besten Zeiten mehr als 90 Prozent (1972 und 1976), aktuell (2021) liegt sie bei 76,6 Prozent, es gab sie aber auch mit nur knapp über 70 Prozent (2009 und 2013) schon niedriger. Bedenklicher scheint allerdings die Wahlbeteiligung bei Landtagswahlen, etwa wenn man sieht, dass 2022 in Schleswig-Holstein nur 60 Prozent der Wahlberechtigten und in Nordrhein-Westfalen mit 55,5 Prozent nur knapp mehr als die Hälfte der Wählerinnen und Wähler ihre Stimme abgegeben haben. Als weitere Indikatoren für sinkende Beteiligung an den öffentlichen Angelegenheiten gelten die Mitgliedschaft in Organisationen wie Gewerkschaften (zum Beispiel waren 2005 noch 2,38 Millionen Menschen in der IG Metall, 2022 dagegen 2,17 Millionen, bei ver.di ist die Zahl im selben Zeitraum von 2,36 auf 1,9 Millionen Mitglieder abgestürzt), in Hilfsorganisationen wie dem Deutschen Roten Kreuz oder in den Kirchen, wo die Mitgliedszahlen besonders dramatisch abnehmen (von 25,4 Millionen 2005 auf 20,2 Millionen 2020 [evangelisch] bzw. 26 Millionen auf unter 22 Millionen [katholisch]).

2022 war auch das Jahr, in dem in Deutschland erstmals die Zahl der Mitglieder in den christlichen Kirchen niedriger war als die der Nichtmitglieder. Für diesen geringer werdenden Beteiligungsgrad gibt es sicher vielfältige Ursachen. Man denke etwa an Verhaltensveränderungen in der heutigen Gesellschaft – weg von kontinuierlichen Verbindlichkeiten hin zu spontanen Engagements. Aber man kommt nicht umhin, hierin Hinweise auf eine sinkende Integrationskraft bestehender Institutionen und Organisationen zu sehen. Für eine vitale Demokratie scheint dies zumindest nicht günstig zu sein.

Forschungen zu sozialer Gerechtigkeit diagnostizieren zudem Vertiefungen bestehender Ungleichheiten, besonders im Hinblick auf Kinder und Jugendliche. »Querdenker«- und ähnliche Bewegungen zeigen starke demokratiefeindliche Tendenzen, und auch der Rückgang von Stammwählerschaften zugunsten von Wechsel- oder Nichtwählern wird zu den demokratietheoretisch eher beunruhigenden Aspekten gerechnet. Und wenn der Beamtenbund in einer Repräsentativbefragung feststellt, dass die Überzeugung, der Staat sei in der Lage, seine Aufgaben zu erfüllen, in nur einem Jahr von 56 auf 45 Prozent (2020 auf 2021) fällt,[65] stimmt das in Sachen Systemvertrauen auch nicht optimistisch.

Nun lässt sich an dieser Stelle einwenden, dass Organisiertheit in Institutionen wie Kirchen und Gewerkschaften kein Indikator dafür sein muss, wie gut es um eine Demokratie bestellt ist. Und selbst Wechselwählerschaft und niedrige Wahlbeteiligungen geben darüber vielleicht nicht die entscheidende Auskunft. Denn es könnte ja durchaus sein, dass gerade stabile Demokratien durch ein höheres Maß an Pluralität und Diversität und ein sinkendes Maß an formaler Organisiertheit gekennzeichnet sind – in dem Sinn, dass ein funktionierender Zusammenhalt einer Gesellschaft sich eher an einer wachen Engagementbereitschaft als an der Zahl der Vereinsmitglieder erweist. Der ideale Zustand der modernen Demokratie bestünde dann aus hochindividualisierten, aber gleichwohl engagement- und verantwortungsbereiten Bürgern. Sie sind dabei und packen an, wenn es darauf ankommt, ohne deshalb dauerhaft irgendwo organisiert sein zu müssen.

Hinweise darauf könnte man in der beeindruckenden Hilfs- und Spendenbereitschaft bei den steigenden Flüchtlingszahlen 2015 und 2022 genauso sehen wie im Boom des Ehrenamtes oder in der stabil positiven Haltung der Mehrheit zu regulierenden Maßnahmen gegen die Corona-Pandemie. Also: Auf die Bundesbürgerinnen und Bundesbürger scheint mehrheitlich Verlass hinsichtlich ihrer Urteilsfähigkeit zu sein, wenn belastende Entwicklungen geschehen. Die Frage des Systemvertrauens darf deshalb nicht zu sehr daran bemessen werden, dass Beteiligungen an Organisationen abnehmen oder die Wahlbeteiligung sinkt. Und auch wenn die Bürger Politik und Parteien weniger vertrauen, ist darin womöglich kein Zeichen der berühmten Politikverdrossenheit zu sehen, sondern eher von Realismus. Die Bürgerinnen und Bürger könnten, so kann man die Ergebnisse der Statistik, der Wahlen und der Umfragen auch deuten, über die Jahre autonomer, urteilsfähiger und auch ambivalenzfähiger geworden sein – was eine gute Nachricht für die Demokratie wäre.

Dass Diversität und Unübersichtlichkeit in der Bundesrepublik kontinuierlich zugenommen haben, lässt sich kaum bestreiten. Damit aber stellt sich die wichtige Frage, ob und wie denn die verschiedenen gesellschaftlichen Gruppen politisch und medial repräsentiert sind. Und da wird es interessant. Wenn man etwa einen Vergleich anstellt zwischen der Verteilung von Bildungs- und Berufsabschlüssen in der Gesamtbevölkerung und der Zusammensetzung des aktuellen Bundestags, sieht man sofort eine eklatante Repräsentationslücke (s. Abb. 1): Ohne hier in eine tiefgehende Analyse einzutauchen, sieht man einen nahezu hundertprozentig akademischen Bundestag, während in der Gesamtbevölkerung nur exakt ein Drittel einen Hochschul- oder Fachhochschulabschluss besitzt. Die mehr als 50 Prozent derjenigen, die einen Haupt- oder Realschulabschluss haben, sind im Deutschen Bundestag so wenig repräsentiert wie jene, die über gar keinen Abschluss und keine Ausbildung verfügen. Arbeiter, Reinigungskräfte, Paketboten oder prekär Beschäftigte: Fehlanzeige.

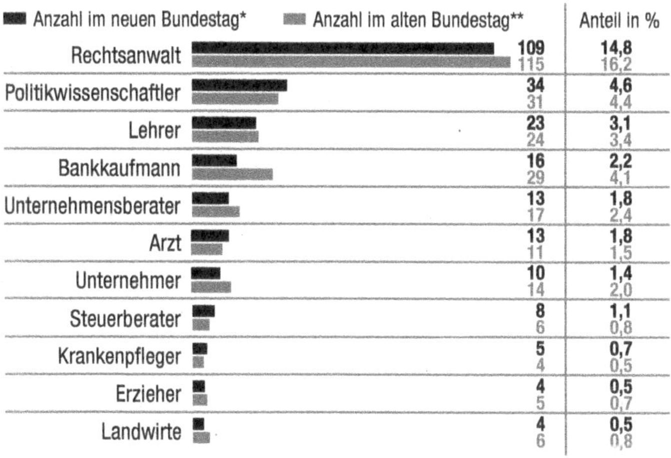

Abb. 1: Beruflicher Hintergrund der Abgeordneten im Deutschen Bundestag (nach bundestag.de und Welt vom 27. 9. 2021)

Nun sieht die Idee der Repräsentation vor, dass nicht jedes individuelle Profil eine repräsentierte Entsprechung im Bundestag haben muss – deshalb können auch weibliche Abgeordnete für männliche Angelegenheiten eintreten oder Ärzte für Waffenlieferungen. Aber eine solche Einseitigkeit der Zusammensetzung des Parlaments wie heute erzeugt mindestens Skepsis. Sie lässt fragen, wie die Parteien eigentlich ihr Personal rekrutieren. Und sie weckt Zweifel an der Gesamtgestalt der Repräsentation.

Allein 109 der 735 Abgeordneten des Deutschen Bundestags sind Anwältinnen oder Anwälte, nun ja. Da ist eine Art von Bildungspaternalismus und eine schichtspezifische Verzerrung in den Entscheidungsprozessen programmiert (und das

Argument der *Welt*, dass ja viele Gesetze formuliert werden müssen und es deshalb gut sei, dass da so viel Jura im Haus ist, bestätigt diese Verzerrung einmal mehr, denn die Frage bleibt ja, für wen die Gesetze dann gemacht werden).[66]

In solcher Lage wird deutlich, was auf die Leitmedien als Aufgabe zukommt. Wollen sie die Brücke zwischen Gesellschaft und politischer Repräsentation schlagen und, mit Randall gesagt, die »Geplagten umsorgen und die Umsorgten plagen«, so bedarf es eines für die Demokratie sorgetragenden professionellen Journalismus, der die *Repräsentationslücke* zu verkleinern suchen müsste. Seine Aufgabe wäre es, exakt jene Pluralität der Gesellschaft an die Politik zu vermitteln, die diese selbst nicht repräsentiert. Denn nur so kann er jene »diskursive und insofern integrativ funktionierende Kommunikationsleistung« erbringen, von der oben schon die Rede war.[67]

Leider kann durch inhaltsanalytische Studien aus den vergangenen Jahren sehr gut belegt werden, dass diese integrative Kommunikationsleistung kaum erbracht wird. Und zwar durch die Analyse der medialen Bearbeitung zweier gesellschaftlich unerwarteter und komplexer Geschehnisse: der sogenannten Flüchtlingskrise seit dem Sommer 2015 sowie der Corona-Pandemie. Die rasant und gewaltig anwachsende Zahl von Geflüchteten, die wegen des Syrienkrieges und einer Unterversorgung der Flüchtlingslager in den benachbarten Regionen 2015 nach Europa und auch nach Deutschland kamen, stellt soziologisch eine komplexe Figuration dar. Einbezogen waren im Grunde *alle* Gesellschaftsmitglieder, manche mehr, manche weniger. Besonders in den Grenzregionen in

Bayern (bei der Einreise) und in Schleswig-Holstein (wo viele Geflüchtete auf dem Weg nach Skandinavien durchreisten) waren sehr viele Menschen aus den Behörden, den Hilfsorganisationen, aber auch aus privater Initiative in das Geschehen einbezogen. Auch sonst im Land gab es nicht nur eine zunächst große Hilfsbereitschaft, sondern auch manifestes Interesse etwa an der Frage, wo Flüchtlingsheime eingerichtet werden sollten, wo man Hilfsgüter abliefern konnte usw. Im komplexen Gesamtgeschehen treten also im Sommer 2015 Akteure aus der Bundes-, der Landes- und der Kommunalpolitik ebenso auf wie Angehörige von Hilfsorganisationen und NGOs, die Polizei und die Bundespolizei ebenso wie die Arbeitsagenturen, die Sozialdienste, wie Ärzte, Busunternehmen, die Bahn, ehrenamtlich helfende Bürgerinnen und Bürger, Ausländerfeinde und Rechtsextreme, Journalisten und nicht zuletzt die Geflüchteten selbst. Allerdings galt aus diesem hochkomplexen und dynamischen sozialen Gesamtgeschehen die mediale Aufmerksamkeit kaum den genannten Personengruppen, sondern vor allem den Bundespolitikern. Dies zeigen zwei umfangreiche Medienanalysen zum Flüchtlingsthema.[68]

Eine Studie von Michael Haller, die die auf das Fluchtgeschehen bezogenen Berichte in den Leitmedien *Süddeutsche Zeitung*, *Frankfurter Allgemeine Zeitung* und *Welt* über einen Zeitraum von zwanzig Wochen untersucht hat, wertete eine Stichprobe von 480 Zeitungsausgaben mit 2240 einschlägigen Zeitungsseiten aus. Die Forschungsgruppe analysierte insgesamt 1687 Berichte und Kommentare.[69] Zusätzlich wurde die

Bild-Zeitung als Boulevard-Medium für inhaltsanalytische Auswertungen herangezogen. Man codierte die Texte nach Themen, Personen, Ereignissen usw., so dass die Forscher die Häufigkeiten ihrer Nennung in den Artikeln zählen konnten. Stück für Stück bildete sich ein Muster heraus, was wann über wen berichtet wurde. Man unterschied auch zwischen unterschiedlichen Texttypen – etwa Kommentar und Bericht –, um explizit gekennzeichnete Meinungen von Berichten und sachlichen Darstellungen zu unterscheiden, bei denen implizit Meinungen und Bewertungen mitschwangen.

Auf der Basis einer Analyse der Kommentare zur »Flüchtlingskrise« in den Leitmedien *Welt*, SZ und FAZ stellten die Forscher fest: »Die nach der Hochphase sich steigernden Auseinandersetzungen zwischen den willkommen heißenden und helfend engagierten Akteuren der Bürgergesellschaft und den unterschiedlich schattierten Skeptikern und Kritikern werden einer kommentierenden Analyse kaum für wert befunden. Ohne Bedeutung bleiben auch Wortführer der Unternehmen und der Wirtschaft (von nur einer prominenten Erwähnung in der *Süddeutschen Zeitung* abgesehen). Selbst im Januar 2016 im Anschluss an das Silvesternachtdrama finden (unter den als relevant definierten Akteuren/Sprechern) diejenigen keine Würdigung, die sich um die Betroffenen kümmerten oder kümmern sollten: Vertreter kirchlicher Organisationen, Akteure der sozialen Einrichtungen wie auch Experten und Fachleute.«[70]

Das heißt, dass sich das Augenmerk der Kommentierenden erstaunlicherweise nicht auf die Akteure in unübersichtlicher

Lage richtet – was bei einem dynamischen sozialen Geschehen, das zunächst ja einmal analysiert und verstanden werden müsste, verwunderlich ist. Dafür treten aber umso häufiger, wie es weiter heißt, die Wort- und Meinungsführer der politischen Elite »in Erscheinung. In diesem Zusammenhang überrascht auch, dass im Herbst und Winter 2015/16 in den Kommentaren der *Süddeutschen Zeitung* und der *Frankfurter Allgemeinen Zeitung* die Präsenz der politischen Elite (Bundesregierung, Minister, Parlamentarier, führende Parteipolitiker) nicht abnahm, vielmehr auf rund 80 Prozent anstieg. Es zeigt sich hier auf der strukturellen Ebene die Paradoxie, dass die Kommentatoren umso intensiver mit den bundespolitischen Wortführern interagierten, je handgreiflicher die Konflikte auf den Straßen deutscher Städte und Gemeinden tobten.«[71]

Die genannten führenden überregionalen Tageszeitungen nahmen also, mit anderen Worten, zusammen mit den von den konkreten Ereignissen naturgemäß weit entfernten Spitzenpolitikern eine Art Helikopterperspektive ein. Sie interessierten sich weniger für das konkrete Geschehen als dafür, wie die politischen Eliten damit umzugehen versuchten. Wohlgemerkt: Hier geht es noch um Kommentare, also Meinungsartikel. Das Bild wird aber keineswegs differenzierter, wenn Berichtsformate ausgewertet werden – also Reportagen oder Nachrichtenbeiträge: Auch hier dominierte die »große Politik«: »Die Untersuchung zur Frage, wer alles in den berichtenden Texten zur Sprache kommt, ergab, dass in der Kategorie der relevanten Akteure und Sprecher zwei von drei Nennungen zur institutionellen Politik zählen. Mit knapp 9 Prozent weit abgeschlagen, gleichwohl zweitgrößte Gruppe, sind Vertreter der Judikative (Polizei, Strafverfolger, Gerichte, Anwälte), also jene, die sich von Berufs wegen mit Rechtsverstößen befassen. Die eigentlichen Hauptakteure – die Helfergruppen, Einrichtungen, freien Träger und Initianten, die sich, viele freiwillig, in erster Linie um Flüchtlinge kümmerten – stellen nur rund 3,5 Prozent aller relevanten Personen, die in den redaktionellen Beiträgen genannt werden. Fachleute und Experten, die über akute Problemfelder (wie den Umgang mit Fremdenhass, ethnische Besonderheiten, Ehe- und Familienrecht in islamischen Gesellschaften, Verhältnis zwischen Sunniten und Schiiten u. a. m.) Auskunft geben könnten, kommen praktisch nicht vor (1 : 100). Die Hauptbetroffenen (Flüchtlinge, Asylsuchende, Migranten) bewegen sich bei 4 Prozent (das heißt eine Nennung auf 25 andere).« Die ernüchternde Quintessenz der Studie lautet: »Aufs Ganze des Jahres 2015 gesehen, haben die Leitmedien dieses sozial- und gesellschaftspolitische Problemthema in ein abstraktes Aushandlungsobjekt der institutionellen Politik überführt.«[72]

Dass der Helikopterblick der amtierenden Medien während und nach der sogenannten Flüchtlingskrise besonders gut dazu geeignet war, eine inklusive und integrative Funktion zu übernehmen, lässt sich kaum sagen. Die Leitmedien und die Spitzenpolitik auf gemeinsamer Flughöhe über die Niederungen eines sozialen Geschehens, das für die konstruierte Mehrheitsmeinung ziemlich gleichgültig ist – deliberativ ist das nicht. Und dass der Bestseller *Die Getriebenen* des *Welt*-Journalisten Robin Alexander die Elitenerzählung nochmal gekonnt verdoppelt hat, bringt auch kaum jemanden näher an das tatsächliche Geschehen. Das wirkliche Leben dagegen setzte sich einerseits zum Beispiel aus jenen zehntausend ehrenamtlichen Helferinnen und Helfern aus Dänemark und Deutschland zusammen, die den Grenzbahnhof Flensburg in eine hochprofessionelle Anlauf- und Transitstation für Geflüchtete verwandelten oder auf der anderen Seite aus Rechtsradikalen in Freital, die Flüchtlingsbusse attackierten. Und dazwischen aus einer Mehrheit von Bürgerinnen und Bürgern, die sich ein Bild von der ungewöhnlichen Situation zu machen versuchten und sich nicht selten an Fluchtgeschichten aus der eigenen Familie erinnerten, besorgt um die Belastbarkeit der Sozialsysteme waren, um ihre Sicherheit fürchteten und vieles andere in durchaus widersprüchlicher Fassung mehr.

In der Leitmedien-Öffentlichkeit der überregionalen Tageszeitungen fand das Geschehen dagegen weitgehend ohne Helferinnen und Helfer, Dorf- und Grenzregionsbewohner, Landräte, Bürgermeisterinnen, Nachbarn, Radikalisierte usw. statt. Es stellte sich also als *sozial entleertes Geschehen* dar, indem nur gelegentlich mal Vertreter von Institutionen und ganz selten Geflüchtete selbst auftraten. Vor diesem Hintergrund erschließt sich auch erst der Begriff der »Flüchtlingskrise«. Er suggeriert, dass die Geflüchteten ein großes Problem bilden, mit dem die Politik umzugehen hat. Die »Krise« bezeichnet den Krisenmodus der Politiker. Tatsächlich aber war das Geschehen ungleich komplexer. Die Bewältigung der akuten Probleme und Anforderungen wäre ohne das Zusammenspiel all der aktiv handelnden Menschen nicht möglich gewesen. Die Notlage und Herausforderung ausgerechnet auf der Ebene von Spitzenpolitikern anzusiedeln, indem man vor allem über sie berichtet, ist ein bisschen so wie der Geschichtsunterricht zu Wilhelminischer Zeit; eine Art feudaler Weltbetrachtung, bei der man den Kindern erzählte, wie Könige, Kaiser und Feldherren Geschichte machten. »Cäsar«, schreibt Bertolt Brecht, »schlug die Gallier. Hatte er nicht wenigstens einen Koch bei sich?« Auch bei der Flüchtlingskrise fehlten in den überregionalen Printmedien fast immer die Köche.

Problematischer noch als diese soziale Entleerung, man könnte auch sagen Entlebendigung eines Geschehens, das für viele Monate die ganze Gesellschaft betraf, ist, dass der vielstimmige Diskurs so sehr verengt wurde: nämlich auf das Selbstgespräch, das Politik und Leitmedien miteinander führten. Dieser Befund wird nicht erfreulicher, wenn man sich ansieht, wie in der Folgezeit das Flüchtlingsthema in den Leitmedien behandelt wurde. Man beachte hier die Medienanalyse eines anderen Forschungsteams, jenem um Marcus Maurer von der Universität Mainz. Die Forscher werteten die flüchtlingsbezogene Berichterstattung über den Zeitraum von Februar 2016 bis Dezember 2020 aus und untersuchten dafür ebenfalls die *Welt*, SZ und FAZ, dazu aber noch *Bild*, *Tagesschau* (ARD), *heute* (ZDF) und RTL *Aktuell*. Sie kamen dabei zu dem Befund, dass sich nicht nur das Bild von den Migrantinnen und Migranten über den Zeitraum hin in Richtung Kriminalität und damit auch Bedrohung der Normalgesellschaft verschob, sondern dass die Geflüchteten selbst immer weniger vorkamen und – wiederum – die politischen Akteure und Institutionen die Berichte dominierten. Mehr noch: Die Medien bewerteten schon 2015 »die Zuwanderung als abstrakten Sachverhalt überwiegend negativ«. Maurer und sein Forscherteam fahren fort: »Unsere Analysen für die Jahre 2016 bis 2020 zeigen, dass sich diese Bewertung weiter verfestigt hat. Über den gesamten Zeitraum dominierte gleichermaßen die Einschätzung der Zuwanderung als Gefahr, ihre Chancen wurden noch seltener herausgestellt als während der ›Flüchtlingskrise‹.«[73]

Natürlich ließe sich die Verschiebung von der Rolle der Geflüchteten vom Opfer zu jener als Täter auch aus einer veränderten Wahrnehmung durch die Bevölkerung erklären. Aber wodurch wurde wiederum diese Wahrnehmung verändert, wenn nicht sehr weitreichend durch die mediale Berichterstattung? Medien berichten, besonders über die lange Strecke, ereignisbezogen. Flüchtlingsgeschichten gleichen sich in der Masse an und werden vergleichsweise langweilig. Interessanter dagegen sind negative Schlagzeilen, am besten sogenannte »Blaulicht«-Ereignisse. Ungezählte Male berichtet, entsteht peu à peu ein Bild von Geflüchteten, das diese zunehmend als Problemgruppe zeichnet. Und wer tritt hier auf den Plan? Natürlich die Politiker als – oft unzureichende – Problembewältiger. So kommt Michael Haller in der erstgenannten Studie zu dem Schluss, dass der von den drei untersuchten Zeitungen »veranstaltete Diskurs nicht integrierend, sondern segmentierend (wirkte). Ausgeschlossen wurden nicht nur Radikale, sondern auch politische Akteure, die keinen fremdenfeindlichen Parolen folgten. Insofern repräsentierten die drei Leitmedien tatsächlich weitgehend jenen geschlossenen Kommunikationsraum, den viele Ausgegrenzte in ihren Kommentaren mit ›Mainstream‹ und fälschlicherweise mit ›Systempresse‹ etikettierten.«[74]

Aber könnte es nicht sein, dass die leitmediale Berichterstattung der Presse zur sogenannten Migrationskrise diesbezüglich ein Ausnahmefall war? Schauen wir deshalb auf andere Krisenereignisse und ihre mediale Bearbeitung, etwa auf die Corona-Pandemie, wo neben den politischen Akteuren besonders viele Wissenschaftlerinnen und Wissenschaftler die Debatte prägten. Auch hierzu hat die Mainzer Forschungsgruppe um Marcus Maurer eine Studie vorgelegt, die zu interessanten Ergebnissen kommt. In diesem Fall wurden die Online-Nachrichtenangebote von überregionalen Printmedien, also *Frankfurter Allgemeine Zeitung* (faz.net), *Süddeutsche Zeitung* (sueddeutsche.de), *Welt* (welt.de), *Bild* (bild.de), *Spiegel-online* (spiegel.de) und *Focus-online* (focus.de) untersucht, sowie Online-Nachrichtenangebote des Web-Providers *t-online* (t-online.de) und Fernsehnachrichtensendungen, nämlich die Hauptausgaben von *Tagesschau* (ARD), *heute* (ZDF) und RTL *Aktuell.*

Ein Hauptbefund ist hier wiederum, »dass über den gesamten Untersuchungszeitraum hinweg politische Akteure die mediale Berichterstattung über die Pandemie dominiert haben (insgesamt 47 Prozent der genannten Akteure). Wissenschaftler kamen in den Beiträgen deutlich seltener, aber noch immer relativ häufig als Akteure vor (19 Prozent), wobei wir den Begriff ›Wissenschaftler‹ hier zunächst sehr weit fassen und auch Ärzte und andere Vertreter des Gesundheitswesens einbeziehen. Im Zeitverlauf zeigt sich zudem, dass die Dominanz politischer Akteure während aller Pandemiewellen und insbesondere gegen Ende des Untersuchungszeitraums zugenommen hat. Relativ selten kamen dagegen Betroffene in der Berichterstattung vor, also Menschen, die selbst oder deren Angehörige an Covid-19 erkrankt oder gestorben sind (1,2 Prozent). Dieser Wert ist bemerkenswert niedrig und liegt beispielsweise auch sehr deutlich unter dem oft als viel zu niedrig beklagten Wert, mit dem Migranten in der Migrationsberichterstattung als Akteure auftreten. (...) Ähnlich selten wurden auch Corona-Skeptiker in den Medien erwähnt (1,6 Prozent). Der gelegentlich geäußerte Vorwurf, diese seien auch in der Berichterstattung der Leitmedien überproportional zu Wort gekommen, bestätigt sich folglich nicht.«[75]

Nun heißt die Dominanz der politischen Akteure in der Berichterstattung gerade im Fall der Pandemie nicht, dass hier automatisch eine regierungsnahe Betrachtung vorgenommen wird – tatsächlich wurde ja oft sehr kritisch über zu spät beschlossene Maßnahmen oder zu uneinheitliches Vorgehen der einzelnen Bundesländer berichtet. Gleichwohl zeigt auch dieses Krisengeschehen, dass die Optik der amtierenden Medien sehr stark auf die politische Elite und weniger auf die sonstigen handelnden Akteure gerichtet war. Analytisch hätte man aber durch eine solche Sicht einige Gewinne verzeichnen können – etwa stärker auf die Ungleichverteilung von Einschränkungen, zum Beispiel im Vergleich Schule und Bundesliga oder kleine Dienstleister und »systemrelevante« Unternehmen, hinweisen können. Auch in einem Vergleich der unterschiedlichen nationalen Strategien und ihrer Erfolge und Misserfolge hätte der Journalismus der Politik und letztlich der Gesellschaft eher hilfreiche Hinweise liefern können. Ein anderes Thema wäre die zum Teil dreiste Missachtung wissenschaftlicher Evidenz durch die Politik gewesen, wie sie dann etwa der YouTuber Rezo zum Gegenstand eines vielbeachteten Beitrags machte.[76]

Insgesamt zeigt sich mithin auch im Fall der Pandemie eine, wenn auch mildere, Form des Tunnelblicks der Betrachtung. Von einer Anwaltschaft für vorhandene gesellschaftliche Diskurse und der Korrektur der Ungleichverteilung von Artikulationschancen, die sich Kommunikationswissenschaftler (und heutige Senator der Hamburger Behörde für Kultur und Medien) Carsten Brosda wünscht, kann hier gewiss nicht vollumfänglich die Rede sein.[77] Stattdessen gab es auch hier eine starke Tendenz zur Konstruktion und Betrachtung von Politikerpolitik – etwa der kalkulierten Selbstdarstellungen des bayerischen Ministerpräsidenten Markus Söder, die besonders interessant im Hinblick auf seinen Wunsch schienen, der Kanzlerkandidat der Union zu werden, und vieler anderer mehr. Dass gerade in einer gesamtgesellschaftlichen Notlage, wie sie durch eine Pandemie hervorgerufen wurde, der ohnehin erhöhten Selbstaufmerksamkeit einiger Angehöriger des Politikbetriebs noch ganz besondere mediale Beachtung geschenkt wurde, dürfte die Repräsentationslücke gewiss nicht schmälern.

Im Kontext des Ukraine-Krieges, immerhin ein Ereignis mit globaler Wahrnehmung und Wirkung, passiert es daher, dass einer FDP-Abgeordneten mehr mediale Aufmerksamkeit zuteil wird als Regierungschefs mächtiger Nationen: Frau Strack-Zimmermann wird im Erhebungszeitraum in unseren Leitmedien mehr als doppelt so oft genannt wie die Staatschefs so kleiner Länder wie Indien, Brasilien oder Südafrika zusammen, in denen nun aber die Motive und Ziele der westlichen Länder im Ukraine-Krieg ganz anders bewertet werden als in diesen Ländern selbst. Bemerkenswert ist jedenfalls, dass weder die Abfuhr, die der brasilianische Präsident Lula dem deutschen Bundeskanzler bei dessen Ersuchen nach Unterstützung für die Ukraine erteilte, noch etwa Diskussionsbeiträge aus den USA, Afrika, Asien oder Indien im deutschen politischen Journalismus eine prominente Rolle spielen. Und dass die breitbeinig vorgetragene werte- und regelbasierte Außenpolitik, die der Westen gern für sich in Anspruch nimmt, aus Sicht nicht-westlicher Länder als doppelzüngig und unglaubwürdig betrachtet wird, sollte schon deshalb ein Gegenstand des politischen Journalismus sein, weil das noch kriegsentscheidend werden könnte.

Aber alles dies vermisst man bei der Lektüre deutscher Leitmedien sehr weitgehend. Um sich ein Bild von den militärischen Bedingungen und internationalen Verflechtungen des Kriegsgeschehens machen zu können, wären Gastbeiträge internationaler Militärs und Wissenschaftlerinnen, wie sie etwa in der *Financial Times* oder im *Guardian* zu finden sind, sicher hilfreich. Autoren, deren Analysen andernorts als wichtig betrachtet werden, wie etwa Ivan Krastev, Gideon Rachman, David Remnick, Keith Gessen oder Chandran Nair, findet man in den deutschen Leitmedien viel zu wenig: Über den gesamten Untersuchungszeitraum fanden sich in den deutschen Leitmedien kaum mehr als zwanzig Texte, in denen diese Autoren erwähnt wurden oder die von ihnen verfasst wurden.[78]

Solche Provinzialisierung der Betrachtung ist freilich, wie medienwissenschaftliche Studien zeigen, nichts Neues, sie kommt nur im Zusammenhang des Krieges noch einmal stärker zur Geltung. Eine Analyse der 2022 publizierten Jahresrückblicke kommt auf den Befund: »85 Prozent der Weltbevölkerung leben im globalen Süden; in den deutschen Medien kommen sie nur zu 11 Prozent vor.« Der Autor schreibt weiter: »Die Hilfsorganisation Care veröffentlichte im Januar 2023 ihren alljährlichen Bericht zu den zehn im vergangenen Jahr am stärksten vernachlässigten humanitären Krisen und Katastrophen. Zum ersten Mal befinden sich alle dort gelisteten Krisen auf dem afrikanischen Kontinent. Zu den vergessenen Krisen gehören beispielsweise die schlimmste Dürre seit 40 Jahren in Angola, Hunger in Malawi, wo mehr als ein Drittel der Kinder mangelernährt sind, sowie der stets neu aufflammende Bürgerkrieg in der Zentralafrikanischen Republik. Abseits davon gab es im Jahr 2022 noch eine Reihe anderer Krisen und Katastrophen im Globalen Süden, die in den Nachrichten nicht oder kaum berücksichtigt wurden (…). Weder die eskalierende Gewalt und humanitäre Krise in Haiti noch die politische Krise und der landesweite Notstand in Peru oder der Militärputsch in Burkina Faso fanden große

Beachtung. Die Erklärung der Weltgesundheitsorganisation (WHO), dass die Zahl der Malariatoten im Vorjahr bei 619 000 lag, wurde ebenso nur randständig wahrgenommen wie die ›Jahrhundertflut‹ in Pakistan, die 1700 Menschenleben forderte und ca. 33 Millionen Personen obdachlos machte. Der Bürgerkrieg in der äthiopischen Region Tigray, wo seit Ende 2020 mittlerweile mehrere Hunderttausend Menschen starben und mindestens 2 Millionen Menschen vertrieben wurden, stand ebenfalls weit am Rand der Berichterstattung.«[79]

Im vergangenen Jahr hat Marc Engelhardt unter dem schönen Titel »Das Verblassen der Welt« eine Studie veröffentlicht, die das allmähliche Verschwinden des Auslands aus dem politischen Journalismus dokumentiert: So wurde 100 000 Mal in den vergangenen zehn Jahren über ganze acht Staaten in 23 deutschen Zeitungen berichtet, über 34 Staaten hingegen weniger als fünfzigmal, über viele überhaupt nicht.[80] Das liegt, wie bereits ausgeführt, an Einsparungen bei den Korrespondenten, den Mitteln für Recherchen, am Entfall von Auslandsseiten und Sendeplätzen etc. Wenn daher nicht selten zutreffend ist, dass »Auslandsberichte an deutschen Schreibtischen geschrieben« werden, wie Engelhardt sagt, muss man sich über die selektive Sicht auf den Ukraine-Krieg zwar nicht wundern – aber gerade das wäre doch ein Grund dafür, wenigstens mehr internationale Gastbeiträge zu drucken.

Ebenfalls medial unterrepräsentiert blieben bei aller Kriegsberichterstattung die Natur und Dynamik des Krieges. Kriege produzieren, wie umfänglich erforscht, ihre eigene Logik und Psychologik, einschließlich Verrohungen, Brutalisierungen,

Anomie und »irrer« Kriegshandlungen. Der ungezählt wiederholte mediale Vorwurf, dass Russland außergewöhnlich brutal und verbrecherisch vorgehe, ja, dass dieser Krieg im Hinblick auf Menschenverachtung nicht seinesgleichen kennt, ließe sich nur dann sinnvoll erheben, wenn man die Kriegsgräuel der russischen Armee in der Ukraine mit anderen Kriegsgräueln vergleicht. Man denke hier an das Vorgehen der Wehrmacht, die unter anderem auf dem Gebiet der Ukraine und der Sowjetunion nicht nur Millionen von Menschen im Rahmen von Kriegshandlungen ermordete, sondern auch Massenerschießungen vornahm, Kriegsgefangene verhungern ließ, sexualisierte Gewalt ausübte und die Juden vernichtete. Man denke an den Abwurf der US-amerikanischen Atombomben über Hiroshima und Nagasaki oder an die Bombardierungen Tokios mit über hunderttausend Toten. Man denke an den Vietnam-Krieg, in dem 1,5 Millionen Vietnamesen ermordet wurden, die Leiber ungezählter Menschen mit Napalm geschmolzen oder mit Dioxin (Agent Orange) vergiftet. Und man denke an die in jedem Krieg auftretenden Vergewaltigungen und Massaker, die die schrecklichen Verbrechen im ukrainischen Butscha in eine Reihe stellen mit den Massakern von US-Soldaten in Haditha und Mahmudija im Jahr 2005/06 im Irak-Krieg.

Es gibt keinen sauberen, nicht verbrecherischen Krieg. Und so verständlich die Empörung und Trauer angesichts der abscheulichen russischen Kriegsverbrechen sind – es macht sie, leider, nicht zu historischen Ausnahmefällen und verleiht ihnen, nach allem, was wir bisher darüber wissen, auch kein superlativisches Ausmaß. Vor der Erwartungshaltung an ein zivilisiertes Europa stellen Massaker wie jene von Butscha ein kaum steigerungsfähiges Verbrechen gegen die Menschlichkeit dar; im Vergleich zu anderen Kriegsverbrechen anderer Armeen sind sie es leider nicht. Diese Unterscheidung zu machen, ist ein Gebot umsichtigen journalistischen Handwerks. Betroffenheit, so verständlich sie ist, kann Analysen versperren.

In der Konzentration auf die ukrainische Sicht der Dinge blieben die amtierenden Medien nicht nur handwerklich hinter allen Standards zurück, sondern entzogen sich selbst die Chance, eine realistische Analyse der Entwicklung des Krieges vorzunehmen, und bevorzugten einen analytisch fruchtlosen Haltungsjournalismus, der angesichts der russischen Verbrechen vor Empörung zitterte, aber gerade deshalb nie systematisch Verlauf und Ereignisse des Krieges darstellen und entschlüsseln konnte. So kam zum Beispiel bei aller berechtigten Empörung über Massaker und willkürliche Tötungen von Zivilpersonen nie zur Sprache, dass Kriegsverbrechen von der Tötung von Zivilpersonen über die brutale Ausübung sexualisierter Gewalt bis hin zu Plünderungen und Folterungen nicht exklusiv Exzesse einer besonders verwerflichen Kriegspartei sind, sondern immer geschehen, wenn Krieg ist und mit ihm rapide Brutalisierungsprozesse einsetzen.[81] Stattdessen wurden aus den Befunden von Butscha und Irpin kulturalistisch Ableitungen wie die gezogen, es handele sich bei den Tätern um eine primitive, menschenverachtende »Soldateska«, um »Schergen«, um »Barbaren« oder, in den Worten des ukrainischen Botschafters, »russische Horden«. Stefan Kornelius von der *Süddeutschen Zeitung* delirierte angesichts des russischen Vormarsches Anfang Juli in biologischen Metaphern: »Nun kriecht die russische Anakonda über den Fluss Siwerskij Donez und bewegt sich auf Slowjansk zu.«[82] Vollends in den Geist von 1914 kehrte die *Frankfurter Allgemeine Zeitung* zurück, als Teile des durchaus für seinen Rechtsextremismus bekannten Asow-Regiments in russische Kriegsgefangenschaft gerieten und die Zeitung titelte »Die Helden der Ukraine in Moskaus Fängen«.[83]

Hier wird umstandslos der Begriff »Held« aus der ukrainischen Darstellung übernommen, und wenn man von »Fängen«, also den Klauen eines Raubtiers spricht, bewegt man sich nicht mehr in den Zonen journalistischer Berichterstattung, sondern längst in denen der Propaganda.

Was die Berichterstattung über den Ukraine-Krieg von jenen über die sogenannte Migrationskrise und die Covid-19-Pandemie übrigens maßgeblich unterscheidet, ist, dass hier ein Begriff fehlt, der tatsächlich einmal angebracht wäre, aber, anders als in den Darstellungen der anderen Krisen, nicht fällt: jener von der »gespaltenen Gesellschaft«. Im Zusammenhang des Flüchtlingsgeschehens, des Rechtspopulismus und der Pandemie tauchte der Begriff immer wieder auf, obwohl der Topos empirisch nie stimmte. Alle Umfragen und Wahlergebnisse im zeitlichen Kontext der jeweiligen Krisen zeigten eine sehr große Mehrheit aufseiten der etablierten Parteien, die Zustimmung zu regulierenden Maßnahmen, die Ablehnung von Extremismus. Diese eigentlich sehr positive Beobachtung, dass auf die Bundesbürgerinnen und Bundesbürger hinsichtlich ihrer politischen Vernunft und ihrer Orientierung zum Beispiel an wissenschaftlichen Befunden durchaus Verlass ist, steht quer zur immer wiederkehrenden journalistischen Frage nach der »gespaltenen Gesellschaft«, die eher ein Problem konstruiert, als dass sie eines beobachten würde.

In Paraphrase eines Satzes von Roger Willemsen[84] ließen sich die Leitmedien also besser durch das beschreiben, was sie zum Verschwinden bringen, als durch das, was sie zum Erscheinen bringen. Repräsentationslücken, seien sie nun durch den Fokus auf Eliten bedingt oder durch die zu starke gesinnungsethische Parteinahme für eine bestimmte Sache, sind für die Demokratie keine Kleinigkeit. Wie eingangs erwähnt, lautet der Auftrag an die Leitmedien ja gerade andersherum, den Unterrepräsentierten zu ihrem Recht zu verhelfen und ihnen – gemäß der Idee des Vierten Standes – eine Stimme zu geben. Für das Systemvertrauen in unserem Land ist das Versagen vieler daran Beteiligter in den Leitmedien in dieser Hinsicht nicht förderlich. Wer das Gefühl hat, mit seinem Sein, seinem Tun oder seinen Ansichten nicht repräsentiert zu sein, geht schnell auf Distanz zu den Repräsentierenden. Der Frust über mangelnde Repräsentation ist oft genug die Kehrseite des (unerfüllten) Wunsches nach Partizipation. Wer hier den Elitendiskurs vorzieht und im Angesicht des Krieges die leitmedialen Reihen schließt, geht somit ein hohes Risiko ein: Er verspielt das Vertrauen, auf dem seine Reputation und/oder sein geschäftlicher Erfolg basiert. Doch wie lässt sich erklären, dass viele Leitmedien dieses gesellschaftliche wie geschäftliche Risiko heute eingehen?

The Unmarked Space

Was Leitmedien nicht thematisieren

Realität ist immer das, was beobachtet wird: gesehen, gehört, gelesen, berechnet oder gemessen. Eine Realität, von der niemand weiß, mag denkbar sein, aber nicht vorstellbar. Sie existiert nicht als Realität.[85] Was auf diese Weise allgemein für die Realität gilt, gilt genauso gut für jeden einzelnen Menschen. Meine Realität kann immer nur das sein, was von mir beobachtet und als Realität gedeutet wird.

Menschen leben nicht in der Realität, sondern sie erzeugen diese; häufig (aber nicht immer notwendig) versehen mit dem Anspruch, dass diese Realität zugleich die Realität der anderen ist. Da Menschen, genauso wie jedes andere Lebewesen, nicht alles beobachten können, ist unsere Realität notwendigerweise von »selektiver Blindheit« gekennzeichnet. So sehen wir zwar, was wir unterscheiden. Aber wir sehen nicht das, was unserer Unterscheidung zugrunde liegt. Dieser Raum, den wir nicht sehen, wenn wir meinen, etwas genau zu sehen, ist unser *Unmarked Space.*[86] Dabei gehören das, was wir beobachten, und das, was wir nicht sehen, auf das Engste zusammen. Jede neue Erkenntnis ist ein Vorstoß in bislang ungeordnetes und unmarkiertes Terrain. Und sie benötigt eine Auswahl, ein Weglassen und eine Abgrenzung. Unterscheiden aber können wir nur, wenn es etwas gibt, von dem wir es unterscheiden und vor dessen Hintergrund es seine Kontur erhält.

Was hier allgemein beschrieben ist, gilt selbstverständlich auch für die Medien. Eine Nachricht, ein Bericht, ein Kommentar markieren nicht nur ein Terrain, sie lassen notwendigerweise auch all das im Dunkeln, was dabei nicht markiert wird.[87] An einer gewissen selektiven Blindheit kommt niemand vorbei. Und die spannende Frage dabei ist, was ins Licht kommt und was im Dunkel bleibt. Geht es nach dem Anspruch einer deliberativen Öffentlichkeit, die plural, inklusiv und integrativ sein soll, so darf das Dunkel nicht allzu groß sein. Die Leitmedien sollen die Realität so breit, umfassend und vielfältig zeigen, wie es ihnen irgend möglich ist; denn nur, was medial wahrgenommen wird, kann zugleich gesellschaftlich bedeutsam, das heißt *öffentlich* werden.

Dabei sind dem Anspruch der deliberativen Öffentlichkeit in den Leitmedien gleichsam von Natur aus Grenzen gesetzt. Denn Einbringen können sich die Leser, Zuschauer und Hörer der amtierenden Medien gemeinhin nur in speziellen Ausnahmefällen – etwa bei zumeist vorsortierten Zuschauer- und Zuhörerfragen im Fernsehen und Radio, als Leserbriefschreiberin und Online-Kommentator. Ein allgemeiner Austausch hingegen findet systembedingt nicht statt und kann auch gar nicht stattfinden. Man kann sogar sagen, dass die Leitmedien, anders als ein Direktmedium wie *Twitter*, gerade dadurch definiert sind, dass, wie der Soziologe Niklas Luhmann schreibt, »keine Interaktion unter Anwesenden zwischen Sender und Empfänger stattfinden kann«, jedenfalls nie »mit allen Teilnehmern«.[88] Stattdessen existiert die »technisch bedingte Notwendigkeit einer Kontaktunterbrechung«.[89]

Deliberation, das Mitmischen möglichst der gesamten Gesellschaft, ist in den Leitmedien also zwangsläufig mit einer hohen Hürde konfrontiert. Statt mit direkter Beteiligung haben wir es mit einer Stellvertreterschaft zu tun. Doch auch diese Stellvertreterschaft hat einen engen Rahmen. Was in den Leitmedien zur Realität wird, muss durch die halbautomatischen Verarbeitungsroutinen der industrialisierten Nachrichtenproduktion, einen engen Kanal. Danach kommen die ökonomisch determinierten Produktionsroutinen der Medienredaktionen bis hin zum Journalismus, der qua Redaktion prägt und filtert, also das verbliebene Rinnsal steuert. Auf der anderen Seite begrenzt das vermutete oder ermittelte Leser-, Zuschauer- oder Zuhörerinteresse die Auswahl. Eine doppelte Akzeptanzschwelle – jene der Medien und die gemutmaßte des Publikums – entscheidet darüber, welche Realität die Leitmedien als solche erzeugen und präsentieren. Damit aber gerät der deliberative Auftrag mit einer Logik in Konflikt, die nach einem ganz anderen Kriterium konkurriert, nämlich dem der *Aufmerksamkeit*. Die Leitmedien müssen stets darauf achten, »publikumsorientiert« zu sein, um ihr Geschäftsinteresse zu verwirklichen oder ihren öffentlich-rechtlichen Auftrag zu erfüllen. Daraus ergibt sich, »dass ihre Auswahl vornehmlich nach Kriterien der Nachfrage der angestrebten Zielgruppen reguliert wird. Produktionen, die dort keinen Anklang finden, werden, solange es lohnenswert erscheint, korrigiert, variiert oder ansonsten, falls die Breitenresonanz ausbleibt, aus dem Verkehr gezogen.«[90]

Stillschweigend bildet sich, nach Thomas Meyer, ein »professioneller Konsens« heraus, »der sich auch dann durchsetzt, wenn der einzelne Journalist ihn für sich selbst gar nicht bewusst vor Augen hat«.[91] Was massenmedial zur »Realität« wird, hat oft mehr mit den Filtersystemen oder der antizipierten Publikumserwartung zu tun als mit den Geschehnissen selbst. »Die Realität der Massenmedien, ihre reale Realität könnte man sagen, besteht in ihren eigenen Operationen.«[92] Da fast alle die gleichen Filter benutzen, ist die Vereinheitlichung dieser Realität nicht schwierig. Sie wird somit auch von den Journalisten selbst gerne für die Realität schlechthin gehalten.

Nun sind deliberative Öffentlichkeit und antizipierte Publikumsorientiertheit faktisch nicht das Gleiche, auch wenn dieses Missverständnis die journalistische Arbeit erheblich erleichtert. Was alles in der Welt geschieht und was die Leute mutmaßlich sehen, hören und lesen wollen, hat in etwa so viel miteinander zu tun wie eine Stockente mit Donald Duck. Überzeichnungen, Sensationierungen und Vereinseitigungen kommen bei einem Teil des Publikums zwar im Moment gut an, verzerren aber unweigerlich die Konstruktion der Realität und untergraben langfristig das Vertrauen in den Wahrheitswert von Berichten. Im Zeitalter des Infotainments vergrößert sich damit unweigerlich der *Unmarked Space*. Was sich zur medialen Sensationierung nicht besonders gut eignet, wird gar nicht erst zum Gegenstand von Unterscheidungen, sondern bleibt uninteressant. Das Gleiche gilt für Informationen, die nur mit großer Mühe, Aufwand und sorgfältiger Recherche zu erlangen sind. Sie werden heute proportional immer seltener, und auch hier nimmt der *Unmarked Space* auf geradezu erschreckende Weise zu. Die selektive Blindheit verstärkt sich und beschleunigt die Vereinseitigung der Perspektive.

Wie aber sollen – und hier liegt das Problem – die Leitmedien Stellvertreter gesellschaftlicher Meinungsvielfalt sein, wenn sie oft starke Filter einsetzen, die nicht schlichtweg nach Relevanz auswählen, sondern in oft viel stärkerem Maße nach Reichweite, mithin nach Sensationswert? Statt einer vorauseilenden Sorgsamkeit im Hinblick auf Pluralität und Integration, wie man es von einem Stellvertreter erwarten muss, dominiert leider oft die vorauseilende Sorgsamkeit gegenüber einem unterstellten Publikumsgeschmack.

Die Folgen gehen weit über die stetig wiederholten Vorwürfe der Verflachung hinaus. Denn unterschwellig, und dieser Aspekt wird viel seltener beleuchtet, vergrößern sie zugleich die Macht der medialen Stellvertreter. Wer Macht ausüben will, benötigt ganz grundsätzlich ein beträchtliches Maß selektiver Blindheit. Autokratische Regime und geschlossene Gesellschaften kennzeichnen sich bekanntlich durch weit stärkere Filter in der zugelassenen Wahrnehmung der Realität als demokratische und pluralistische. Je offener eine Gesellschaft ist, umso stärker zeichnet sie sich dadurch aus, wie viel Diversität, Pluralität und Widerspruch sie zulässt. Ihre selektive Blindheit ist weitaus geringer als jene in autoritären Gesellschaften.

In diesem Licht erscheint das sich selbst verstärkende Gefüge der von den Leitmedien erzeugten Realität als ein Problem. Viele Journalisten leben dadurch mehr und mehr in ihrer eigenen Welt. Denn das, was der von ihnen konstruierten Realität als Korrektiv dient, ist vornehmlich die Realität ihrer Kollegen. Eine Überprüfung von außen, von einem Beobachter, der sie beobachtet, findet kaum statt und wird gemeinhin auch mit Vehemenz zurückgewiesen. Kritik von außen ist im leitmedialen System nicht vorgesehen. Was Medienwissenschaftler irgendwo in ihren eigenen Diskursen anprangern, muss Journalisten nicht sonderlich scheren. Und erhebt jemand in einer Talkshow Klage gegen die Medien, heißt es reflexhaft und mit augenzwinkerndem Lächeln: »Jaja, jetzt sind wir also wieder mal schuld ...«

Genau hieraus erklärt sich die eigentümliche Ortlosigkeit der Leitmedien. Sie mögen in Frankfurt am Main, in München, Hamburg oder Berlin sitzen, ihrer Idee nach sind sie ubiquitäre Beobachter des Geschehens. Sie sind Seraphim, unbelangbar in ihrem Tun, erzengelgleiche Kontrolleure, Gabriel der himmlische Botschafter und Michael der Scharfrichter in einer Person. Die Eigengesetzlichkeit ihrer Welt und die Größe des *Unmarked Space* sichert ihr Selbstvertrauen und ihre gefühlte Allmacht. Was sie nicht sehen, wird nicht gesehen; zahlreiche Repräsentationslücken pflastern, wie gezeigt, ihren Weg.

Wie ebenfalls gezeigt, vergrößern die Leitmedien somit gerade die Repräsentationslücke zwischen Politik und Gesellschaft, die zu verkleinern ihr demokratischer Auftrag ist. Man kann sogar sagen, dass sie die Repräsentationslücke auch noch *verdoppeln,* eben dadurch, dass sie ihre Stellungnahmen und Haltungen vor allem für ihresgleichen zeigen: ihre Kollegen, ihre Chefs und die befreundete und verhasste Konkurrenz (vgl. S. 148 ff.). Von einer »Bindung aller politisch folgenreichen Entscheidungsprozesse an die rechtlich verbürgte diskursive Willensbildung des Staatsbürgerpublikums«, die Habermas sich wünscht, kann hier nicht die Rede sein.[93] Denn wenn Journalisten ihre Texte vor allem an ihre Kollegen adressieren, fallen große Teile des öffentlichen Geschehens naheliegenderweise aus der Betrachtung raus. Statt der von Habermas geforderten Rückkopplung »zwischen den informierten Elitediskursen und einer aufnahme- und reaktionsbereiten Zivilgesellschaft«, gewinnt der mediale Diskurs ein zirkuläres Eigenleben.[94]

Besonders auffällig ist, dass dabei vor allem jene gesellschaftlichen Gruppen zum *Unmarked Space* werden, die andere Bildungsabschlüsse und Schichtzugehörigkeiten haben. Und das, obwohl gerade sie dringender als alle anderen eine leitmediale Artikulation bräuchten. Man denke ein weiteres Mal an Randalls Gebot, Presse und Rundfunk sollten die Geplagten umsorgen und die Umsorgten plagen, damit jene eine Stimme bekommen, die sonst in der Öffentlichkeit keine haben. Diese Arbeitsplatzbeschreibung des politischen Journalismus schließt einen leitmedialen »Elitendiskurs« per se aus. Nicht die Aufmerksamkeit der Politik oder gar der Kollegen ist das Widerlager des politischen Journalismus, sondern die Öffentlichkeit. »Elitendiskurse« müssen demnach gerade aufgebrochen werden, damit prinzipiell jedes Mitglied der Gesellschaft Teil der Debatten und des Streits um Problemlösungen und Entwicklungsperspektiven sein kann.

Tatsächlich jedoch ist zumeist das Gegenteil der Fall. Dann wird eine große Gruppe der Geplagten nicht umsorgt, und eine Elite führt ein Gespräch mit sich selbst und nicht mit der Gesellschaft, von der sie nur ein Teil ist. Die Leitmedien halten damit nicht der Gesellschaft den Spiegel vor, sondern sie repräsentieren ausgewählte Gruppen. Vorzugsobjekt ihrer Spiegellust aber dürften vor allem sie selbst sein. Feuilletonisten, die ihr halbes Berufsleben in Endlosschleifen auf andere Feuilletonisten retournieren, verhalten sich hier nicht anders als politische Kolumnisten, die sich an Kollegenmeinungen abarbeiten. Das Berliner Spiegelkabinett des politischen wie des Kulturjournalismus ist eine zu Recht berüchtigte Attraktion. Und sie wird auch nicht ehrenwerter dadurch, dass die private Verflechtung von Politikern und Hauptstadtjournalisten das Spiegelkabinett der Eitelkeiten zu einer Dauerbeschäftigung macht, bei der sich oft fragen lässt, wer in diesen zweifelhaften Symbiosen stärker auf wen angewiesen ist.

Wie stark diese informelle, mitunter aber auch formelle Verschränkung von Medien und Politik ausgeprägt ist, zeigt eine Studie, die vor acht Jahren einen erheblichen Wirbel auslöste. Dies war umso erstaunlicher, da es sich lediglich um eine kommunikationswissenschaftliche Dissertation handelte, um einen Text mithin, der normalerweise in Universitätsbibliotheken vor sich hin steht und den, außer den Kolleginnen und Kollegen innerhalb der Disziplin, eher wenige Menschen zur Kenntnis nehmen. In diesem Fall war das aus zwei Gründen anders: Erstens untersuchte Uwe Krüger in seiner Doktorarbeit den »Einfluss von Eliten auf Leitmedien und Alpha-Journalisten«, und zwar mittels einer Netzwerkanalyse, die die Verwobenheit besonders prominenter bzw. sogenannter Alpha-Journalisten mit Organisationen der Stiftungslandschaft, politischen Vereinen und auch dem politischen Personal nachzeichnete. Und zweitens griffen Max Uthoff und Claus von Wagner im April 2014 in der ZDF-Satiresendung *Die Anstalt* die Ergebnisse von Krügers Studie auf, mit dieser Einleitung: »Kennen Sie folgende Organisationen? Münchner Sicherheitskonferenz zum Beispiel, oder Trilaterale Kommission, The German Marshall Fund of the United States, Atlantische Initiative, Bundesakademie für Sicherheitspolitik, Atlantik-Brücke – oder das Aspen-Institute? (...) All diese Organisationen haben auf sicherheitspolitische Fragen immer dieselben Antworten: mehr Rüstung. Das sind sozusagen NATO-Versteher. In diesen Vereinigungen treffen sich Militärs, Wirtschaftsbosse und Politiker in diskreter Atmosphäre.«[95] Und eben Journalisten! Und das war die eigentliche Bombe dieser Sendung, in der es dann um Journalisten wie Josef Joffe und Jochen Bittner von der *Zeit*, Stefan Kornelius von der *Süddeutschen Zeitung* und Kai Diekmann von *Bild* ging. Die Netzwerke dieser Journalisten wurden genauso präsentiert wie Details ihrer Verbindungen – so, wie sie Uthoff und Wagner aus Krügers Studie übernommen hatten.

Für Krüger war all dies ein zweischneidiger Erfolg. Schön, wenn eigene Forschungsergebnisse, die nach langen und akribischen Detailauswertungen entstanden sind, die große Öffentlichkeit erreichen – aber unschön, wenn sie genau jene Personen kritisch betrachten, die diese Öffentlichkeit mit herstellen. Auch eine empirisch fundierte Medienkritik muss durch das Mediensystem hindurch – der Kritiker muss mit Blessuren rechnen, wenn seine Befunde die bloß fachinterne Öffentlichkeit verlassen. Die Journalisten Joffe (Herausgeber der *Zeit*) und Bittner (Politikjournalist der *Zeit*) erwirkten denn auch prompt eine einstweilige Verfügung gegen das ZDF durch die Pressekammer des Landgerichts Hamburg.

Viel Tadelnswertes hatten sie allerdings nicht in der Hand, allenfalls, dass die transatlantische Denkfabrik German Marshall Fund keine »Mitglieder« hat, sondern nur Teilnehmer (*participants*). Der Vorwurf, den die *Anstalt* Bittner gemacht hatte, war, dass dieser an einem Kooperationsprojekt der Stiftung Wissenschaft und Politik sowie des German Marshall Fund mitgearbeitet hatte mit dem Titel »Neue Macht – neue Verantwortung«. Darin wurde gefordert, die Bundesrepublik müsse dazu bereit sein, mehr Auslandseinsätze durchzuführen. Tatsächlich übernahmen der damalige Bundespräsident Joachim Gauck, Verteidigungsministerin Ursula von der Leyen und Außenminister Frank-Walter Steinmeier auf der Münchner Sicherheitskonferenz einiges aus dem Papier und warben für mehr Auslandseinsätze der Bundeswehr. So weit, so gewöhnlich.

Pikant daran war allerdings, dass Bittner und sein Kollege Matthias Naß die drei Reden in der *Zeit* ein paar Tage später als »ziemliche Sensation« feierten. Man lobte, dass Deutschland nun endlich »Kurs auf die Welt« nehme, nachdem in der »außenpolitischen Community Berlins (...) die Unzufriedenheit mit der deutschen Lethargie schon seit Langem« gegärt habe. Die drei Redner seien »entschlossen, Deutschland eine aktivere Rolle in der Weltpolitik zuzuweisen (…). Sie haben keine Furcht mehr, wenn von Deutschland Führung verlangt wird. Eher fürchten sie den Vorwurf der Passivität und der Drückebergerei.«[96] Die beiden Autoren vergaßen dabei nicht, dem Projekt »Neue Macht – neue Verantwortung« einen maßgeblichen Anteil am Kurswechsel zuzusprechen – wohl aber, dass Bittner daran mitgearbeitet hatte und sich in seinem Artikel auf solche listige Weise selber lobte! Parteilichkeit in der Maske der unabhängigen Bewertung ist kein geringer Vorwurf für eine Zeitung mit der Reputation der *Zeit*. Bittners Beteiligung an der Erstellung des Papiers wurde später nachgereicht. Am 25. Juni 2015 verwies Bittners *Zeit*-Kollege Götz Hamann darauf, dass die Nicht-Erwähnung von Bittners Mitarbeit an »Neue Macht – neue Verantwortung« in dem erwähnten *Zeit*-Artikel eine Entscheidung der Ressortleitung war, nicht aber seine eigene. Der Journalist hatte demnach seine Mitarbeit nicht selbst verheimlicht, sondern wohl einen entsprechenden Vermerk angeregt. Offensichtlich ohne Erfolg.[97]

Die Gerichte gaben Bittner und Joffe zunächst Recht, dass sie nicht als »Mitglieder« des German Marshall Fund bezeichnet werden dürften. Die Ausgabe der *Anstalt* durfte daraufhin nicht weiterverbreitet werden. Im Januar 2017 hob der Bundesgerichtshof das Urteil auf. Satirische Darstellungen dürften auch Ungenauigkeiten enthalten. Ebenfalls ins Kreuzfeuer geriet auch der Medienwissenschaftler Krüger, der die Zusammenhänge ursprünglich aufgedeckt hatte. Joffe beschwerte sich in einem Brief persönlich bei ZDF-Chefredakteur Peter Frey und nannte Krügers Werk »keine gute

Wissenschaft«. Kornelius bezeichnete es als »voller Fehler und wissenschaftlich zweifelhaft«.[98] Präziser war da schon die Kritik des Medienwissenschaftlers Christoph Neuberger in *Medium-Magazin für Journalisten*. Krüger, so meinte er, verwechsele die Nähe von Journalisten zu transatlantischen Lobbyorganisationen mit deren Vereinnahmung und folgerte: »Es wäre weltfremd und schädlich, wenn Journalisten jeglichen Kontakt zu politischen Akteuren vermeiden würden.«[99] Genau diese Gleichsetzung von Nähe und Vereinnahmung aber macht Krüger gerade nicht, und eine strenge Kontaktsperre hatte er wahrlich nicht gefordert.

Eine Lektüre seiner Dissertation lohnt auch heute noch, obwohl die zugrunde liegenden Daten inzwischen nicht mehr ganz aktuell sind (Krüger hat die Netzwerke auf der Basis des Zeitraums zwischen dem 1. Januar 2002 und dem 31. Dezember 2009 ausgewertet und mit den journalistischen Erzeugnissen der entsprechenden Personen abgeglichen)[100] – aber der zentrale Befund, dass es eine durchaus enge Verflechtung der journalistischen und politischen Eliten mit politischen Lobbyorganisationen gibt, wird heute noch genauso gelten. Dabei muss man hervorheben, dass Krügers Netzwerkanalyse ihm weder Anlass für Verschwörungstheorien noch für eine Skandalisierung vom Typ *Die Anstalt* bietet – er dechiffriert nüchtern und datenbasiert die sozialen Positionen und Verbindungen einer Reihe von politischen Journalisten und kann zeigen, dass sich hieraus keine simplen kausalen Schlussfolgerungen ableiten lassen, vom Typ: Weil Stefan Kornelius von der SZ oder Josef Joffe von der *Zeit* in das American Institute for Contemporary German Studies oder in den American Council on Germany involviert sind, vermitteln sie als politische Journalisten genau die Positionen, die von solchen Organisationen vorgegeben werden. So einfach ist es nicht!

Aber Krüger kann zeigen, dass diese Journalisten und viele andere vielfache Überschneidungen in ihren jeweiligen institutionellen und persönlichen Netzwerken aufweisen und grundsätzliche sicherheitspolitische Auffassungen teilen, die atlantisch geprägt und NATO-affin sind. Die Logik verläuft damit gerade umgekehrt: nämlich so, dass Personen, die aus ihren beruflichen Biographien heraus entsprechende Orientierungen teilen, sich als Mitglieder entsprechender Netzwerke wiederfinden und in ihrer professionellen Arbeit deren Auffassungen reproduzieren – nicht beauftragt, sondern aus innerer Überzeugung.

Wie ihre politischen Überzeugungen zustande kommen und was dabei eine Rolle spielt, wird von Politikjournalisten öffentlich nur ungern thematisiert. Dabei halten Journalisten wie Joffe mit ihren vielen transatlantischen Verbindungen in anderen Kontexten gemeinhin nicht hinter dem Berg. All diese Organisationen sind ja keine obskuren Geheimorganisationen, sondern öffentliche oder halböffentliche Stiftungen, Vereine und Initiativen, in die zuweilen auch Steuergelder fließen wie beim German Marshall Fund.[101] Und doch – und das ist das Auffällige – war es den von der *Anstalt* genannten Journalisten eher unangenehm, das Wirken dieser Lobby-Netzwerke in der Öffentlichkeit diskutiert zu sehen. Geschweige denn, dass man seinen Lesern, Zuhörern oder Zuschauern schildert, wie eng man hier mit wem verknüpft ist. Wie sonst ließe sich die Vehemenz erklären, mit der Joffe und Bittner gegen die *Anstalt* vorgingen und Joffe den Wissenschaftler Krüger als wissenschaftliches Leichtgewicht dastehen lassen wollte? Vernetzungen von Politik und Medien und die Vernetzungen der Medienvertreter untereinander gehören damit zum *Unmarked Space*, zu dem, was in der breiten Öffentlichkeit nicht sichtbar wird, obgleich es durchaus dabei helfen könnte, Meinungsbildungen transparenter und die Leitmedien wieder glaubwürdiger zu machen.

Was Krüger belegen will, ist nicht eine geheime Verschwörung, durch welche die Leitmedien gelenkt und zur »Lügenpresse« werden. Das Gegenteil ist der Fall. Krüger zeigt auf, was in den Kommunikationswissenschaften die *Indexing-Hypothese* genannt wird: die oft weitgehende Übereinstimmung von grundsätzlichen Auffassungen innerhalb der politischen und journalistischen Elite. Dazu bedarf es keines Hegemons auf der einen Seite, der den anderen anweist, lenkt und leitet. Das Spiel funktioniert eher gleichmächtig und gleichberechtigt: »Besteht über ein Thema Konsens in der politischen Elite, so die Annahme, unterstützen die Medien die Regierungslinie kritiklos oder schweigend; sie äußern dann keine grundsätzliche Kritik an einem Vorhaben, sondern arbeiten sich allenfalls an taktisch-performatorischen Details ab, üben Kritik also an einer weiter unten liegenden Ebene.«[102] Übertragen auf das aktuelle Beispiel des Krieges in der Ukraine besteht das Indexing darin, dass keine Kritik oder Infragestellung am »Zeitenwende«-Narrativ des Bundeskanzlers und der einhelligen Haltung der etablierten Parteien zur Steigerung der Waffenlieferungen artikuliert wird, wohl aber die »zögerliche« oder »zaudernde« Haltung der Regierung oder die zu langsame Umsetzung der Lieferungen kritisiert wird – also die »weiter unten liegende Ebene«.

Eine starke Homogenität in der Meinung braucht weder Anweisungen noch einen Druck »von oben«. Der Druck entsteht gerade in neuen und unübersichtlichen Situationen aus wechselseitiger Orientierung an den anderen, aus Angst vor Abweichung, aus Gruppendenken und aus Opportunismus. All dies braucht keine »Steuerung«, es ist, wie wir später noch zeigen werden, normaler Bestandteil sozialer Prozesse.

Indexing funktioniert dabei sowohl explizit wie implizit: Man kann bestimmte politische Positionen ausdrücklich und ausführlich hervorheben und andere vernachlässigen, man kann bestimmte Personen zu Wort kommen lassen und andere nicht, man kann bestimmte Geschehnisse beschreiben und andere nicht. Im Ergebnis kann, so Krüger, dann allerdings herauskommen, »dass eine konsensuell geeinte Elite in wichtigen Fragen (Krieg und Frieden, makroökonomische Ordnung) gegen die Interessen eines Großteils der Bevölkerung regieren kann und dass journalistische Eliten zu stark in das Elitenmilieu eingebunden sein könnten, um noch als Anwälte des öffentlichen Interesses kritisch-kontrollierend zu wirken«.[103]

Es ist Indexing, was dazu führt, dass abweichende Positionen, die aus der Zivilgesellschaft heraus artikuliert werden, unisono abgewertet oder durch eine große Zahl von Gegenartikeln bzw.

ungleiche Positionsbesetzungen in Talkshows delegitimiert werden. Dafür braucht es schon deshalb keinen Auftrag »von oben«, weil die Übereinstimmung zwischen politischen und medialen Eliten von vornherein zum selben Störgefühl führt, wenn abweichende Meinungen die harmonische Sphäre des Konsenses zu perforieren drohen. Wenn sich in einer Talkshow die anderen Talkgäste wechselseitig angrinsen, weil der als Minderheitsmeinung besetzte Gast mit den Fragen des Moderators ringt, wird das Indexing bestätigt. Nicht vier oder fünf einzelne Gäste sind in diesem Fall eingeladen, sondern das Spiel heißt: WIR gegen DIE. Und DIE werden zusammengeschrumpft auf die oder den einen, der alle anderen vertreten soll.

Die Kriterien, nach denen das Indexing die zur WIR-Gruppe Zugehörigen von den Nichtzugehörigen trennt, liegen allerdings wieder einmal im *Unmarked Space*. Sie werden weder ausgewiesen, begründet noch thematisiert. Gefährlich daran ist, dass die Ausgegrenzten dies merken, weil sie in der Öffentlichkeit entweder nicht vorkommen oder eben in der Rolle des Außenseiters oder gar Feindbildes. Damit aber vertieft sich die Repräsentationslücke in Politik und Leitmedien. Um es am Beispiel des Ukraine-Krieges zu zeigen: Es gibt im Bundestag – jenseits der für die öffentliche Meinungsbildung wenig relevanten Linken und der AfD – *keine* Opposition oberhalb der »weiter unten liegenden Ebenen«. Und es finden nur sehr selten kontroverse Debatten über die Schritte der EU, der NATO, der USA, der Bundesregierung statt, was an sich für eine Demokratie bei Fragen solcher Tragweite schon bedenklich ist.

Umso wichtiger wäre es, dass solche Debatten medial ausgetragen würden, und zwar zu nicht indexierten fairen Bedingungen, was aber, wie gezeigt, nur äußerst selten der Fall ist. Zusätzliche oder abweichende Gesichtspunkte und Positionen werden nur am Rande zur Geltung gebracht und kommen so kaum zu medialer Sichtbarkeit. Viel sichtbarer dagegen ist ein Elitenkonsens, der durchaus nicht repräsentativ für das ist, was in der Bevölkerung gedacht und debattiert wird.

Dass diese Indexierung im Angesicht von Kriegen stets besonders stark ist, wurde bereits am Beispiel des Offenen Briefes dargestellt. Tatsächlich hat sie eine lange Tradition. So berichtet der *Zeit*-Journalist Dieter E. Zimmer in seiner (nicht im Buchhandel erschienen) Chronik *Die Zeit in der ZEIT* davon, dass es dort, nicht anders als in den anderen deutschen Leitmedien, bis ins Frühjahr 1968 eigentlich nur eine Lesart des Krieges in Vietnam gab: In Saigon werde die Freiheit des Westens gegen den Kommunismus verteidigt. Die Journalisten übernahmen damit das US-Narrativ der »Dominotheorie«, wonach ausgehend von Ländern der Dritten Welt ein Land nach dem anderen in den Kommunismus kippen könnte, wenn man dem nicht mit Gewalt Einhalt geböte. Insofern galt der brutale Angriffskrieg der USA in Vietnam als moralisch gerechtfertigt. Die Stimmung im deutschen politischen Journalismus kippte erst, als der FAZ-Journalist Dieter Hildebrandt den Artikel »Dieser Krieg« schrieb. Hildebrandt listete darin die Gräuel des Vietnam-Krieges auf, den schrecklichen Preis für die vorherrschende Weltsicht. Wie nicht weiter überraschend, weigerte sich die FAZ, diesen schonungslos ehrlichen Text zu drucken. Hildebrandt wechselte daraufhin zur *Zeit*, und »Dieser Krieg« erschien am 1. April 1968 im Blatt.[104] Die Wirkung des Textes war enorm. Binnen kurzem sorgte er dafür, dass die meisten deutschen Leitmedien ihre Indexierung aufhoben. Wenn sich die transatlantisch geprägte *Zeit* traute, die Gräuel des Krieges anzuprangern und das vorherrschende Narrativ in Frage zu stellen, so konnten das von nun an auch andere Zeitungen tun und schließlich sogar das Fernsehen.

Indexierung und Elitenkonsens sind also keineswegs nur ein akademisches Problem: Denn dieser Elitenkonsens führt ja selbst dann, wenn er sachlich komplett falschliegt, irrationalen Motiven oder partikularen Interessen folgt, zu durch und durch realen Folgen. Er führt dazu, dass Pfade genommen und nicht verlassen werden dürfen, und er zeitigt Handlungen, die die eingeschlagene Richtung unumkehrbar machen. Wenn sich so etwas noch mit Kindereien paart wie der, dass sich die deutsche Außenministerin weigert, mit dem russischen Außenminister zu sprechen, weil dessen Regierung Krieg in einem Land führt, das kein NATO-Mitglied ist, kann man ermessen, wie dünn das Eis ist, auf dem die demokratische Willensbildung der Bundesrepublik in einer solchen Situation stattfindet. Indexing, so erweist sich am konkreten Fall, den Krüger noch gar nicht vorhersehen konnte, als er seine Netzwerkanalysen durchführte, kann brandgefährlich sein, weil es das denkbare Korrektiv systematisch blockiert.

So können wir daran beobachten, dass die Verflechtung von Politik und Leitmedien, der Elitendiskurs und das Indexing zu einem Mechanismus führen, der die Repräsentationslücke verdoppelt. Und zwar nach naheliegendem Muster: Wenn Politikjournalismus in erster Linie Politiker kommentiert und nicht die realen Geschehnisse im Land und wenn andererseits Politiker als ihre Realität ansehen müssen, was ihnen die Leitmedien spiegeln, so ergibt sich zwangsläufig: *Wer in der Politik nicht vorkommt, kommt auch in den Medien nicht vor. Und umgekehrt.*

Gala-Publizistik

Politischer Journalismus ist Journalismus über Politiker, weniger über Politik

Wie vermeidet der leitende Politikredakteur in der Hauptstadt, dass er nicht nur Journalist ist, sondern selbst zum Akteur wird? Diese Frage stellte der Journalist und Schriftsteller Arno Frank dem stellvertretenden Chefredakteur der *Welt*, Robin Alexander, im Oktober 2019. Und dieser berichtete: »Einmal hatte ich eine Phase der extremen Verdichtung, als es im Sommer 2018 beinahe zum Bruch der Unions-Fraktionsgemeinschaft kam. Im Reichstag tagte die CDU hier, die CSU da, und wir belagerten den Würstchenstand in der Mitte. Mir wurde aus beiden Sitzungen ständig geschickt, was passiert. Und ich hatte den Eindruck, ich bin jetzt der Erste, aber ich werde nicht der Einzige sein. Also kann ich jetzt nicht bis zum Redaktionsschluss warten und eine ausgeruhte Reportage schreiben. Ich kann noch nicht mal zwei Stunden warten und *Welt Online* schreiben, sondern ich twittere das, sobald ich zwei Quellen habe. Und das hat dann damals so eine Dynamik angenommen, dass das auch die Sitzung beeinflusst hat, weil die sich in den laufenden Sitzungen über meinen Account informiert und dann angefangen haben, mir noch mehr Informationen zu geben.«[105]

Da hatte der Interviewer dem Politikjournalisten offenbar die falsche Frage gestellt. Denn der offerierte ihm, nun vor Stolz fast berstend, im Detail, wie er selbst virtuos zum Akteur wurde. Vom Vermeidungswillen keine Spur. Es ist Alexander äußerst wichtig, die unbedingte Bedeutsamkeit der Nachrichten, die ihm aus den nicht öffentlichen Sitzungen übermittelt werden, zu betonen. Und seine Informationen haben einen solchen enormen Nachrichtenwert, dass Redaktionsschluss oder Bewertung oder Einordnung keine Priorität mehr haben – das Zeug muss raus in die Welt, und zwar sofort. Wichtig ist: Erster sein! Und der Status als Erster unter Gleichen wird umgehend dadurch unterstrichen, dass in perfekter Redundanz Alexanders Tweets sofort in höchster Erregung in den Sitzungen gelesen werden, wodurch anscheinend bei den Teilnehmenden eine informationelle Diarrhö ausgelöst wird und jetzt alles rausmuss, sofort.

Eine politische Dynamik entbrennt, und deren Mitte ist der Würstchenstand mit Robin Alexander! Ist das nicht toll, wie hier der Journalist zum direkten Influencer der Politik wird? Und zwar so toll, dass man schnell zu übersehen geneigt ist, worauf der politische Journalist in seiner neuen Bedeutsamkeit gar nicht mehr kommt: dass das ja in Wahrheit alles ziemlich egal ist. Denn, wie Alexander einleitend erwähnt, es ist im Frühjahr 2018 gerade *nicht* zum Bruch zwischen den Schwesterparteien CDU und CSU gekommen – nichts ist passiert, was in irgendeiner Weise für die Geschicke Deutschlands wichtig gewesen wäre. Jenseits des journalistischen Würstchenstands hat sich politisch überhaupt nichts ereignet – aber in der Sicht eines zeitgemäß verstandenen politischen Journalismus durchaus. Denn der interessiert sich oft weniger für Politik als für Politiker. Und dies vor allem deswegen, weil er längst selbst Teil einer politisch-medialen Figuration geworden ist, den Direktmedien sei Dank. Wer sich als Journalist eine Position als Nachrichtenfilter erarbeitet hat – also beispielsweise williger Empfänger von Durchstechereien aus geschlossenen Sitzungen und strategischer Infiltrator politischer Entscheidungsprozesse sein darf –, der beobachtet nicht mehr nur Politik, sondern der macht sie; ein bisschen wie Kardinal Richelieu hinter seiner berühmten Tapetentür.

Eine neuere Untersuchung zum Stellenwert von *Twitter* für politische Journalisten zeigt, dass diese den Kurznachrichtendienst »im Vergleich zu anderen sozialen Medien am häufigsten verwenden. Journalisten, die *Twitter* in der Kommunikationsarbeit von Politikern als wichtig wahrnehmen, verwenden *Twitter* deutlich häufiger sowohl rezipierend als auch aktiv kommunizierend. Interaktionen zwischen Politikern und den befragten Journalisten verstärken diese Unterschiede noch: So halten Befragte, die von Politikern in Tweets erwähnt werden, *Twitter* insgesamt in der eigenen Arbeit für wichtiger und schätzen den Dienst im Vergleich der unterschiedlichen Kommunikationskanäle von Politikern höher ein als ihre Kollegen.«[106] Heißt: *Twitter* funktioniert als Maschine nicht nur zur Übermittlung von kommunikativen Inhalten, sondern auch zur Herstellung von gefühlter Bedeutsamkeit.

Twitter ist das neue Machtmittel des politischen Journalismus. Und verschiedene Untersuchungen zur Mediennutzung von Journalisten zeigen eindrucksvoll, dass Direktmedien gerade im politischen Journalismus stärker genutzt werden als von allen anderen Sparten – am wenigsten übrigens von Wirtschafts- und Finanzjournalisten.[107] Da trifft es sich gut, dass auch Politikproduzenten Direktmedien wie *Twitter* immer intensiver nutzen. Mochte sich der eine oder andere auch über US-Präsident Donald Trump mokieren, der die politischen Möglichkeiten des Kurznachrichtendienstes am schnellsten verstand – die kommunikativ-politische Figuration, die er damit mitformte, hat den Stil und die Verfahren, besonders in der Außenpolitik, radikal verändert. Die Schleuse öffnete sich für Beleidigungen von höchsten Repräsentanten anderer Staaten, die abwertende Kommentierung von Medienvertretern und die beständige Fütterung des Erregungsjournalismus mit neuen Kommunikationsanlässen.

All dies gehört eigentlich ins erwartbare Repertoire von politischen Akteuren mit fragwürdigem Demokratieverständnis. Umso bemerkenswerter ist es, dass die toxische Qualität dieser neuen kommunikativ-politischen Figuration eigentlich kein Thema für die Politik zu sein scheint – hier befasst man sich mit Hate Speech und anderen Grenzüberschreitungen im Universum der sozialen Medien, nicht aber mit dem, wie diese Form medialer Kommunikation das Politische selbst verändert. Und auch der politische Journalismus scheint mehr interessiert am Gebrauchswert der Direktmedien als an ihrer transformativen Wirkung auf die Politik. Es könnte auch damit zu tun haben, dass einzelne Kolleginnen und Kollegen sich in ihrer Bedeutsamkeit stark aufgewertet fühlen dürfen, wenn sie nicht nur eine beträchtliche Zahl von Followern aufweisen können, sondern womöglich noch von Politikern in deren Tweets erwähnt werden.

Die kleine Episode von der Vierten Gewalt am Würstchenstand zeigt somit einen Ausschnitt aus der Praxis des Politikjournalismus, die als Berufsbeschreibung nirgendwo vorkommt, nicht in der Verfassung, nicht im Presserecht und auch nicht in den Theorien der Medien- und Kommunikationswissenschaften. Der vermeintliche Kontrolleur ist Mittler und Vermittler, Akteur und Influencer, ja, wenn man Alexander richtig versteht, in der geschilderten Szene sogar der wichtigste Akteur; ohne ihn läuft nichts. Wie hatte es dazu kommen können?

Die Mediendebatten seit den 1990er Jahren sind voll von Klagen wie jenen der Weizsäcker-Kommission über die Verflachung der Berichterstattung vor allem im Fernsehen. Man denke hier stellvertretend an Erhard Epplers Buch *Die Wiederkehr der Politik* (1998). Die Medien, so heißt es darin, drängten der Politik mehr und mehr ihre eigenen Maßstäbe auf, »indem sie nach ihren eigenen Bedürfnissen entscheiden, was berichtenswert ist. Sie belohnen Verhaltensweisen, die Politik erschweren oder gar ausschließen, sie bedienen sich der Profilierungssüchtigen, der Eitlen und stempeln solide Arbeiter zu Langweilern.«[108] Wenige Jahre später ist dieses Aufzwingen der Medienmaßstäbe kein Skandalthema mehr, sondern allgegenwärtig akzeptierte politische Praxis. Es gibt eine Alternative dazu, das Steuer rumzureißen, wie Eppler es gerne gehabt hätte: Es ist das Mitspielen!

Wie dieser Weg in die »Mediokratie« in Deutschland vonstattenging, ist gut erforscht. Und er ist untrennbar verbunden mit der Formierung der »Berliner Republik«. Anders als im beschaulichen Bonn verflochten sich in und zwischen preußischen Feudalbauten im Laufe der 1990er Jahre Politik, Journalismus, Kultur und Wirtschaft zu einer mondänen Szene. Nationalkonservativismus erschien darin ebenso hip wie bestimmte Hotspots der Gastronomie. Und soziale Härte und Reformen zu verlangen, wurde eine Art Eingangsbillett zum Berliner Establishment. Die Zahl der Journalisten, die durch ihre Anwesenheit in Talkshows zu Meinungsmachern wurden, wuchs erheblich. Wer drin war, war drin – *Kir Royal* an der Spree. Das verschlafene Berlin wurde zur Szene der Geltungsbedürftigen jeglicher Couleur. Und sie verwandelte, mit dem Publizisten und Filmemacher Lutz Hachmeister gesagt, die »publizistische Elite« in »eine Gruppe von Volkspädagogen, die den handelnden Politikern von hoher Warte aus Ratschläge« erteilten.[109] Hachmeister, der die Entstehung des Berliner Medienklüngels und das gewandelte journalistische Selbstverständnis im Jahr 2008 minutiös nachzeichnete, beschreibt eine »nervöse Zone« aus weltanschaulich flexiblen »Stimmungsjournalisten«. Und je unsicherer und sinnsuchender sie in der neuen politischen Topographie jenseits der alten Felsformation von links und rechts herumirren, umso kommentierungswütiger werden sie. Ein Betrieb dreht hohl, produziert vor allem für sich selbst und erstickt fast an seinen Eitelkeiten.

Tatsächlich ist die Entwicklung von Politik und Leitmedien

in einem ganz entscheidenden Punkt asymmetrisch. Bekanntlich sind Parteien und Politiker in Deutschland heute noch weniger weltanschaulich gefestigt als in den 1990er und den frühen Nullerjahren, die Hachmeister beschreibt. Aus den früheren Felsformationen sind poröse Termitenhügel geworden, auf denen in jeder Partei noch zwei oder drei Abgeordnete sitzen, die die klassische Linie verkörpern, sei es als Maskottchen oder als Alibi. Die Tendenz hat sich weiter verstärkt, man ist noch geschmeidiger als früher und in seinen Grundsätzen äußerst flexibel, ansonsten wäre eine Dreierkoalition wie heute aus SPD, FDP und Grünen auch gar nicht vorstellbar. Mit Ausnahme der AfD gilt jede Partei als prinzipiell koalitionswürdig, und tatsächlich sind, zumindest auf Länderebene, fast alle Koalitionen existent. Mit anderen Worten: Im Vergleich zur Frühgeschichte der Bundesrepublik, den Parteigegensätzen bis in die 1990er Jahre, ist es heute weitgehend egal, wer regiert und mit wem. Die Themen werden ohnehin kaum noch bewusst gesetzt und weiterverfolgt, sondern von medialen Erregungskurven vorgegeben. Parallel zum Verlust der Konturen wird die Politik medial immer stärker sensationiert. Und der Gala-Journalismus nimmt in dem Maß zu, in dem die politischen Unterschiede der etablierten Parteien abnehmen. Wo kein Parteiendissens herrscht, muss zumindest ein Personendissens gefunden werden, und wo viele in die gleiche Richtung laufen, müssen die wenigen Außenseiter vorgeführt werden.

Man erinnere sich daran, wie der Bundestagswahlkampf 1998 von den Leitmedien zur »Richtungswahl« aufgeblasen worden war, obwohl allen medial Beteiligten genau klar sein musste, dass es keine war. Zu oft hatte Schröder geradezu das Gegenteil betont und mehr als hundertfach versichert, er würde gerade »nicht alles anders, aber vieles besser machen«. Die »Richtungswahl« war ein Stück auf der Medienbühne. Und es wurde einzig zu dem Zweck gespielt, Einschaltquoten und Auflagen zu erhöhen. Tatsächlich dürfte es schwerfallen, etwas in der anschließenden Legislaturperiode zu finden, was für die CDU oder FDP nicht tragbar gewesen wäre. Im Gedächtnis blieben vor allem die Hartz-IV-Gesetze und die Kampfeinsätze deutscher Soldaten in Jugoslawien. An klassisch linke Positionen der rot-grünen Regierungskoalition dürfte sich kaum jemand erinnern; es sei denn, man hielte das Dosenpfand für links.

Übertreibungen, und seien sie noch so maßlos und abwegig, können nützlich sein für die Politik – nicht anders als für die Medien. Auf diese Weise entsteht auf der Fläche künstlich Kontur. So griff der nicht zufällig mit dem Beinamen »Medienkanzler« ausgestattete Schröder den Topos von der »Richtungswahl« beim nächsten Bundestagswahlkampf 2002 gleich selbst auf. Es gehe »um Zukunft oder Vergangenheit, Chancen für alle oder Vorteile für wenige, Gerechtigkeit oder eine Politik sozialer Kälte, Weltoffenheit oder Provinzialismus«.[110] Das Medientheater hatte die Politik nun vollends erfasst. Denn dass mit einer CDU-Regierung der soziale Kahlschlag und der Provinzialismus über Deutschland kommen würden, dürfte Schröder nicht entfernt selbst geglaubt haben. Auf diese Weise liefen die politische Entdifferenzierung und die mediale Geschmacksverstärkung des politischen Geschehens Hand in

Hand mit der Tendenz zu immer mehr Lärm um nichts. Vier oder fünf verschiedene Talkshows allein in den ersten beiden Programmen der Öffentlich-Rechtlichen müssen jede Woche mit Streitthemen gefüllt werden; wo soll so viel Dissens in einer auf Smartness getrimmten Mediokratie eigentlich herkommen? Und je weniger Ecken und Kanten die politische Klasse heute noch zeigt, umso mehr Keile müssen irgendwo hineingetrieben, vermeintliche Reibereien öffentlich gemacht und Polarisierungen behauptet werden; so, als seien Dissens und Diskussion in den Parteien einer liberalen Demokratie nicht überlebensnotwendig, sondern ein besorgniserregendes Zeichen von Schwäche.

Verwunderlich daran ist einzig, dass die amtierenden Medien zu glauben scheinen, ihren Zuschauern und Lesern fiele das nicht auf. Wahlkämpfe haben in einer Mediokratie nicht entfernt die Bedeutung wie in einer Demokratie mit medialer Begleitung. Dass die Kommentatoren der Leitmedien in jedem Wahlkampf immer wieder Angst vor den vermeintlich »linken« Grünen schüren, obwohl diese sich stets überangepasst bis zur Selbstverleugnung zeigen, ist ebenso absurd wie Schröders Bild von einer sozial kalten CDU; immerhin war der deutsche Sozialstaat von keiner Partei so weit ausgebaut worden und der Steuersatz für Spitzenverdiener nie so hoch wie unter Helmut Kohls CDU und seinem Arbeitsminister Norbert Blüm. Dass die Grünen also gegen die »Bürgerlichen Parteien« stehen sollen und die CDU für sozialen Kahlschlag, sind dermaßen alberne Klischees, dass es am Ende gleichgültig ist, ob diese Bilder von den Parteien erfunden und von den

Medien repliziert werden oder umgekehrt. Wer will das noch unterscheiden?

Vollends zur Gala werden Wahlkämpfe in Deutschland durch das sogenannte *Kanzlerduell* – was schon im Namen falsch ist, denn hier duellieren sich keine zwei Kanzler, sondern meistens ein Kanzler mit einem Oppositionsführer und bei der letzten Bundestagswahl nicht einmal das. Dass eine solche *Presidential Debate* nach US-amerikanischem Vorbild in der Bundesrepublik witzlos ist, ist eigentlich auch den daran beteiligten Parteien und Medienvertretern klar. Der Bundeskanzler oder die Bundeskanzlerin werden nicht direkt vom Volk gewählt, und das Wahlvolk zerfällt auch nicht in zwei große Fraktionen. Folgerichtig kam es bei der letzten Bundestagswahl 2021 im Vorfeld zum »Triell«, prinzipiell ausweitbar auf ein »Quadriell« und so weiter. Welches Recht auf einen Platz im Triell hat schon eine dritte Person, wenn die Umfragewerte ihrer Partei etwas besser sind als die der vierten oder fünften? Den Leitmedien, vor allem den austragenden Fernsehsendern, ist es egal und auch, dass solche Konfrontationen bislang sämtlich farblos und nichtssagend waren und das Wahlergebnis kaum beeinflussten. Solange die Quote stimmt, tanzen die Bewerber und Bewerberinnen für das mächtigste Amt im Staat nach der ihnen vom Sender vorgegebenen Pfeife. Und aus der ehemaligen Option der Teilnahme ist inzwischen indirekter Zwang geworden: Sich dem schrägen Spektakel zu entziehen, handelt einem Bewerber unmittelbar den Vorwurf der Feigheit ein. Nicht der Kanzler, sondern das Fernsehen bestimmt letztlich, wo er hingeht.

Dabei sind eigentlich bereits die Regeln eines Kanzlerduells – möglichst keinen Angriffspunkt zu bieten, die Redezeit einzuhalten und stets freundlich zu lächeln – das Gegenteil jener Politik, die man aus der alten Bundesrepublik kannte. Und die Farbe der Krawatte wird meist ebenso diskutiert wie jede kleinste Mimik und Gestik.[111] Für Menschen, die sich um das wichtigste Staatsamt bewerben und nicht für eine Rolle in *SoKo Berlin*, eigentlich ein höchst unwürdiges Schauspiel. Und doch tragen die deutschen Spitzenpolitiker des 21. Jahrhunderts sie mit. Haben sie sich doch damit abgefunden, dass Politik Inszenierung ist und dass nicht sie selbst darüber entscheiden, wie die Dramaturgie ihres Wahlkampfes abläuft, sondern die Medien. Und diese reagieren auf ihre damit gewonnene Macht mit der berechtigten Hoffnung, die Politik treiben, ja letztlich sogar wesentlich mitbestimmen zu können. Dabei folgt dieses Treiben keiner weltanschaulichen, sondern einer wirtschaftlichen Logik. Zahlreiche Kleinigkeiten im politischen Geschehen werden sensationiert, um Aufmerksamkeit zu schaffen und, im Fall der privaten Medien, Geld zu verdienen. Ereignisse werden routiniert mit Geschmacksverstärkern versehen (die Menschen im Land sind ständig empört und wütend oder stehen oft kollektiv »unter Schock«, andauernd bekommt irgendwer »eine schallende Ohrfeige« oder »schrillen Alarmglocken«); das Gleiche gilt für jede irgendwie auffällige Äußerung eines Politikers oder einer Politikerin.

Hochjubeln und anschließend Niedermachen, Hausse und Baisse, gehören untrennbar zum Stock-market-Betrieb eines sich als Berichterstattung selbstmissverstehenden Politjournalismus. Die allseitige Verfügbarkeit von Informationen in der zeitgenössischen Medienlandschaft, bei entsprechend hoher Redundanz, verführt zur Überpersonalisierung und Überpsychologisierung. Nur das Getunte und Frisierte verspricht hinreichend Aufmerksamkeit. Verpackungen werden damit meist wichtiger als Inhalte, pragmatische Positionen werden zu Fundamentalgegensätzen stilisiert und Meinungsverschiedenheiten werden zu Ränken und Rankünen. Mit Politik hat all dies wenig, mit Gala-Journalismus mehr und mit Geschäft sehr viel mehr zu tun.

Das hysterische Treiben funktioniert offensichtlich deshalb so gut, weil die Leitmedien und die Parteien im Wahlkampf genau das Gleiche brauchen: die völlig unsinnige und verleumderische Zuspitzung, die schon 1980 die CDU die »Freiheit« gegen den »Sozialisten« Helmut Schmidt verteidigen ließ. War die Pointe schon damals dämlich, so sind es heute fast sämtliche Pointen des Wahlkampfes. Dem Bankenversteher Olaf Scholz rote Socken anzuziehen, ist schlichtweg idiotisch, ein weißes Einstecktuch wäre naheliegender gewesen. Doch ohne Übertreibung droht der Bedeutungsverlust sowohl für die Parteien wie für die Medien: Denn ohne Aufblasen, Verzerren und Inszenieren gewinnt man mutmaßlich weder Wähler- noch Zuschauerinteresse. Wer als Zuschauer und Leser an Geschmacksverstärker bis zum Rand des Zulässigen gewöhnt ist, kann mit Naturaromen nicht mehr viel anfangen. Man stelle sich nur des Ernstes halber eine mediale Wahlkampfbegleitung vor, die ganz realistisch einschätzt, dass es am Ende doch nicht so sehr auf die regierenden Parteien ankommt und auch nicht auf die Person, die Kanzler wird. Aus der Sicht der Medien der GAU, denn wer schaut dann noch Wahlsendungen und politische Talkshows? Und sollten die Parteien, wie es bisweilen verständlicherweise etwa bei Landtagswahlen vorkommt, nicht gegen den politischen Gegner (der nachher ohnehin wieder Koalitionspartner wird) mit Spitzen und Haubitzen ausschwärmen, ist sofort abfällig von »langweiligen« Wahlkämpfen die Rede. Wo die Leitmedien nichts zum Streiten oder Amüsieren finden, schmollen sie.

Im Umkehrschluss bedeutet dies, dass Parteien ihren Wahlkampf zu einem erheblichen Teil für die Leitmedien machen und auch Stil und Richtung korrigieren, wenn er dort nicht wie erwartet verfängt. Der Politikwissenschaftler Thomas Meyer spricht hier von einem »Testhandeln«.[112] Die Themen der Politik werden nicht streng sachbezogen außerhalb der Medienlandschaft gefunden und zu Positionen und Programmen ausgearbeitet. Erstens hängt schon die Themenfindung mit den Schwerpunkten der Leitmedien zusammen, und zweitens werden zumeist Testballons gestartet, um das Medienecho zu prüfen. Wie viele politische Ideen und Positionen werden auf diese Weise »medienindogen« erzeugt und getestet?[113] Man denke nur daran, wie medial angeprangerte Straftaten unweigerlich Gesetzesnovellen zur Strafverschärfung auslösen (und oft wieder aufgegeben werden, wenn die mediale Erregungskurve abgesunken ist). Vor allem auf bundespolitischer Ebene werden solche Testballons gerne zum Zielschießen empörter Medien. Als Beispiel unter vielen kann hier Anton Hofreiters Anregung gelten, künftig weniger Einfamilienhäuser zu bauen, weil diese so viel Fläche, Baustoffe und Energie verbrauchen und für mehr Verkehr sorgen.[114] Wochenlang waren die Vertreter der Grünen in den Talkshows verzweifelt bemüht, Hofreiters Anregung als Einzelmeinung dastehen zu lassen, obwohl der Gedanke dahinter äußerst nachvollziehbar ist. Die Journalisten jedenfalls hatten ihren Spaß. Da hatte jemand ganz offensichtlich etwas zu unbedarft etwas zu viel Wahrheit ausgesprochen; die Messer wurden gewetzt, das Jagdhorn geblasen.

Wenn Parteien das, was sie in ihre Programme schreiben, sich auf solche Weise »medienindogen« vorzensieren lassen, werden die Leitmedien schon wieder zu etwas ermächtigt, für das sie nicht vorgesehen sind. Andererseits aber bleibt den Parteien kaum eine andere Wahl. Besser man holt sich seine Blessuren im Vorfeld als auf der Zielgeraden der Wahl. In der Rolle des Testers und Vorkosters zukünftiger politischer Ideen und Programme nehmen die Leitmedien ganz aktiv Einfluss auf die politischen Inhalte. Und indem sie das tun, ist die Grenze vom Kontrollieren zum Machen, vom Journalismus zum Aktivismus überschritten. »Die Medien«, schreibt Meyer, »prätendieren in diesem Aushandlungsprozess das öffentliche Urteil mit der impliziten Drohung, dass es im Zweifelsfall bei der nächsten Wahl machtwirksam eingelöst würde, während sie es in Wahrheit eher erzeugen als wiedergeben.«[115]

Von den Leitmedien erzeugte Wahrheiten müssen nicht mit der Bevölkerungsmeinung abgeglichen werden. Auf diese Weise erhalten die Stellvertreter aus den Zirkeln der Vierten Gewalt eine Macht, die sich immer weiter vergrößert, weil ihr kaum etwas im Wege steht außer vielleicht die Konkurrenz. Diese Macht ist aber eben nicht nur Deutungsmacht über Themen, sondern – aus Mangel an Dissens zwischen den vielen Parteien der Mitte – mehr und mehr Deutungsmacht über Personen. Dies lässt sich dort gut beobachten, wo Talkshow-Moderatoren mit unverhohlener Freude politische Akteure damit konfrontieren, dass sie vor sechs Monaten in ihrer ureigensten Sendung das Gegenteil von dem vertreten hätten, was sie jetzt sagen, in der gerade laufenden Sendung. Oder dass ein Parteivorsitzender am Abend einer Landtagswahl die Niederlage und damit mögliche Regierungsbeteiligungen noch nicht final einzugestehen bereit war, obwohl sich doch schon am nächsten Tag sicher herausgestellt hatte, dass die anderen gewonnen hatten. Derlei wird dann genüsslich ziseliert, die eingeladenen Politiker werden »in die Ecke getrieben« – ohne dass, wie im obigen Fall, je klar würde, wie politikbedeutsam das alles wohl sein mag.

So ergeht sich Maybrit Illner nach der Landtagswahl in Nordrhein-Westfalen sehr lange in der Frage, was denn das erbärmliche Abschneiden der FDP wohl für die künftige Positionierung des Finanzministers in der Ampelregierung bedeutet, anstatt über das politisch eigentlich Interessante zu sprechen: Dass die Wählerinnen und Wähler die Politik der FDP offensichtlich ganz schlecht fanden und sie deshalb auch nicht gewählt haben. Und dann könnte man darüber sprechen, dass ein überindividualisierter Freiheitsbegriff, wie ihn die FDP unter Christian Lindner propagiert, unter sozialen oder auch virologischen Krisenbedingungen mehrheitlich von der Wählerschaft nicht geteilt wird oder dass die Arroganz einer Politik bestimmten Gruppen gegenüber auch von jenen nicht begrüßt wird, die gar nicht zu diesen Gruppen gehören – alles interessante *politische* Themen. *Politisch* deshalb, weil sie etwas mit dem politischen Gemeinwesen und der Beurteilung seiner Verfassung durch die Bürgerinnen und Bürger zu tun haben.

Oder man erinnere sich an die quälenden Wochen der später gescheiterten Koalitionsverhandlungen nach der Bundestagswahl 2017, als die Hauptstadtjournalistinnen und -journalisten geradezu agitiert von all den Durchstechereien waren, die aus den Verhandlungen bei ihnen landeten und wie beim Kollegen Alexander für professionsinterne Statusgewinne sorgten (»Mir hat gerade XY geschrieben, dass Z usw. …«). Während die Medienleute damals mit glänzenden Augen berichteten, in was für aufregenden Zeiten sie leben durften, waren die Nachrichtenempfänger draußen in der Gesellschaft vor allem genervt, denn es ist eben *keine* Politik, wenn irgendjemand auf dem Balkon mit irgendjemand anderem zusammen eine Zigarette raucht. Und es ist auch kein politischer Journalismus, wenn man am Katzentisch sitzt und eifrigst Belanglosigkeiten als »Eilmeldungen« apostrophiert und weitertratscht. Politik beginnt dort, wo eine Regierung zustande kommt oder die Regierungsbildung scheitert, weil nur das mit der dann beginnenden oder verzögerten Zukunft einer Legislaturperiode zu tun hat. Alles andere ist so etwas wie die *Bunte* für Politikjournalisten und der Stolz von gelegentlich mal Eingeweihten. Politik ist auch nicht, im Regierungsflieger sitzen und Anekdoten lauschen zu dürfen und pflichtschuldig lachen zu müssen, wenn der Kanzler einen Witz macht.

All das ist leider nicht nur eitel und belanglos, sondern politisch folgenreich: Denn wo politischer Journalismus mit Journalismus über Politiker verwechselt wird, entleert sich das Politische im Sinn des Aushandelns der Zukunft des Gemeinwesens. Selbstverständlich kommen auch der Klimawandel und seine brutalen ökologischen und sozialen Folgen vor, und dass die Politik nur noch sehr wenig Zeit hat, zumindest das Allerschlimmste davon zu verhindern – aber nur als ein Thema unter vielen anderen. Politikerpolitik hingegen nimmt deutlich mehr Raum ein. Allem voran eine gehobene Paparazzi-Haltung, die ihre fieseste Ausprägung dann im Kampagnenjournalismus gegen einzelne Akteure findet. Man denke etwa an die alle Medienhäuser einigende Kampagne gegen den früheren Bundespräsidenten Christian Wulff, die ihr Delirium im gierigerweise angenommenen Bobby-Car fürs Kleinkind fand, oder an das meutenartige Herunterschreiben des SPD-Kanzlerkandidaten Peer Steinbrück im Wahlkampf 2013, den dieser dann folgerichtig auch verlor. Und politischer Journalismus als Gala-Journalismus führt notwendig zu jener hohldrehenden Redundanz, in der Journalisten Einfluss auf politische Entscheidungen nehmen, indem sie in den politischen Aushandlungen eine Rolle zu spielen beginnen, für die sie weder gewählt sind noch für die sie belangt werden können.

An dieser Stelle lohnt allerdings auch eine Beschreibung eigener Täterschaft, um den psychologischen Mechanismus verstehbar zu machen: Auch der eine Autor dieses Buchs, HW, hat seinerzeit einen Text zu Christian Wulff in der FAZ geschrieben, in dem er aus der scheinbar überlegenen Warte des Sozialpsychologen ein Fernsehinterview mit dem sich zu erklären versuchenden Bundespräsidenten analysierte. Und dabei diagnostizierte, dass ihm, Wulff, leider völlig die professionelle Rollendistanz fehle, weshalb er gar nicht verstehe, was der berechtigte Vorwurf gegen ihn sei. Der Autor hat für diese wohlfeile Argumentation viel Beifall bekommen und genossen; ob sein Text etwas zu Wulffs Rücktritt beigetragen hat, weiß man nicht. Aber sicher ist, dass er auf ungute Weise aktiver Teil einer journalistischen Meutenbildung geworden ist, in der es – egal, was Wulff versuchte – immer darum ging, aufs Neue etwas zu finden, was man gegen ihn verwenden konnte.

Dabei ist es genau dieser Mechanismus, den etwa Erving Goffman in seinem soziologischen Klassiker *Asyle*[116] so brillant herausgearbeitet hat: dass man Menschen erst in Situationen bringen kann, in denen ihre Handlungsmöglichkeiten eingeschränkt sind und dann alles, was sie in dieser eingeschränkten Situation tun, so interpretiert, dass es zur diagnostizierten Pathologie passt. Das ist mithin ein perfektes Beispiel dafür, wie attraktiv Gala-Journalismus für die Täter und wie fahrlässig oder auch brutal er gegenüber dem Opfer sein kann. Dessen inkriminierbares Verhalten war ja kein Fall für die Psychiatrie, sondern allenfalls für die Staatsanwaltschaft – und dass Wulff am Ende der ganzen Kampagne von jedem Vorwurf juristisch entlastet wurde, zeigt die ganze Perfidie des Vorgangs. Schuldig ist ein Opfer des Kampagnenjournalismus schon im Augenblick der Anklage. Und wenn die Meute erstmal Witterung aufgenommen hat, wird das Opfer – Annette Schavan, Peer Steinbrück, Christian Wulff, Armin Laschet – nicht entkommen. Erst wenn sie oder er amtlich zur Strecke gebracht ist, findet die Kampagne ihr Ende. Die Betroffenen sind dann ja auch keine (wichtigen) Politikerinnen und Politiker mehr.

Die Gratifikation, die das Mitglied der Meute bekommt, ist die Anerkennung der Kollegenschar – eine echte Schande, wenn es bei all dem um die berufliche und private Existenz von Menschen geht, die sich wenig mehr haben zuschulden kommen lassen, als gedankenlos oder schludrig gewesen zu sein oder an der falschen Stelle gelacht zu haben. Aber auf die Zugehörigkeit zu denen, die auf der »richtigen« Seite stehen und erfolgreich »Verfehlungen« verfolgen, zahlt solches asoziales Verhalten ein. Man hat psychologisch etwas davon, Jäger zu sein und Gejagte mit zur Strecke zu bringen: Zugehörigkeit, Anerkennung, das verführende Gefühl der Komplizenschaft. Und hier kommt die Wahlverwandtschaft der Hetzcommunitys auf *Twitter* mit den Vierte-Gewalt-Tätern besonders klar zur Sichtbarkeit – es geht da nicht um Aufklärung, gar um die Bewahrung des Gemeinwesens vor Schaden: Es geht darum, jemanden zur Strecke zu bringen und dafür Beifall zu erhoffen.

Die Enthemmung vieler politischer Journalisten erreicht heute das traurige Niveau, für das früher eigentlich nur Boulevardjournalisten berüchtigt waren. So war das Privatleben von Politikern bis in die 1990er Jahre hinein für den Politjournalismus weitgehend tabu. Umgekehrt trugen Politiker ihr Sozialleben und ihre Freizeitfreuden nur äußerst selten in die Öffentlichkeit, das Maximum war ein gestelltes Privatfoto mit glücklichen Kindern im Sommerurlaub. Inzwischen aber treibt der mediale Vermarktungszwang Spitzenpolitiker in Serie dazu, sich auf *Instagram* selbst auszustellen. Der Moralverlust beim Umgang mit Politikern spiegelt sich somit in deren Distanzverlust. Man ist erpicht darauf, sich so sauber wie möglich verpackt zu präsentieren. Doch selbst wenn man sich hier noch so viel Mühe gibt, der Angriff der Leitmedien gilt heute in erster Linie der Person und nicht der Position – ein rapide sinkendes Anstandsniveau, das seit Corona leider nur eine Richtung zu kennen scheint: den freien Fall nach unten.

Doch wie kann man sich als politischer Journalist daran beteiligen, ohne ein schlechtes Gewissen zu haben oder an sich selbst zu zweifeln? Woher weiß man, dass man bei Verunglimpfungen und medialen Treibjagden auf der richtigen Seite steht? Dadurch, dass man zum Schwarm gehört und nichts anderes tut als das, was die Kollegen auch tun. Dieses Phänomen soll im Folgenden erklärt werden. Wir nennen es *Cursor-Journalismus.*

Auf den Cursor kommt es an!

Warum Dabeisein wichtiger ist als Unabhängigkeit

Die Frage, ob Deutschland die von Russland brutal überfallene Ukraine mit schweren Waffen unterstützen soll, beschäftigt die deutsche Öffentlichkeit seit dem Frühjahr 2022. Den zitierten Umfragen Ende April zufolge war die Meinung der Menschen in unserem Land, wie gesagt, gespalten, und zwar in zwei gleich große Hälften.[117] Deutliche Mehrheiten für Waffenlieferungen gab es unter den Anhängern der Liberalen und der Grünen. Die Wähler der CDU (53 Prozent dafür, 42 Prozent dagegen) und besonders der SPD (45 zu 46 Prozent) sind sich völlig uneins. Linke und AfD lehnen die Waffenlieferungen zu großen Teilen ab,[118] ebenso mehr als zwei Drittel aller Menschen in den Bundesländern Sachsen, Sachsen-Anhalt und Thüringen.[119] Mitte Juli waren dann laut ZDF-Politbarometer 35 Prozent der deutschen Bevölkerung für stärkere militärische Unterstützung der Ukraine (9 Prozent weniger als im Vormonat), 32 Prozent votierten für eine gleichbleibende Unterstützung, während 24 Prozent weniger Waffenlieferungen forderten (6 Prozent mehr als im Vormonat).[120]

Bedenkt man die Größe der Herausforderung und die vielen Unwägbarkeiten, so ist die Uneinigkeit und Unsicherheit der Deutschen in dieser schwierigen Frage leicht verständlich.

Zu viel Unklarheit besteht über die tatsächliche militärische Stärke der Ukraine und Russlands. Schwer einzuschätzen ist die innenpolitische Situation des mit harten Wirtschaftssanktionen belegten Russland. Muss der Diktator nicht unbedingt gestoppt werden, weil er nach der Ukraine die nächsten Länder überfallen wird? Und wer überschaut die vielen dramatischen Folgen des Krieges nicht nur für die Menschen in der Ukraine, sondern auch für die Millionen Menschen in Afrika, die im Jahr 2022 aufgrund der zu erwartenden klimawandelbedingten Dürre vom Hungertod bedroht sind? Dazu kommen die Befürchtungen vor den Folgen ausbleibender Gaslieferungen aus Russland. All dies wird in deutschen Küchen und Wohnzimmern, in Familien, unter Freunden und mit Bekannten intensiv und verständlicherweise oft äußerst kontrovers diskutiert.

Dagegen steht, wie gezeigt, eine bemerkenswerte Übereinstimmung der Leitmedien. Die Indexierung, die das eine als richtig und andere Positionen als falsch markiert, funktioniert, wie geschildert, erstaunlich gut. Aber warum ist das so? Was ist der Mechanismus, der fast alle auf die gleiche Erzählung einschwenken lässt, nahezu die gleichen Worte, Bilder und Spekulationen benutzen lässt und die Störenfriede mit den ebenso überall gleichen Schimpfwörtern (Putinversteher, Naivlinge, Zyniker) überzieht?

Diesen Mechanismus zu finden ist wichtig, um all jenen den Wind aus den Segeln zu nehmen, die hier eine konzertierte Aktion wittern und meinen, der Staat hätte seine Leitmedien zu einer bestimmten Lesart verpflichtet und auf die Linie der

Regierung eingeschworen. Denn dies ist die Meinung vieler, die schon bei der Corona-Pandemie ganz sicher waren: Hier geht etwas Gespenstisches vor sich, etwas strategisch Geplantes auf Kosten der Wahrheit und der Freiheit. Doch die Antwort darauf, wie so etwas logistisch möglich sein soll, blieben die selbsternannten Aufrechten und Kritiker der »Lügenpresse« stets schuldig. Wie sollte es möglich sein, dass bei Corona fast sämtliche Regierungen der Erde vergleichbare Maßnahmen anordneten? Alles gelenkt und gesteuert? Man möchte sich den Tausendsassa vom *World Economic Forum* in Davos vorstellen, der dies bewerkstelligen konnte, oder den allmächtigen Bill Gates, der so an den Fäden ziehen konnte, dass selbst China und Russland seine finsteren Pläne ausführten. Und dazu all die Journalisten, denen vermutlich bereits ein Chip eingepflanzt wurde, damit sie stets regierungstreu berichten.

Verschwörungsphantasien wie diesen mangelt es erschreckend an Realitätssinn, und sie werden zumeist von Menschen geteilt, die nie eine Redaktion von innen gesehen, geschweige denn dort gearbeitet haben. »Die Lösung des Problems«, schrieb Niklas Luhmann schon in den 1990er Jahren, »kann nicht, wie in den Schauerromanen des 18. Jahrhunderts, in einem geheimen Drahtzieher im Hintergrund gefunden werden, so gerne selbst Soziologen daran glauben möchten. (…) Eher könnte man von einem ›Eigenwert‹ oder einem ›Eigenverhalten‹ der modernen Gesellschaft sprechen – also von rekursiv stabilisierenden Funktionen, die auch dann stabil bleiben, wenn ihre Genetik und ihre Funktionsweise aufgedeckt sind.«[121] Das heißt: Wenn sich die veröffentlichte Meinung stark von der öffentlichen unterscheidet, die Realität der Leitmedien eine andere zu sein scheint als die Realitätsvorstellungen vieler Menschen, so muss dieses Eigenverhalten *aus sich selbst heraus* analysiert und verstanden werden; ein externer Schurke, sei es der Staat, ein Gremium, ein Club oder eine Privatperson, soviel ist sicher, fallen aus.

Ganz offensichtlich trifft der Verdacht jedoch einen Nerv. Dass Politikjournalisten in Deutschland zu regierungsnah sind, ist kein origineller Vorwurf von Kritikern der Merkel'schen Flüchtlingspolitik oder von radikalen Skeptikern an der Realität der Corona-Pandemie. Vielmehr reicht er bis in die 1950er Jahre zurück und hält bis heute vielstimmig an. Hielten linksliberale Denker die Bonner Journalisten damals für zu konservativ, so beklagen Konservative heute den Journalismus als »links-grün« dominiert oder gerne auch »versifft«. Der Historiker Peter Hoeres von der Universität Würzburg hält sogar die Meinungsvielfalt in deutschen Medien durch die weithin links-grüne Ausrichtung der Journalisten für eingeschränkt.[122] Ein kritisches Übergewicht der Linken diagnostiziert auch Christian Hoffmann, Professor für Kommunikationsmanagement an der Universität Leipzig. »Die große Mehrheit der Journalisten – die Zahlen variieren ein bisschen, mal sind es zwei Drittel, mal sind es 70 bis 80 Prozent – steht nach eigenen Angaben links der Mitte.«[123] Belege für deren Spuren sieht er in der Dominanz »linker« Themen – gemeint ist vor allem der Klimawandel! – gegenüber mutmaßlich »rechten« Themen wie der Migration.

Beide zitierte Artikel haben eher kabarettistischen Wert. Was am für alle Menschen gleichermaßen bedrohlichen Klimawandel »links« sein soll, ist schlichtweg unerklärlich, ebenso wenig inwieweit das gewaltige Thema »Migration« das Gegenteil von links sein soll. Gemessen wird hier also nach alberner Schablone; zumal unklar ist, wo die Mitte sein soll, wenn bis zu 80 Prozent links von ihr stehen. Immerhin nehmen in Deutschland nicht nur CDU und FDP für sich in Anspruch, die »Mitte« zu sein, sondern seit den Zeiten Helmut Schmidts auch die SPD und spätestens seit der rot-grünen Regierungskoalition unter Gerhard Schröder auch die Grünen. Tatsächlich ist das, was hier an vermeintlicher Schieflage des Journalismus aufgezeigt werden soll, wohl eher ein Unbehagen gegenüber den Herausforderungen des 21. Jahrhunderts. Dass die drohende Klimakatastrophe in der heutigen Medienlandschaft einen gewissen (aber noch immer viel zu geringen) Stellenwert einnimmt, hat mit einer weltanschaulichen oder gar parteipolitischen Ausrichtung nicht viel zu tun. CDU und FDP haben sich heute auf gleiche Art und Weise mit dem Klimawandel herumzuschlagen wie alle anderen Parteien. Die Relevanz des Themas setzt sich über alle Parteigrenzen hinweg; es sei denn, man leugnet trotzig seine Realität, wie viele in der AfD.

Wen oder was Journalisten am Wahltag wählen, spielt bei der Analyse des hier beobachteten Phänomens einer verblüffenden medialen Einmütigkeit in der Ukraine-Frage nahezu kaum eine Rolle. Und auch in anderen Fragen wird es leicht überschätzt. Rückrechnungen der politischen Berichterstattung auf Parteipräferenzen der Akteure gehören eher in ein historisches Denkmuster. Gewiss hatten sie ihre Relevanz in einer Zeit, als sich noch nicht vier von sechs im Bundestag vertretene Parteien als die »Mitte« bezeichneten. Weltanschauliche Nonkonformität findet sich heute eigentlich nur noch an den Rändern, bei der Linken und bei der AfD, die im Berliner Politjournalismus, von sehr wenigen Ausnahmen abgesehen, gar nicht vertreten sind.

Um den Politjournalismus der Gegenwart und seine ungeschriebenen Gesetze zu verstehen, hilft das alte Links-rechts-Schema von früher also nicht weiter. Gewichtiger sind hier die systematischen Verflechtungen zwischen Politikern und Politjournalisten, die allerdings wenig mit »Weisungen von oben« zu tun haben, sondern, je näher man herankommt, ein ganz anderes Bild ergeben. Ohne Zweifel ist die Welt der Medienkonzerne ein wichtiger Wirtschaftsfaktor und schon von daher für die Politik äußerst relevant. Die kommerziellen Interessen von Medienunternehmen können Politikern nicht egal sein, sondern sie sind Teil der Wirtschafts- und Standortpolitik. Stärker noch ist die Verflechtung mit dem öffentlich-rechtlichen Rundfunk. Wenn Rundfunk- und Medienräte unter anderem nach (nostalgischem) Parteiproporz besetzt werden und die Sender der ARD ihre Intendanten zumeist nicht ganz unbesehen von deren Parteibuch besetzen, kann von einer völlig unabhängigen Vierten Gewalt, wie bei Martin Löffler, nicht wirklich die Rede sein. Wie am Beispiel der Rundfunkräte ersichtlich, ist eine solche strenge Souveränität verfassungsrechtlich auch gar nicht beabsichtigt, sondern ein gewisses

Maß an Verschränkung ausdrücklich erwünscht. Und wenn der Gala-Journalismus die Protagonisten dazu nötigt, möglichst engen Kontakt zu Politikern zu pflegen, um Insiderinformationen abzugreifen, kommt zur systemischen Verflechtung eine berufsständische und eine psychologische hinzu. Dass angemessener Anstand hier eigentlich abgemessenen Abstand verlangt, ist in der Praxis kaum aufrechtzuerhalten. Das heißt aber nicht, dass in Deutschland die Regierung oder »der Staat« sich eine Journalistenklasse hält, die er befehligt. Das Problem der Verflechtung stellt sich nämlich ganz anders dar: Die Tendenz weist stark in die umgekehrte Richtung.

Erhellender ist, sich die Diagnosen der Medien-, Kommunikations- und Politikwissenschaftler vor Augen zu führen, wonach die Medien unser Politiksystem inzwischen sehr weitreichend »kolonialisiert« haben. In diesem Sinne spricht Thomas Meyer sogar von einer »Unterwerfung der Regeln des Politischen unter die Regeln des Mediensystems«.[124] Liegen die Machtverhältnisse eher so, dann erscheint der Gedanke, die Politik beordere den Politikjournalismus zu konformem Verhalten, ziemlich lächerlich. Realistischer ist, dass politische Willensbildung und politische Entscheidungen vielfach durch einen antizipierenden Konformismus auf das zu erwartende Medienecho geprägt sind.

Das leistet dem Argwohn der Verunsicherten und der Böswilligkeit der Demokratiefeinde gefährlichen Vorschub. Und dies wirft, da die Pressefreiheit grundgesetzlich garantiert ist und die Phantasien von Pegidisten, Querdenkern und sonstigen Verschwörungstheoretikern, man habe es mit einer »System-« oder »Lügenpresse« zu tun, irreführend sind, die Frage auf: Wie genau funktioniert die Selbstangleichung weiter Teile der Medienlandschaft im Detail, damit sie tatsächlich so erfolgreich und weitgehend widerspruchsfrei vollzogen werden kann?

Man erinnere sich dafür an die Zeit, in der bekannte politische Journalisten noch unverwechselbar weltanschaulich in einem Rechts-links-Schema zu verorten waren. Wer zwischen 1969 und 1987 das *ZDF-Magazin* mit Gerhard Löwenthal genoss, wusste, woran er war und wo rechts der Freund und links der Feind standen. Das Gleiche galt für die *Monitor*-Ausgaben von 1983 bis 2002 unter Klaus Bednarz, diesmal unter umgekehrten Vorzeichen. Auf Heinz Klaus Mertes und Sigmund Gottlieb auf der rechten Seite war ebenso Verlass wie auf Gabriele Krone-Schmalz auf der linken. Und noch zwischen 1993 und 2000 ließ sich das Weltanschauungs- und Meinungsduell zwischen rechten und linken Journalisten erfolgreich als Infotainment inszenieren, nämlich bei *Frontal* mit Bodo Hauser und Ulrich Kienzle.

Seitdem hat sich sehr viel verändert. Sinnvoll war das Meinungsschach nur so lange, wie diese Pole als relevantes Schema überhaupt funktionierten. Über den längsten Teil der bundesrepublikanischen Geschichte gab es ein Rechts-links-Schema mit enormer Spannbreite und entsprechender parteilicher Integrationskraft. Die SPD reichte von den sozialistischen Jusos bis zu Helmut Schmidt. Die CDU umfasste die Spanne von Norbert Blüm bis Alfred Dregger. Die Kolonisierung der Demokratie durch die Medien und der Wandel zur Mediokratie pflügte diese Topographie, wie geschildert, gewaltig um. Die Folgen sind hinlänglich bekannt: Debatten im Parlament verloren weitgehend ihre Bedeutung und wichen nach Streitpotenzial besetzten Debatten in Talkshows. Der politische Diskurs verlor dabei sehr weitgehend an Tiefe und Authentizität. Mehrheitsfähigkeit wurde wichtiger als Weltanschauung, Sympathie ersetzte Standfestigkeit. Kein Wunder, dass der Drang der Parteien und der Politiker dahin ging, die »Mitte der Gesellschaft« zu besetzen. SPD-Kanzler setzten Positionen durch, die gegen eine SPD-Opposition niemals möglich gewesen wären, wie den NATO-Doppelbeschluss, die Teilnahme am Jugoslawien-Krieg und die Hartz-IV-Gesetze. Und die CDU-Kanzlerin Angela Merkel vollzog den Ausstieg aus der Atomenergie, den die rot-grüne Regierung so niemals hinbekommen hätte, und praktizierte eine liberale Flüchtlingspolitik; kaum denkbar, wäre die CDU im Bundestag in der Opposition gewesen. Die ursprünglich pazifistischen Grünen trugen den Jugoslawien-Krieg mit, warben für den Einsatz von Tornados in Afghanistan und sind bei der Frage nach Waffenlieferungen an die Ukraine wilder dazu entschlossen als alle anderen Parteien.

Politiker in der Mediokratie punkten am meisten dadurch, dass sie Grundsatzpositionen aufgeben und sich die Politik des politischen Gegners zu eigen machen. Dieser Sog hin zur hochflexiblen Mitte zeitigt zwei Folgen. Je smarter sich Politiker an den medial mitbestimmten Zeitgeist anpassen, umso intoleranter werden sie gegenüber ihren nichtmittigen Flügeln. Die Grünen verabschiedeten erst die »Fundis«, dann die Postwachstumsfraktion und schließlich die Pazifisten aus ihrer politischen Führung. Die Schröder-SPD nahm in Kauf, dass sich der Verein »Wahlalternative Arbeit & soziale Gerechtigkeit« (WASG) von ihr abspaltete und mit der PDS zur Linkspartei fusionierte. Die Merkel-CDU verstörte den konservativen Flügel, der einstmals ihr Markenkern war, und ließ rechts von sich die AfD heranwachsen.

All das führte zu einer zweiten Folge. Im gleichen Maße, wie es gleich vier Parteien in die Mitte drängte, wurden sämtliche stärker von dieser Mitte abweichende Positionen von nun an einem politisch und medial geächteten Abseits zugeordnet. Um den größer gewordenen Kuchen – der Vier-Parteien-Koalition der Mitte – entstand ein als verkrustet gebrandmarkter und als »radikal« stigmatisierter Rand. Dass Ausgrenzung zugleich das beste Mittel dafür ist, um Radikalisierung zu provozieren, wurde dabei billigend in Kauf genommen. In einer Mediokratie ist »Mitte« wichtiger als Pluralität. Und wo der Windkanal des Zeitgeistes das Design bestimmt, kann die Integration von Vielfalt nur stören. Parteien, stromlinienförmig wie die einander zum Verwechseln ähnlich gewordenen Automarken, zwingen geradezu zur Ausgrenzung. Sie unterscheidet die angepassten »Guten« von den unangepassten »Bösen«.

Die bundesdeutsche Demokratie des frühen 21. Jahrhunderts, lange ohne ernsthafte äußere Feinde, verstärkte auf diese Weise ihr Feindbewusstsein im Innern. Wird in den Direktmedien alles radikal bekämpft, was nicht dem entspricht, was der zappelige Cursor des Zeitgeistes gerade als Idealposition markiert – die Diversitäts- und Genderdebatten sprechen hier Bände –, so verstärken die Leitmedien diese Ausgrenzung noch einmal erheblich und konstruieren aus solchem Material die »polarisierte« und »gespaltene« Gesellschaft. Dass sich ausgegrenzt fühlende Menschen schließlich von dieser breiten polit-medialen Phalanx der »Guten« abwenden, ist kein Wunder. Und auch nicht, dass sie, weil sie den Mechanismus nicht verstehen, häufig und schnell in Verschwörungserzählungen abdriften.

Dabei lässt sich der Prozess ganz nüchtern beschreiben: Parteien und Politiker haben sich, wie gezeigt, in den letzten Jahrzehnten, mitunter bis zur Selbstaufgabe, den Spielregeln und Personalisierungen der Medien angepasst. Ausnahmen bestätigen die Regel: Bundeskanzler Scholz ist bestrebt, so wenig menschelnd oder privat wie möglich aufzutreten und seine Politik sprechen zu lassen. Deshalb gilt er medial als langweilig – der »Scholzomat«. Die Mediokratie erzeugt eine Politik der flexiblen Grundsätze. Doch diese Transformation zur Mediokratie hat eben nicht nur die Politik verändert, sondern sie veränderte in der Folge ebenso die Medien. Der zappelige Cursor der gefühlten Mitte gibt ihnen die einzige Richtung vor. Und das Wichtigste überhaupt wird die Frage: Wo muss ich stehen, wie mich positionieren, um diesen Cursor genau zu treffen? Nicht auf den Kanzler, könnte man sagen, sondern auf den Cursor kommt es an! Wie sorge ich dafür, dass ich zur politjournalistischen In-group gehöre und nicht unversehens Out-group bin – die Höchststrafe für Journalisten in der Mediokratie?

Man denke hier noch einmal an das schon erwähnte Schwarmverhalten in der sogenannten »Wulff-Affäre«, die eher eine Medienaffäre war, aber trotzdem nur für den damaligen Bundespräsidenten, nicht aber für seine Jäger harte Konsequenzen zeitigte. Dass fast sämtliche Medienhäuser (rühmliche Ausnahmen waren die *Zeit* und der *Freitag*) den Verfehlungen oder doch eher vermeintlichen Verfehlungen Wulffs hinterherjagten, hatte rein gar nichts mit politischen Überzeugungen zu tun. Niemand hatte sich hier zuvor darauf geeinigt, den Bundespräsidenten ob seiner politischen Ausrichtung zu demontieren.[125] Wenn eine Redaktion nach der anderen in die Recherche einstieg und über Wochen fast täglich neue lächerliche Details aus dem Leben des Bundespräsidenten beisteuerte, dann aus völlig unpolitischen Gründen. Je mehr Medien hinter Wulff herrecherchierten, umso mehr schaukelte sich das Ganze *durch die Orientierung aneinander* hoch. Die Einseitigkeit und der Verfolgungsfuror entstanden also nicht durch Absprache, sondern gerade aus der Konkurrenz der Medien. Oder wie der *taz*-Journalist Klaus Raab analysierte: »Im Fall Wulff mögen Medienschaffende tatsächlich ein Ziel geteilt haben, nämlich am Ende nicht als die Deppen dazustehen, die sich in ihren Einschätzungen allesamt geirrt hatten. Aber dass Wulffs Abgang von mächtigen Chefredakteuren geplant und koordiniert gewesen wäre, ist Verschwörungstheorie. Im Gegenteil: Die Medienaffäre Wulff war das Ergebnis der Konkurrenz zwischen Medien. Jedes Medium wollte auch ein Detail beitragen, um tags darauf von allen anderen zitiert zu werden. Dass es kaum Widerstreit der

Meinungen gab, dass die moralische Entrüstung die nüchterne Einordnung komplett verdrängte, obwohl sich hinterher die Berichterstattung in zahllosen Einzelheiten als maßlos überzogen herausstellte, das hat diese Affäre zu einem Mediendesaster gemacht.«[126]

Die Moral von der Geschichte: Wenn augenscheinlich alle Wulff jagen und er somit gleichermaßen zum Abschuss freigegeben ist, dann ist es offensichtlich legitim, sich daran zu beteiligen. Anstand und Maß schmelzen dahin, wenn das Jagdfieber durch allseitige Beteiligung legitimiert ist. Wichtig ist, dass man dort steht, wo die Mehrheit der Kollegen steht. So war es ungezählten Journalisten möglich, im Sommer 2021 gegen eine allgemeine Impfpflicht zu sein, im Herbst und Winter 2021 fast sämtlich dafür und im Frühjahr 2022 fast sämtlich wieder dagegen – stets verbunden mit dem Drang, politisch, so gut es geht, zu intervenieren und jeden bloßzustellen, der als zwischenzeitliche Out-group nicht in Chor und Marschtakt lief. So sah sich die Philosophin Svenja Flaßpöhler im November 2021 in der Talkshow *Hart aber fair* mit gleich vier Gegenspielern konfrontiert, die sich allesamt für eine allgemeine Impfpflicht ins Zeug legten, einschließlich des ebenso meinungsfreudigen Moderators Frank Plasberg.[127] Die Leitmedien fielen anschließend fast geschlossen über die Philosophin her, ließen jeden Anstand vermissen und griffen sie persönlich an. Dabei hatte sich Flaßpöhler sehr wohl für das Impfen ausgesprochen, nicht aber für die pauschale undifferenzierte Verunglimpfung aller Ungeimpften und nicht für einen allgemeinen Impfzwang – eine Position, die der geltenden deutschen Rechtslage entsprach. Wenige Monate später wechselten auch die leitmedialen Impfplicht-Freunde wieder ins Lager der Skeptiker und Gegner über. Entschuldigt für die hysterische Ausgrenzung einer achtbaren und kurz darauf sogar mehrheitsfähigen Position hat sich niemand.

Wie aus diesem Beispiel ersichtlich, entspricht dem *Cursor der gefühlten Mitte* ein *Cursor des gefühlten Anstandes.* Wer gerade nicht in der Mitte ist, ist moralisch fragwürdig und zum Abschuss freigegeben. Man denke hier an die ständige Suche nach Feindbildern in der Corona-Pandemie. Erst waren es die Ischgl-Urlauber und die Karnevalisten in Heinsberg, die an den öffentlichen Pranger gestellt wurden, dann die Jugendlichen mit ihren Corona-Partys und dann, mit größter medialer Wut, der Bundesligaspieler Joshua Kimmich und alle Ungeimpften ohne Rückfrage nach Grund und Motiv; eine gewaltige Flut an Empörung auf fragiler empirischer Grundlage. Sollte wirklich ein einziger Journalist geglaubt haben, das Coronavirus hätte sich in Deutschland nicht ausgebreitet ohne Skitouristen und Karnevalisten? Ihnen eine Kollektivschuld aufzubürden, war ebenso absurd, wie dies gegenüber sorglosen Jugendlichen oder den »Ungeimpften« zu tun. Und doch entblödeten sich selbst für seriös haltende Journalisten sich nicht, genau diese Schwarze-Peter-Karte zu ziehen und damit Wellen der Wut durchs Land zu schicken; ein Ausweis enormen moralischen Versagens im Namen der Moral. Mehr kann Journalismus für die insinuierte Spaltung des Landes nun wirklich nicht tun.

Die Sorglosigkeit, mit der Journalisten während der Pandemie Feindbilder erschufen und damit gleichsam zu molekularen Bürgerkriegen aufriefen, um anschließend eine »Polarisierung« festzustellen, ist erschreckend. Ebenso, dass die Bundesrepublik Deutschland im 21. Jahrhundert anlässlich von Krisen in das von den Leitmedien stark miterzeugte kompromisslose Schema von WIR gegen DIE fällt. Zusammenhalt entsteht so kurzfristig durch die Ausgrenzung bestimmter Personengruppen. Man sollte sich daran erinnern, dass Nachrichtensendungen alten Schlages gar kein WIR kannten, und auch in den Kommentaren der Leitmedien war es früher weitaus seltener. Die Geschichte des journalistischen WIR hat eine kurze Geschichte. Nur die Boulevardmedien wie die *Bild*-Zeitung kannten das meist empörte WIR, lange bevor WIR Papst wurden. Man darf vermuten, dass der Aufstieg des WIR in *Tagesthemen* und *heute journal*, in Talkshows, Politmagazinen und Printmedien durchaus damit zusammenhängt, dass genau dieses WIR heute unklarer ist als in den Jahrzehnten zuvor. Wie die Sozialpsychologie lehrt, redet vor allem über Werte, wer sich seiner Werte nicht mehr sicher ist. In ähnlicher Weise könnte auch das in nahezu jeder Anmoderation verwendete WIR ein Indikator dafür sein, dass WIR-Sagen im Hinblick auf eine hochindividualisierte Gesellschaft immer schwerer, ja, nahezu unmöglich geworden ist.

Für die Leitmedien hingegen ist die Illusion des WIR heute unverzichtbar. Nichts grenzt sie sichtbarer gegen das DIE der niveaulosen Direktmedien ab. Legt sich über die Direktmedien der Verdacht der Ego-Shooterei, so verkörpern die amtierenden Medien den journalistischen Altruismus, die

Sorge um das WIR. Dass dieses WIR in Krisenzeiten allerdings mit scharfer Ausgrenzung zusammengeschweißt werden soll, ist ein hoher Preis. Und ihn zu bezahlen ist umso problematischer, als die Frage, was eigentlich das »Gute« sein soll, für das WIR stehen, äußerst unsicher und die Meinungen dazu starkem Wandel ausgesetzt sind. Denn genau das war ja bei der Migrationsfrage, der Corona-Pandemie und den Waffenlieferungen in die Ukraine der Fall. So viele undefinierte Variablen, so wenige sichere Konstanten. Bezeichnenderweise verstärkten Journalisten die Ausgrenzung kritischer Fragen und nicht mehrheitsfähiger Positionen stets umso mehr, je unsicherer die eigenen Positionen und Handlungen sein mussten. Was übrigens auch etwas damit zu tun hat, dass es gerade in der Presselandschaft nicht unüblich ist, dass politische Journalisten im Lauf ihrer Karriere in unterschiedlichen Medienhäusern landen. »Das lässt sie zunehmend vorsichtig werden, die politische Konkurrenz zwischen den großen Zeitungen verblasst, die Bereitschaft zu wechselseitiger Kontrolle und Kritik erlischt.«[128] Das erzeugt einen Bedarf nach hoher Kohäsion in der eigenen Gruppe, die man gerade durch starke Abgrenzung gegenüber abweichenden Auffassungen erhöhen kann.

Sowohl bei der Pandemie als auch beim Ukraine-Krieg hatte und hat man es mit so viel Unbekanntem, schwer Überschaubarem und kaum Einschätzbarem zu tun, dass eigentlich genau das Gegenteil naheliegend ist: sich in seinem Urteil zurückzuhalten! Die meisten Politikjournalisten hingegen waren sich ihrer Sache gleichwohl immer sehr sicher: Sie wussten nämlich, wo der Cursor war! Und alles, was sie zu tun hatten, war, dessen Position zu verstärken, gemäß des neuen *publizistischen Imperativs*: »Schreibe stets so, dass deine Meinung die Meinung der anderen Journalisten sein könnte.« Auf diese Weise ersetzt der Cursor die idealtypischen Habermas'schen Voraussetzungen: Wahrheit, Richtigkeit und Wahrhaftigkeit. All dies ist nun dem Cursor-Journalismus untergeordnet. Und die mit Macht und Vehemenz vorgetragene Moral entspringt mitnichten der festen Haltung, die man vermeintlich einnimmt, sondern *man moralisiert Opportunität.*[129]

Dies lässt sich wiederum kaum eindrucksvoller zeigen als eben im Fall der deutschen Waffenlieferungen an die von Russland überfallene Ukraine. »Mehr als die Hälfte der Befragten«, so Marlis Prinzing, »fühlt sich zwar aktuell informiert, aber deutlich weniger als die Hälfte hat das Gefühl, genügend über die Auswirkungen des Kriegs oder über die verschiedenen Sichtweisen zu erfahren.«[130] Dass die Leitmedien diesem Wunsch zukünftig nachkommen könnten, hält Prinzing für unwahrscheinlich: »Mehr erklären, auch damit gerade Jüngere die Hintergründe des Kriegs besser verstehen, dürfte Medien weniger schwerfallen, vermutlich aber die Erwartung, dass sie den Ukraine-Krieg stärker aus verschiedenen Blickwinkeln beleuchten. Denn genau an diesem Punkt hat sich eine mediale Schlagseite etabliert. Sie erfasst nicht alle Medien, aber viele und ist aus mehreren Gründen riskant. Zweierlei fällt besonders ins Gewicht: Die schier bedingungslose, freiwillige Solidarität mit der Ukraine bis hin zu einer Art ›Wir-Gefühl-Rausch‹, und die Unerbittlichkeit, mit der jene angegriffen und in Schubladen gesteckt werden, die andere Argumente vorbringen.«[131]

Die Berichterstattung zum Ukraine-Krieg bietet sich vor allem deshalb als Anschauungsobjekt für den Cursor-Journalismus an, weil sie eben keinem etablierten Rechts-links-Schema folgt und auch keinem fundamentalen Werte-Dissens. Dass Russland für seinen Angriffskrieg auf das Schärfste zu verurteilen ist und dass der Westen dagegen Position beziehen muss, wird sowohl in der Öffentlichkeit wie im Journalismus einhellig gesehen. Und diese Beurteilung ist in der Sache völlig unabhängig davon, welche Partei man wählt. Unterschiede zwischen den vier Parteien der Mitte und der Linken/AfD bestehen nur in der Frage, welche Mittel Deutschland einsetzen soll, um auf die russische Aggression zu reagieren. Und hier sind sich die rechte und die linke Partei im Bundestag untereinander einiger als diese beiden Parteien gegenüber den vier Mitteparteien.

Die Meinungsgeschlossenheit der veröffentlichten Meinung zu den Waffenlieferungen beruht demnach nicht auf unverrückbaren weltanschaulichen Mustern. Zunächst, und das ist sehr verständlich, entstand sie aus Bestürzung und Empörung gegenüber Russland und aus Empathie mit der überfallenen Ukraine. Nur ging es in der Phase der ersten Empörung noch nicht um konkrete Folgerungen und Handlungen der deutschen Regierung, sondern um die allgemein geteilte moralische Verurteilung des Angriffskrieges. Etwas anderes aber ist, dass die Leitmedien sämtliche Maßnahmen, die die Bundesregierung fortan ergriff, einhellig unterstützten und, einen erheblichen Schritt weiter, Bundeskanzler Scholz zu schnelleren und größeren Waffenlieferungen nicht nur aufforderten, sondern mit aller Vierten Gewalt trieben. Diese Einhelligkeit ist nun keineswegs mehr selbstverständlich, sondern als Grenzüberschreitung zum selbst Politik-Machen wohl nur durch den Cursor-Journalismus erklärbar.

Man könnte es sich leicht machen und sagen, Deutschlands politische Journalisten denken halt so. Aber erstens ist damit nicht erklärt, warum sie so asymmetrisch zur deutschen Bevölkerung denken und sich in einem solchen Ausmaß einig sind, wo es die Deutschen ansonsten nicht sind. Und zweitens lässt sich mutmaßen, dass Journalisten, die sich bei den Corona-Maßnahmen vom Cursor treiben ließen, dies bei der Frage nach der Lieferung von Waffen an die Ukraine auch tun werden. Die Indexierung funktioniert also deshalb so gut, weil viele Politikjournalisten ohnehin daran gewöhnt sind, sich in der Nähe des Cursors aufzuhalten und ihm zu folgen. Auffällig ist auch, dass diese Konformität im deutschen Journalismus stärker ist als etwa in Frankreich und in vielen anderen europäischen Ländern, ja, sogar geschlossener als in den USA, wo die Herausgeber der *New York Times*, der einflussreichsten Zeitung der Welt, dem Weißen Haus vorwarfen, mit seinem militärischen Engagement den »langfristigen Frieden und die Sicherheit auf dem europäischen Kontinent« zu gefährden.[132] Ein derartiger Chef-Kommentar in der *Zeit*, im *Spiegel*, in der *Welt*, der *Süddeutschen Zeitung* oder der *Frankfurter Allgemeinen Zeitung* – im Frühjahr oder Sommer 2022 undenkbar!

Versteht man die Spielregeln des Cursor-Journalismus, so ist eine solche Konformität nicht mehr erstaunlich. Und der zunächst überraschende Befund, dass die öffentliche und die veröffentlichte Meinung so weit auseinanderklaffen, nicht überraschend. Der gesellschaftlich vorhandene Pluralismus der herrschenden Meinungen in der Waffenlieferungsfrage ist weit weniger wichtig. Stattdessen gelingt es den Leitmedien, eine von ihnen konstruierte Meinung als Mehrheitsmeinung erscheinen zu lassen. Warum an dieser zweifeln, wenn die Risiken so viel größer sind als der Nutzen?

Kapieren kommt von Kopieren

Wie der Cursor-Journalismus seine Breitenwirkung entfaltet

An der Wende zum Jahr 2000 war der Systemanalytiker Heribert Illig ein vielgefragter Mann. Da hatte sich der von seinem Job bei einer großen deutschen Bank nicht ausgelastete Hobbyhistoriker an ein monumentales Projekt herangewagt. Illig wollte beweisen, dass sich das Abendland nicht im Jahr 2000 befände, sondern erst im Jahr 1703. Dazu studierte und entdeckte er zahlreiche Lücken und Ungereimtheiten der Geschichtsschreibung, von der fränkischen Baugeschichte über merowingische Königsurkunden bis zur karolingischen Astronomie. Sein Fazit: Die Zeit zwischen 614 und dem Jahr 911 hat nie existiert. Sie wurde schlichtweg erfunden aus machtpolitischem Kalkül, einzig zu dem Zweck, um den Knabenkaiser Otto III. in ein neues Zeitalter zu versetzen: jenes der Herrschaft Gottes, das, so lautete der Common Sense der Zeit, tausend Jahre nach Christi Geburt anbrechen würde.

Die spannendste Frage an Illigs »erfundenem Mittelalter« lautete nicht, wie plausibel das Motiv ist. Die spannendste Frage ist die, ob es logistisch möglich war, eine solche Zeitfälschung durchzusetzen. Zogen sämtliche Mönche, die Hauptschriftkundigen, da mit und veränderten mit sofortiger Wirkung alle Datierungen? Die Zeitgeschichte meinte es nicht günstig mit Illig, sein kunstvolles Gebäude wurde von den Experten der Zunft mit Kanonenkugeln beschossen und stürzte, halbfertig wie es war, ein.

Die Logistikfrage aber bleibt als großes Rätsel zurück. Wäre eine solche Zeitfälschung, wenn sie denn je beauftragt worden wäre, damals möglich gewesen? Für das Mittelalter mit den wenigen Wissenden, der überschaubaren Zahl der Schriftkundigen in den Kirchen und Klöstern lässt sie sich möglicherweise sanft bejahen. Wer verstieß damals schon gegen die Regeln der Kirchenoberen und wagte es, aus der Reihe zu tanzen? Für unsere heutige Zeit hingegen wäre nicht nur eine Zeitfälschung, sondern jede Art verordneter Lüge großen Stils dauerhaft unmöglich. Konformität, und das ist der Unterschied, kann in den liberalen Gesellschaften des Westens im 21. Jahrhundert nicht flächendeckend verordnet werden. Gibt es sie trotzdem, so müssen andere Mechanismen greifen, die konformes Verhalten, wie jenes des Cursor-Journalismus, plausibel erklären. Und tatsächlich wissen die Sozialpsychologen darüber ausgesprochen viel. So hat die Sozialpsychologie der Intergruppenbeziehung, für die besonders der britische Sozialpsychologe Henri Tajfel steht, schon vor einem halben Jahrhundert auf der Grundlage zahlreicher Experimente nachgewiesen, dass bereits völlig willkürlich konstruierte Zugehörigkeiten zu Gruppen das Handeln der Einzelnen in konkreten Entscheidungssituationen bestimmen.[133]

Tajfel zeigte Versuchspersonen unabhängig voneinander Bilder abstrakter Maler und bat sie zu sagen, welche ihnen am besten gefielen. Anschließend wurde den Probanden (völlig unabhängig von den geäußerten Präferenzen) mitgeteilt, dass sie entweder ganz ausgesprochene Klee- oder aber Kandinsky-Liebhaber seien. In einem zweiten Teil des Experiments bekamen sie nun die Aufgabe, Gruppen von anderen Versuchspersonen nach einem Verteilungsschlüssel Geldbeträge zuzuweisen: nämlich Klee-Liebhabern, Kandinsky-Liebhabern und Mitgliedern einer gemischten Gruppe. Obwohl die Versuchspersonen untereinander keinerlei Kontakt hatten und sich den jeweiligen Gruppen nur abstrakt zuordnen konnten, häuften sich die Geldbeträge jeweils auf dem Konto der Gruppe, der die Versuchsperson sich zugehörig fühlte.

Dieser Befund zeigt sich sogar dann, wenn die Gruppen nicht nach vermeintlichen ästhetischen Vorlieben, sondern nach Münzwurf eingeteilt werden – woraus man den einfachen Schluss ziehen kann, dass Menschen schon dann als Gruppenmitglieder handeln, wenn sie sich als Mitglieder von Gruppen wahrnehmen.[134] Die brutaleren Ferienlagerexperimente von Muzafer Sherif aus den 1950er Jahren haben sogar gezeigt, dass es mit Hilfe ebenfalls willkürlicher Gruppeneinteilungen von Schülern »erschreckend einfach war, *wir*-Loyalität und *sie*-Feindlichkeit zu erzeugen«.[135]

Der Soziologe Norbert Elias hat argumentiert, dass das Handeln einzelner Menschen nur vor dem Hintergrund ihrer (wahrgenommenen) Wir-Gruppen-Zugehörigkeit und in seiner Interdependenz mit den Handlungen anderer verstanden werden kann.[136] Die Wir-Gruppe fordert Loyalität, während die Sie-Gruppe, gegen die sich etwa eine Beurteilung richtet, als unzugehörig und meist als bedrohlich oder minderwertig betrachtet wird. Und jeder Angehörige einer Gruppe betrachtet sich selbst so, wie er glaubt, von der Gruppe gesehen zu werden – das liefert, wie Erving Goffman in seiner Studie zum »Stigma« herausgearbeitet hat, das stärkste Motiv, sich gruppenkonform zu verhalten:[137] Man weiß, was die Gruppe erwartet, weil man selbst ihre Normen teilt. Weshalb man im Fall einer Stigmatisierung auch weiß, was der eigene Fehler ist – genau deshalb ist das Stigma wirksam.

Wahrnehmungen, Deutungen und Entscheidungen, die Menschen vornehmen, hängen also meist weniger von ihren persönlichen Eigenschaften und Dispositionen ab als von den Annahmen, die ihre Wir-Gruppe teilt. Dabei wird die Eigengruppe nicht nur höher bewertet als die Fremdgruppe, sondern Gründe für das Verhalten der jeweiligen Gruppenmitglieder werden auch unterschiedlich zugeschrieben. In der Psychologie hat man dafür den Begriff des »systematischen Attributionsfehlers« geprägt: Er bezeichnet das Phänomen, dass eigenes Verhalten den situativen Umständen zugeschrieben wird (»Ich konnte gar nicht anders handeln …«), das Verhalten anderer aber auf deren Persönlichkeit zurückgeführt wird (»Die war schon immer so …«).

Werfen wir nun einen Blick auf einige sozialpsychologische Experimente, die erstaunliche Effekte von Konformität mit Gruppenmeinungen nachgewiesen haben.[138] Das eindrucksvollste Beispiel hat schon in den 1950er Jahren Solomon Asch geliefert, der zeigen konnte, dass Versuchspersonen aus Gründen der Anpassung an eine (falsche) Gruppenmeinung selbst falsche Urteile abgaben, und das auch dann, wenn die richtige Lösung ganz offensichtlich ist. Asch hat echte Versuchspersonen zusammen mit einer Gruppe von Eingeweihten (sogenannten Konfidenten) gebeten, die Länge einer Linie mit drei anderen zu vergleichen und die übereinstimmende zu benennen.

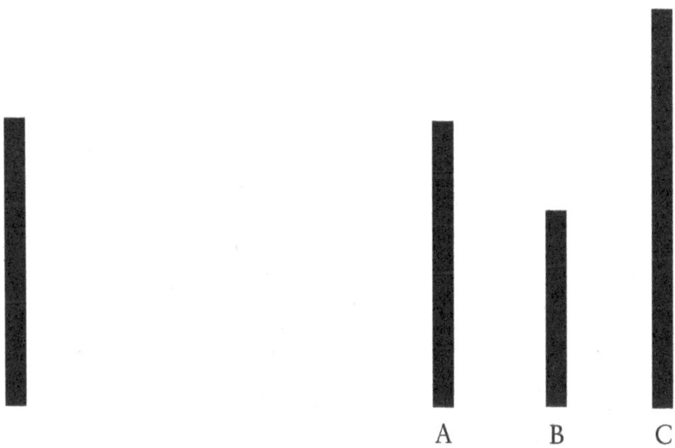

Abb. 2: Asch-Linien

Ein Viertel der Versuchspersonen blieb unter diesen Bedingungen bei ihrem eigenen, zutreffenden Urteil, drei Viertel passten sich der Gruppenmeinung an. Wenn man die Gruppengröße variiert, zeigt sich, dass die Konformität im Urteil anwächst, je größer die Gruppe ist.[139] Wenn die Konfidenten völlig konsistent urteilen, wächst sie ebenfalls; urteilen sie nicht eindeutig, sinkt sie. Konformitätsexperimente nach dem Modell von Asch sind vielfach repliziert worden. So hat etwa eine neuere Studie untersucht, unter welchen Bedingungen Menschen bei rotem Ampellicht über die Straße gehen. Dabei wurde ebenfalls ein starker Einfluss anderer Personen auf das individuelle Verhalten festgestellt: Während mehr als die Hälfte sich in Alleinsituation nicht um die rote Ampel schert und einfach die Straße überquert, sinkt dieser Wert kontinuierlich mit der Größe der wartenden Gruppe, die also durch ihre schiere Anwesenheit verhaltenswirksam wird.[140]

In einem Forschungsprojekt mit dem Titel »Handlungsspielräume des Selbst«[141] wurde das Asch-Experiment ebenfalls variiert: In dieser Variante bekamen die Versuchspersonen unterschiedlich helle und dunkle Felder auf einer Leinwand gezeigt und mussten jeweils urteilen, was sie als »heller« bzw. »dunkler« sahen. Neben der echten Versuchsperson waren jeweils drei Konfidenten anwesend, und die Sitzordnung ergab automatisch, dass die echte Versuchsperson als letzte ihr Urteil abzugeben hatte.

Abb. 3: Welches Feld ist heller bzw. dunkler?

In den jeweils 25 Durchgängen gaben die Konfidenten konsistent richtige (8 Durchgänge), konsistent falsche (12 Durchgänge) oder heterogene (5 Durchgänge) Antworten. Letztere wurden eingefügt, um die Situation glaubwürdiger erscheinen zu lassen. Tatsächlich zeigte sich auch hier eine recht große Bereitschaft der Probanden, entgegen ihrem eigenen Sinneseindruck der Mehrheitsmeinung zu folgen. Bei zwölf Durchgängen mit konsistent falsch vorgegebener Mehrheitsmeinung folgte fast die Hälfte der abgegebenen Urteile der unrichtigen Einschätzung der anderen. Der gewünschte Konformitätsdruck konnte also durch das Experiment hervorgerufen werden, das damit als gelungene Replikation des von Asch beschriebenen Befundes gewertet werden kann. Interessant ist darüber hinaus, dass die Versuchspersonen zuvor auf der Grundlage verschiedener Tests in Hoch- und Niedrigautonome unterteilt waren, weil man die Frage untersuchen wollte, ob Personen mit bestimmten persönlichen Eigenschaften sich konformer zeigten als andere. Aber zur Enttäuschung der Forschungsgruppe urteilten die »Autonomen« *nicht* autonomer als die »Konformen«. Dieses Ergebnis des Experiments spiegelte also in keiner Weise die zuvor über Fragebögen und Tests ermittelten Persönlichkeitsmerkmale wider. Die Verteilung der angepassten Antworten wies sogar einen »Niedrigautonomen« als denjenigen aus, der sich von allen 56 Versuchspersonen am wenigsten angepasst hatte, während sich an der Spitze der Anpassung ein »Hochautonomer« fand. Es gab sogar eine leichte statistische Tendenz, dass Anpassungen an die Gruppenmeinung in der Gruppe der Hochautonomen häufiger vorkamen als in der Gruppe der Niedrigautonomen.

Zu einem späteren Zeitpunkt und mit anderen Versuchspersonen wurde dann das Konformitätsexperiment neurowissenschaftlich erweitert und daher so modifiziert,[142] dass die Versuchspersonen auf einem Bildschirm die vorgebliche Einschätzung einer Gruppe sahen, während sie selbst ihr Urteil zu den Hell-dunkel-Bildern abzugeben hatten. Diese Vereinfachung der Testsituation war dadurch notwendig geworden, dass bei den Testpersonen während der Durchgänge der visuellen Reizdarbietung die Aktivitäten auf Gehirnebene per EEG gemessen wurden – denn man wollte wissen, ob die »falsche«, also an falsche Urteile von anderen angepasste Entscheidung der Versuchspersonen sich auch auf der neuronalen Ebene abbilden ließe.

Die entsprechenden Untersuchungen zeigten – genau wie die zuvor durchgeführten Konformitätsexperimente – eine Anpassung an die falsche Gruppenmeinung in etwa der Hälfte der Fälle, was bemerkenswert ist, weil hier die Gruppenmeinung nur *angezeigt* wurde, die Gruppenmitglieder aber nicht anwesend waren. Schon die bloße Information über eine vorgebliche Mehrheitsmeinung scheint also in vielen Fällen hinreichend, das eigene Urteil anzuschließen. Aber ein anderer Befund ist noch viel bemerkenswerter: Auf der Ebene der neuronalen Verarbeitung konnte nämlich gezeigt werden, dass die vorgebliche Gruppenmeinung bereits den visuellen Verarbeitungsprozess beeinflusste und nicht erst die explizite Abgabe des Urteils, welcher Teil des visuellen Reizes heller bzw.

dunkler war! Das heißt: Die Versuchspersonen *sahen* den Reiz so, wie die Gruppe es vorgegeben hatte; sie entschieden sich also nicht etwa bewusst, sich an eine eigentlich als falsch empfundene Gruppenmeinung anzuschließen. Die Neuropsychologen Christoph Herrmann und Sina Trautmann-Lengsfeld resümierten daher, dass Konformität bereits Wirkung auf den frühen visuellen Verarbeitungsprozess hat.[143] Hier deutet sich also an, dass die soziale Situation die individuellen Entscheidungen nicht nur im Sinn einer bewussten Anpassung beeinflusst (»Ich seh es ja anders, aber wenn die alle meinen ...«), sondern dass schon die Wahrnehmung von vornherein der vorgegebenen Gruppenmeinung folgt! Man sieht die Welt so, wie man weiß, dass die anderen sie sehen.

Das gilt, wie die Experimente zeigen, schon allgemein, insbesondere aber in uneindeutigen Situationen, für die keine »Skripts« und abrufbaren Verhaltensmuster vorliegen. In sogenannten »Bystander«-Situationen kommt es oft dazu, dass mehrere Menschen Zeugen eines Unglücks oder eines Verbrechens werden, aber nicht helfend eingreifen, sondern nur passiv stehen bleiben und »gaffen«. Das wird regelmäßig als Zeichen für die zunehmende Verrohung oder Gleichgültigkeit in der Gesellschaft gesehen, liegt aber in den meisten Fällen einfach daran, dass die Zuschauenden nicht wissen, welches Verhalten in dieser ungewöhnlichen, oft erstmaligen Situation das richtige ist – sie haben kein »Skript«.

Sie versuchen dann, anhand des Verhaltens der anderen Informationen darüber zu gewinnen, was am besten zu tun wäre – da die aber genau dasselbe machen, bleiben am Ende alle stehen. Tatsächlich ist es sogar so, dass in Alleinsituationen eher geholfen wird als in Gruppensituationen – was eben daran liegt, dass die anderen immer auch Informationsträger sind und das Verhalten der Einzelnen auf diese Weise mit bedingen. (Coachings zu Zivilcourage setzen genau an diesem Phänomen an, indem man zum Beispiel lehrt, dass man in einer Situation, in der etwa eine Person in der U-Bahn angegriffen wird, spontan andere Mitreisende zum Aufstehen auffordert und eine Gruppe bildet, die dem Angreifer entgegentritt und das Opfer schützt – es genügt eine Person, die handelt, um den Bystander-Effekt zu brechen.)

Konformität hat, wie sich zeigt, manchmal negative Effekte. Sie ist aber prinzipiell sinnvoll, weil Menschen soziale Wesen sind und es in den meisten Situationen ausgesprochen hilfreich ist, sich auf das sich im Verhalten zeigende »Wissen« der anderen zu verlassen. Kooperation ist das in der Regel erfolgreiche Verhalten, weil es überlebensdienlich ist. Nur in Situationen, in denen alle Beteiligten über zu wenig Erfahrung oder Wissen verfügen, um einordnen zu können, welches Verhalten angemessen wäre, schlägt das kooperative Orientierungs- und Verhaltensprinzip in sein Gegenteil um und wird dysfunktional. Konformität wird desto wahrscheinlicher, je »skriptloser« eine Situation ist.

Aus der Perspektive einer Gruppe oder einer Gesellschaft muss es prinzipiell als wünschenswert erscheinen, dass eine ihr zugehörige Person sich in vielerlei Hinsicht konform verhält. Aber nicht nur für die Gruppe oder die Gesellschaft ist es vorteilhaft, wenn ihre Mitglieder souverän dechiffrieren können, welches Verhalten als angemessen erscheint: Auch die einzelne Person gewinnt in ihrer Orientierung an dem, was die anderen tun, ein enormes Maß an Deutungs- und Entscheidungssicherheit. Die Menge der in der Situation verfügbaren Informationen für das Treffen einer Entscheidung steigt ja mit der Anzahl der anwesenden Personen, die ihre (einheitliche) Meinung abgeben – es kann also sehr funktional sein, sich der mehrheitlichen Auffassung anzuschließen. Es sieht mithin so aus, als sei unsere Orientierung an Gruppen- und Mehrheitsmeinungen noch erheblich mehr als eine bloße Anpassungsleistung, die man je nach Geschmack als praktisch oder als unangenehm empfinden kann. Sie ist wahrscheinlich eine sehr tief verankerte basale Determinante menschlicher Orientierungsleistungen.

Wenig überraschend ist auch, dass die Wirkungen, die eine Gruppe auf ihre Mitglieder ausübt, stärker werden, wenn sich zumindest ein Teil der Gruppe sehr konsistent verhält. Diese Beobachtung wird durch die oben erwähnten Experimente bestätigt: So waren die Konformitätszwänge etwa in den Experimenten von Asch dann besonders wirksam, wenn die Gruppe konsistent agierte. Umgekehrt sank bei den Versuchspersonen die Zustimmung zu der falschen Antwort drastisch, sobald andere Gruppenmitglieder ebenfalls abwichen und die richtige Antwort gaben.

Weitere Details, die in eine ähnliche Richtung weisen, lassen sich aus Untersuchungen zu Entscheidungsprozessen in Gruppen entnehmen. Konformitätszwänge werden umso stärker, je homogener die jeweilige Gruppe z. B. hinsichtlich ihrer sozialen und kulturellen Zusammensetzung ist. Dieses Phänomen ist in der Sozialpsychologie unter dem Begriff *group think* vielfältig beschrieben worden – gerade weil es nicht selten zu folgenschweren Fehleinschätzungen führt. Ein Beispiel dafür ist das *Challenger*-Unglück von 1986, bei dem eine Raumfähre mit sieben Astronauten an Bord 73 Sekunden nach dem Start in 15 Kilometer Höhe explodiert war. Gruppendenken war, wie sich später herausstellte, die eigentliche Ursache: Denn die Startfreigabe erfolgte trotz eines Hinweises auf einen scheinbar kleinen technischen Defekt, weil das Management der NASA seine Effizienz unter Beweis stellen wollte, wozu eine Verschiebung des Starts in Widerspruch gestanden hätte. In einer späteren Analyse heißt es: »Jeder Hinweis auf ein mögliches Versagen des Systems hätte weitere Ausgaben nach sich gezogen, eine Schlussfolgerung, der sich die NASA angesichts ihrer Verpflichtung auf Effizienz und Wirtschaftlichkeit entschieden widersetzte.«[144] Die Verantwortlichen befragten vor dem Start folgerichtig das Management der NASA und nicht die Ingenieure, die auf eine Verschiebung gedrängt hätten.

Gruppen tendieren dazu, sich auf eine gemeinsame Perspektive zu einigen, was besonders in Gefährdungssituationen unter Stress zu Selbstverstärkungseffekten führt. Auch aus der Politik gibt es eine Fülle vergleichbarer Beispiele, in der sichtbare Gegenevidenzen und Widersprüche zugunsten der Gruppenmeinung ignoriert werden – das berühmteste Beispiel aus jüngerer Zeit ist die amerikanische Invasion in der Schweinebucht, die um ein Haar zum Dritten Weltkrieg geführt hätte.

Aber schon das trojanische Pferd wurde unter Missachtung vereinzelter Warnungen in die Stadt geholt – *group think*.[145]

In der Organisationspsychologie finden sich daher eine Fülle von Hinweisen, wie Gruppendenken vermieden werden kann – zum Beispiel, indem Hinweise auf Fehler prämiert und nicht bestraft werden, indem auch unwahrscheinliche Handlungsfolgen angesprochen werden sollen, Gruppen heterogen und mit flachen Hierarchien zusammengesetzt werden und die Kategorie der »Erfahrung« einen geringen Stellenwert hat.[146]

Die Mitglieder homogener Gruppen neigen dazu, einander in ihren Einschätzungen zu bestärken, und zwar auch dort, wo ein wenig Gegenwind geboten wäre – z. B. wenn alle zu vorsichtig oder alle zu unvorsichtig agieren. In einer heterogenen Gruppe dagegen wird sich eher ein Mitglied finden, das einen falschen Gruppenkonsens in Frage stellt. Heterogene Gruppen haben jedoch nicht nur den Vorteil, dass sie aufgrund der unterschiedlichen Perspektiven ihrer Mitglieder eher zu angemessenen Situationsbewertungen kommen, vielmehr ist hier auch die Chance größer, einen Experten für ein neues Problem zu finden. Schließlich spielen auch Hierarchien eine wichtige Rolle. In Gruppen mit einem großen Hierarchiegefälle üben die mächtigen Mitglieder einen besonders starken Konformitätsdruck auf die weniger mächtigen aus.

Sich wechselseitiges Bestärken, *group think* und Konformität erklären ziemlich gut, wie journalistische Mehrheitsmeinungen entstehen, auch wenn sie damit möglicherweise Mehrheitsmeinungen in der Gesellschaft widersprechen. Aber erklären sie auch, weswegen Cursor-Journalisten den in den

Medien jeweils vorherrschenden Narrativen so leicht Glauben schenken? Wollen sie es in Fragen der »Wahrheit« über äußerst komplexe Sachverhalte denn nicht besser wissen? Um diese Frage zu beantworten, ist es erhellend zu sehen, wie journalistische Wahrheit gemeinhin beschaffen ist. Denn tatsächlich ist kaum etwas relevanter bei der Einschätzung, insbesondere von Krisen, als das, was man für die Wahrheit hält. Wird Migration die Gesellschaft aushöhlen und zerstören oder am Ende eher bereichern? Ab wann ist das »Boot voll«? Wie gefährlich ist die Covid-19-Pandemie? Lässt sich die Bevölkerung dauerhaft vor dem Virus schützen oder nur partiell? Das Gleiche gilt auch für den Ukraine-Krieg: Was will Wladimir Putin? Die Ukraine militärisch schwach halten und seinen Einfluss wahren oder das Russische Reich wiederherstellen, oder strebt er gar nach der Herrschaft über ganz Europa, weil ihm der westliche Lebensstil nicht passt?

Wie leicht zu ersehen, sind all diese Fragen nur schwer oder zum Teil gar nicht zu beantworten. Über Krankenhauskapazitäten zum Beispiel lässt sich begründet reden, und auch die Feuerkraft einer Haubitze kann man exakt angeben. Aber über die Dauer der Pandemie oder über Putins Absichten lässt sich nur wild spekulieren. Statt mit gesicherten Fakten haben wir es notgedrungen mit einer Putin-Hermeneutik zu tun, mit politischen Autopsieübungen am Lebendigen, die jeden Tag widerlegt sein können. Gleichwohl halten kühle Strategen Putin mit größter Sicherheit für strategisch dumm, Gläubige ihn für gottlos, nüchterne Gemüter ihn für einen gefährlichen metaphysischen Träumer und Chefredakteure ihn für einen

Irren oder einen Sadisten – tatsächlich aber hat wohl niemand der leitmedialen Kommentatoren den russischen Präsidenten persönlich gut kennengelernt und mit ihm über den Ukraine-Krieg gesprochen. Mit einem Wort: Keiner von ihnen *weiß*, wovon er spricht.

Umso erstaunlicher ist, dass sie alle sich gleichwohl mit holzhackerischer Sicherheit ein Urteil zutrauen – und zwar meistens das gleiche. Nicht nur die Haltung ist also überaus konform, sondern bereits der Akt der Wahrheitsfindung: Man spekuliert im Fahrwasser der anderen. Dies führt schnell zu der philosophischen Frage, wie und warum Menschen etwas für ihre Wahrheit halten, wenn sie eigentlich wissen müssen, dass sie sich kaum eine bilden können? Und woher nehmen sie ihr Selbstbewusstsein, andere mit ihrer kontrafaktisch erzeugten Wahrheit zu missionieren?

Mit welcher Wahrheit also *begnügt* sich ein Journalist, wenn er berichtet und mehr noch, wenn er Stellung bezieht und Haltung zeigt? Die einfachste und häufigste Antwort wäre zu sagen: Wahrheit ist dann gegeben, wenn sich eine Aussage mit den Tatsachen deckt. So weit, so nachvollziehbar. Aber was sind die Tatsachen? Wie gerade gezeigt, haben Journalisten es in Krisenzeiten mit komplexen Zusammenhängen zu tun, die oft genug von Unsicherheiten und Unwägbarkeiten bestimmt sind. Von einer Übereinstimmung mit den Tatsachen kann – zumindest auf der Ebene der Bewertungen – kaum die Rede sein. Wenn sich schon Epidemiologen und Virologen verständlicherweise oft nicht einig sein können, an welchen Tatsachen über das Virus oder die Mittel zu dessen Eindämmung sollen sich die Journalisten dann orientieren? Noch der Evaluationsbericht des Sachverständigenausschusses vom Sommer 2022 verrät die Menge der Unklarheiten, das Nicht-Wissen und die Uneindeutigkeiten bei der Interpretation des unüberschaubaren empirischen Materials.[147] In solcher Lage wäre die angemessenste journalistische Reaktion, sich mit schnellen Urteilen zurückzuhalten. Aber, wie gesehen, war in den letzten Krisen genau das Gegenteil der Fall. Viele Journalisten verließen sich auf die kollektiv gefühlte Wahrheit, die die Nähe des Cursors ausstrahlt. Wie ist das möglich?

Alles, was Menschen erfahren, denken und tun, tun sie, weil sie dabei einen Zweck oder ein Interesse verfolgen. Folglich kann das, was etwas ist oder sein soll, aus diesem Zweck oder Interesse heraus erklärt werden. Diese Zwecke können biologisch, psychologisch oder sozial sein. Wollen wir sie verstehen, so müssen wir ihre Funktion für ein Individuum oder eine Gruppe verstehen – diese Erkenntnis verdankt die Philosophie dem Psychologen und Philosophen William James. Gegen Ende des 19. Jahrhunderts erklärte der zu diesem Zeitpunkt bekannteste Philosoph der westlichen Welt den Denkern des Abendlandes etwas bislang Unerhörtes: dass Menschen ihr Leben schlichtweg nach einer »pragmatischen Maxime« leben. Universale Wahrheiten spielen dabei ebenso wenig eine Rolle wie zeitlos richtige Erkenntnisse. Was relevant ist, erklärt sich einzig dadurch, was für *mich* relevant ist. Und relevant für mich ist das, was mir in irgendeiner Weise nützt.[148]

Menschen, so James, orientieren sich im Alltag an dem Kriterium: Welche *praktischen Folgen* hat eine Idee, eine Vorstellung oder eine Unterscheidung? Immerhin hat sich der menschliche Verstand in der Evolution nicht an universalen Wahrheiten abgearbeitet und geformt, sondern im Kampf ums Überleben und in beständiger Anpassung. Deshalb ist der Menschengeist von Natur aus gar nicht dazu gemacht, eine offensichtliche oder gut verborgene Objektivität aus »ursprünglichen Dingen, Prinzipien, ›Kategorien‹ und vermeintlichen Notwendigkeiten« zu erkennen.[149] Unser Verstand ist so, wie er ist, weil er nützlich war. Und alles, was unser Wirbeltiergehirn begreifen kann, sind »Folgen, Ergebnisse, Konsequenzen und Tatsachen«.[150] Man sollte sich das vorstellen wie einen »Korridor in einem Hotel«. Unzählige »Zimmer öffnen sich von ihm. In einem mögen Sie einen Menschen finden, der an einem atheistischen Werk schreibt, im nächsten jemanden, der auf seinen Knien um Zuversicht und Stärke betet, in einem dritten einen Chemiker, der die Eigenschaften von Substanzen untersucht. In einem vierten wird ein System idealistischer Metaphysik ersonnen, in einem fünften wird die Unmöglichkeit aller Metaphysik nachgewiesen. Aber der Korridor gehört allen gemeinsam, und alle müssen ihn passieren, wenn sie einen geeigneten Weg suchen, um in ihre Zimmer zu gelangen oder aus ihren Zimmern zu kommen.«[151]

Jedes Ereignis, das wir erleben, passiert diesen »pragmatischen Korridor«. Und Wirklichkeit ist das, was Menschen in ihrem Bewusstseinsstrom nützlicherweise dafür halten. Ob Menschen etwas als »Wahrheit« akzeptieren oder nicht, ist somit ein gut beschreibbarer psychologischer Vorgang. Neue Informationen werden stets danach überprüft, ob sie in die bisherige (Denk-)Welt passen. Passen sie überhaupt nicht ins bisherige Inventar, betrachtet man die Information gerne als abwegig, albern oder absurd. Diese Herausforderung darf nie zu groß sein, weil sich Menschen, wie bereits der Psychologe Alexander Bain in der Mitte des 19. Jahrhunderts erkannte, äußerst ungern in Frage stellen. Wir nehmen neue Erkenntnisse nur dann an, wenn sie zu uns passen. Das heißt, dass es uns irgendwie besser erscheint, sie nicht zu ignorieren oder zu leugnen. In diesem allgemeinen Sinn spricht James von »Nützlichkeit«. Wahrheiten müssen nicht unmittelbar praktisch nützlich sein. Manchmal, wenn auch eher selten, akzeptieren wir auch unbequeme oder verstörende Wahrheiten. Wir tun es dann aus einer gewissen Klugheit heraus, weil wir merken, dass es wirklich zu dumm wäre, diese Wahrheiten auszublenden oder zu bestreiten. Wenn wir erfahren, dass ein guter Freund von uns gestorben ist, ist das nicht entfernt nützlich. Aber es wäre gleichwohl idiotisch, die Information deshalb nicht ernst zu nehmen. Nützlichkeit bedeutet, dass wir eine Information als »wahr« akzeptieren, weil sie uns *zweckdienlich* dafür erscheint, um uns in der Welt erfolgreich zu *orientieren.*

Intellektuelle Stimmigkeit und Wahrhaftigkeit sind deshalb keine Konstanten. Sie sind Variablen unserer subjektiven Wahrheit unter anderen und oft wichtigeren. Schon unsere »Substantive und Adjektive sind allesamt vermenschlichte Erbteile, und die innere Ordnung und Struktur unserer Theorien, in die wir diese Begriffe einbauen, wird vollständig von menschlichen Absichten beherrscht, die intellektuelle Stimmigkeit ist nur eine davon«.[152]

Was lernen wir daraus? Wahrheit ist eine Funktion sozialer Übereinkunft, und ihr Zustandekommen im Bewusstsein jedes Einzelnen folgt einem psychologischen Muster und passiert den pragmatischen Korridor. Aus diesem Grund gibt es nicht nur kulturell und historisch unterschiedliche Wahrheiten, sondern auch unterschiedliche Geltungskriterien für das, was allgemein als Wahrheit gilt und was nicht. Eine Kultur, die sich etwa an wissenschaftlicher Evidenz orientiert, folgt einem anderen Wahrheitsbegriff als eine schamanistische Kultur, und wissenschaftliche Evidenz hat ihrerseits Gütekriterien, die erfüllt sein müssen, damit eine Aussage als wissenschaftlich »wahr« gelten kann. Wissenschaftliche Wahrheit folgt auch anderen Kriterien als etwa eine juristisch ermittelte oder soziale Wahrheit im Alltag – ihnen allen gemeinsam ist aber, dass die Umstände, unter denen ein als »wahr« akzeptierter Sachverhalt zustande gekommen ist, nicht gleichgültig sind. In der Wissenschaft ist es die Frage danach, unter welchen Hypothesen und mit welchen Methoden ein Befund ermittelt wurde, zur Beurteilung einer Straftat werden nicht nur die Tatumstände, sondern auch die persönlichen Faktoren der Tatbegehung in Rechnung gestellt, beim Klatsch im Alltag steht oft rein Persönliches im Vordergrund (»Sie hat schon wieder …«; »Er hat sich ja nicht verändert …«).

Nun sollte man annehmen, dass journalistische Wahrheit, die ja gemeinhin auf verlässlichen Quellen basieren sollte, den wissenschaftlichen und juristischen Kriterien näherstehen sollte als der im Alltag geltenden Wahrheit. Ihre juristisch vielfach definierte Aufgabe ist es, eine, soweit es möglich ist, realistische Beschreibung von Vorgängen zu leisten, verifizierbare Beobachtungen vorzulegen und den Motivraum eines Ereignisses dechiffrierbar zu machen. Eigensinn und unabhängiges Denken sind dafür eigentlich unumgänglich. Dass sie trotzdem, gerade bei den jüngsten Krisenereignissen, viel zu oft dem *group think* und dem Konformitätsdenken wichen, trägt leider zur Minderung ihrer Glaubwürdigkeit bei. Vollends zum Problem aber wird das, wenn noch ökonomischer Druck wirksam wird. Darauf sollten wir näher schauen.

Die große Ansteckung

Wie es kam, dass die Leitmedien so erregt wurden

Zu den zeitlosen Aperçus der Ideologiekritik gehört der berühmte Satz von Karl Marx und Friedrich Engels aus der *Deutschen Ideologie*: »Die Gedanken der herrschenden Klasse sind in jeder Epoche herrschende Gedanken.«[153] Bekannter in seiner Kurzform: Die herrschende Meinung ist immer die Meinung der Herrschenden. Für die politischen Verhältnisse in Deutschland in der Mitte des 19. Jahrhunderts gilt dies ohne Zweifel. Und ebenso gilt es heute für jede Art von totalitärer Gesellschaft. Für moderne liberale Gesellschaften, und darauf sind sie zu Recht stolz, trifft dies nicht zu. Hier aber haben wir es, wie der Cursor-Journalismus zeigt, inzwischen mit einer Praxis der Herstellung von interner Übereinstimmung zu tun, die in der Lage ist, eine dominante, mitunter aber nur scheinbar herrschende Meinung zu konstruieren, unabhängig davon, ob diese sich lebensweltlich ebenfalls abbildet. Doch wie konnte es zu dieser Diskrepanz von veröffentlichter und öffentlicher Meinung kommen? Was sind die wirtschaftlichen Bedingungen, die diese Entwicklung befördert haben?

»Im Online-Journalismus wird der Leser zum Vorgesetzten des Redakteurs. Der User sagt dem Journalisten, was ihn interessiert. Die mitlaufende Erfassung der Klick-Raten wird zur

Marktforschung in Echtzeit. Sofort weiß der Redakteur, welche Prioritäten sein Publikum setzt, wovon es mehr lesen will und wovon weniger. Der Leser sagt dem Redakteur interaktiv die Meinung, und nicht selten richtet sich die Redaktion danach. Der Redakteur und der Reporter werden Dienstleister des Users. Der Leser bestimmt per Knopfdruck, wohin sich der Blick des Journalisten zu richten hat. In der digitalen Welt hat sich das alte Hierarchieverhältnis umgekehrt. Der Leser ist der Chef, der Redakteur sein Angestellter.«[154]

Diese Arbeitsplatzbeschreibung stammt, man glaubt es kaum, von Mathias Döpfner, dem Springer-Chef. Im 19. Jahrhundert, so hat er zuvor in seiner Betrachtung des Journalismus in digitalen Zeiten ausgeführt, war der Journalist der Vorgesetzte des Lesers, im 20. seien Journalisten und Leser dann weitgehend gleichberechtigt gewesen – »auf der gleichen Hierarchie-Ebene«. Nun aber werde, gewissermaßen in proaktiver Anschmiegung an die klickgenerierenden Algorithmen, der Journalismus selbst zum Algorithmus, und – wenn man die Tradition des bekanntesten Springer-Produkts betrachtet – die Strategie der *Bild*-Zeitung wird zum Code des Journalismus im 21. Jahrhundert.

Man sollte vielleicht einschränkend hinzufügen, dass Döpfner dies schrieb, bevor er selbst ins Fadenkreuz der Medien geriet, weil sein US-amerikanischer Teilhaber Sexismus in seinen Redaktionen nicht goutierte. Und noch bevor Döpfner und WeltN24-Chef Ulf Poschardt wegen eines als transfeindlich angegriffenen Gastbeitrags in der *Welt* sich im Gestus untertänigster Devotion bei der LGBTQIA+ Szene für ihre

Gedankenlosigkeit entschuldigten.[155] So richtig also ahnte Döpfner im Jahr 2014 wohl noch nicht, was das mit dem Leser als Chef mal bedeuten würde.

Aber seine pfiffige Rede von der Emanzipation und Ermächtigung des Lesers konnte man schon kaum anders als ideologisch bezeichnen, als er sie hielt. Denn dass die Rezipientinnen und Rezipienten aufgrund der Tatsache, dass ihr Nutzerverhalten präzise in alle Richtungen ausgewertet und gegen sie verwendet wird, genau den Plunder vorgesetzt kriegen, nach dem sie dann weiter verlangen sollen, war auch damals schon bekannt und von Theoretikern der Digitalökonomie wie Jaron Lanier oder Shoshana Zuboff längst beschrieben und bemängelt.

Diesen Mechanismus dann als die Emanzipation des Lesers zu verkaufen, ist ein bisschen dreist, beschreibt aber ausgezeichnet, wie die Redundanzmaschine des Online-Journalismus funktioniert. Die Redaktionen liefern, was die größte Reichweite – gemessen in Klicks – verspricht, und die geneigten Leserinnen und Leser bekommen mehr von dem, worauf sie konditioniert werden. Da ist der zielgruppenorientierte Reichweitenjournalismus so wie die Automobilindustrie, die auch stets beteuert, sie würde diese riesigen SUVs ja nur deshalb bauen, weil die Leute sie unbedingt haben wollen.[156]

Dass die direktmediale Schallverstärkung der machtvollste Treiber des Erregungsjournalismus ist, ist keine Neuigkeit. Aber ein wichtiger Grund für dessen Einwanderung in die redaktionelle Praxis der Leitmedien ist eben ihr kommerzieller Erfolg. Um das zu erklären, muss man kurz in die Archäologie des

Internets zurückblenden, das ja seine wirtschaftlichen Chancen genau in dem Augenblick hat erkennbar werden lassen, als US-Medienkonzerne die Erleuchtung hatten, dass Suchmaschinen nicht einfach ein hübscher Ort für Werbekunden waren, sondern eine Goldader für die Durchleuchtung der Nutzer. Wie leicht lassen sich über ihr Suchverhalten Daten über ihre Präferenzen, Kaufakte, ja, sogar künftiges Verhalten ermitteln. Und dieses Wissen war wiederum der Grund für jene Revolution in der Werbebranche, die dafür sorgte, dass die etablierten Presseerzeugnisse in ziemlich kurzer Zeit und in erheblichem Umfang ihre Anzeigeneinnahmen verloren. Sogenanntes Targeting, also die personengenaue Ansprache von potenzieller Kundschaft, funktioniert online, nicht aber im Print.

Die Presselandschaft war allerdings wirtschaftlich bereits unter Druck geraten, bevor die Online-Konkurrenz überhaupt existierte. Die Auflagen insbesondere der Regionalzeitungen gingen schon vor einem Vierteljahrhundert deutlich zurück. Medienwissenschaftler sprechen von einer Entfremdung zwischen Print und Publikum, die schon vor dem Internet begann. »Mitte der achtziger Jahre, also rund zehn Jahre vor Etablierung des World Wide Web in Deutschland, haben laut Media-Analyse noch vier von fünf jungen Leuten (unter 25 Jahre) regelmäßig Zeitung gelesen. Wenige Jahre später – das WWW gab es noch immer nicht – waren es nur noch 70 Prozent der Jugendlichen. Als dann das kommerzielle Web im Alltag der Erwachsenenbevölkerung angekommen war (Ende der neunziger Jahre), war die Reichweite bereits unter 60 Prozent abgesunken.

Die Branche stand vor einem gewaltigen Problem. Denn bis zur Dot.com-Blase im Jahr 2000 waren die Regionalzeitungen als Werbeträger regelrechte Cashcows gewesen, und die Redaktionen wurden weiterhin ausgebaut«.[157] Dass der Wind sich bereits gedreht hatte, wurde zunächst nicht zum Anlass für strategische Konsequenzen genommen. Doch 2001 trudelte der Werbemarkt in eine schwere Rezession, die zur Medienkrise wurde. Eine »Phase des signifikanten Abschwungs werblicher Impulse«, wie der Zentralverband der deutschen Werbewirtschaft damals formulierte, brachte erstmals sogar große Zeitungen und Zeitschriften in Schwierigkeiten und Journalisten wurden entlassen. Es begann die Suche nach Möglichkeiten, sich wirtschaftlich breiter aufzustellen. Und man fand Mittel der Diversifizierung, die heute gang und gäbe sind, wie Angebote von Wein und Kunst oder Flusskreuzfahrten mit Harald Martenstein und so weiter.

Doch die nächste Zeitungskrise folgte in Form der Finanzkrise von 2008. Der konjunkturelle Einbruch drosselte die verbliebenen Werbeeinnahmen erheblich. Die Verlage ergriffen harte Maßnahmen. Die WAZ beschloss, 30 Millionen Euro einzusparen, von 900 Stellen standen damit mehrere hundert zur Disposition. Regionalzeitungen wurden zusammengelegt, die Redaktionen verkleinert. Der Zeitungskonzern Holtzbrinck plante Kostensenkungen beim *Handelsblatt* und der *Wirtschaftswoche*. Gruner + Jahr legte Redaktionen zusammen und strich 60 Stellen. Usw. usf.[158]

Diese Entwicklungen machten vielen Journalisten und Redaktionen schon vor »online« schmerzhaft klar, dass sie sich mit ihrem Beruf nicht außerhalb der Ökonomie bewegen. Für eine Branche, die ein halbes Jahrhundert lang immer nur gewachsen war, eine verstörende Einsicht. Zu lange hatten viele Medienunternehmen über Jahrzehnte nur traumhafte Renditen eingefahren. So schreibt Silke Burmester in der *taz* nostalgisch zur Verschmelzung von Gruner + Jahr mit RTL über die guten alten Zeiten: »Günter Gaus, Fritz J. Raddatz, Ingrid Kolb, Michael Jürgs. Die einen Sack voll Geld verdienten und auf Sylt Häuser hatten. Die bis in die Ressortleiter-Position hinein einen Firmenwagen bekamen und unbegrenzte Spesenbudgets. Verlagshäuser, die für ihre Mitarbeiter*innen Masseure beschäftigten und deren Kantinen auf Restaurantniveau kochten. Menschen, die lebten, wie die Zeitschriften, die sie schufen, es zeigten: modern, geschmackvoll, großzügig.«[159] Erst aus diesem Jahrtausend stammt die schmerzliche Erkenntnis, dass die Ökonomie auch die Inhalte berührt, etwa wenn deutlich weniger Mittel für Recherchen zur Verfügung stehen.

Und nun kam zu alldem auch noch das Internet. Jetzt gerieten die traditionellen Geschäftsmodelle wirklich heftig aus den Fugen. Ein hektisches Treiben begann: Man warf Ballast über Bord, Redaktionen wurden verkleinert, Kosten eingespart, aufwendige Recherchen reduziert. Erste Pleiten wurden verzeichnet. Bislang hatten sich Zeitungen und Zeitschriften nur zu etwa einem Drittel durch Abonnements und Verkäufe finanziert.[160] Der überwiegende Teil der Einnahmen kam aus dem Anzeigengeschäft, das nun lebensbedrohlich einbrach. Aber das war noch nicht alles. Die Online-Medien machten den Verlagshäusern auch die Kundinnen und Kunden abspenstig, weil sie viel schneller, praktisch in Echtzeit, Meldungen verbreiten konnten, und dies auch noch kostenlos.

Mehr noch: Waren die »User« in der klassischen Rolle die Empfänger von Nachrichten und Informationen, mussten sie, um über bestimmte Dinge informiert zu werden, im Unterschied zur Zeitung nun nicht mehr ein ganzes Paket abnehmen – Politik, Feuilleton, Wirtschaft, Reise usw. –, sondern konnten sich plötzlich modular ihre eigene Berichtswelt zusammensuchen – »ein individuelles Kombinationsprodukt aus Empfehlungen, privat-persönlichen Interessen, Einzel-Artikeln, Kultur-Atomen«.[161]

Diese Zangenbewegung brachte die Branche brutal in Schwierigkeiten – die Zeitungen und Zeitschriften verloren Millionen Käufer und enorm viele Anzeigenkunden. Die Folge: weniger Geld für Recherchen und freie Journalisten, Zusammenlegung von Redaktionen, Entlassungen von Festangestellten usw. usf. Es entstand, wie Bernhard Pörksen schreibt, ein journalistisches Prekariat, das den eigenen Beruf durch andere Tätigkeiten querfinanzieren muss und sich von Job zu Job hangelt, zu oft miesen Konditionen.[162] Ein bis heute anhaltender ganz erheblicher Druck auf die journalistischen Inhalte hob an, wie sie etwa der langjährige Sportreporter Marko Schumacher beschreibt, der sich entschloss, seinen Beruf aufzugeben und ein Café zu eröffnen: »Wenn ich eine möglichst tiefgehende Analyse schreibe, einen hintergründigen, auch mal längeren Text, dann kriegt der online nur einen Bruchteil der Klicks, die ich erhalte, wenn ich beispielsweise eine Bildergalerie über die Spielerfrauen des VfB Stuttgart mache. Auch deshalb habe ich mich schon seit längerem mit dem Gedanken getragen, mich beruflich zu verändern.«[163] In einer aktuellen Studie der Otto-Brenner-Stiftung geben 62 Prozent der befragten Journalistinnen und Journalisten an, dass sich in ihrem eigenen Arbeitsbereich die persönliche Arbeitssituation durch Einsparungen verschlechtert habe.[164] So viel zum Leser als Chef des Redakteurs.

Zurück zur historischen Entwicklung. Als die Konkurrenz aus dem Internet zuschlug, machten sich die deutschen Medien eher notgedrungen an eigene Online-Formate: *Focus-online, Bild-online, Spiegel-online* waren die *first mover* und investierten. Einer von uns Autoren, RDP, der im Oktober 2009 auf den Medientagen München, einem der größten Treffpunkte der Branche, die Keynote hielt, fand ein sichtlich irritiertes Publikum vor. Die Stimmung unter den Granden der Branche war sanft gereizt. Etwas Altes, so viel war klar, würde zu Ende gehen, das Neue allerdings schien äußerst unsicher und wenig greifbar. Man pochte trotzig auf die Qualität der etablierten Leitmedien gegenüber Social Media als wichtigstes Unterscheidungsmerkmal. Aber wie und ob man sie bewahren würde, war völlig unklar. RDP schlug damals einen Strukturfonds für die Leitmedien zur Sicherung von Öffentlichkeit vor – allerdings unter der Bedingung unvermindert hoher Qualitätsansprüche. Zu einem solchen kam es bekanntlich nicht.

Die Zeit der Nullerjahre war eine wenig begeisterte und begeisternde Suchbewegung ohne zukunftsweisende Ideen oder stabile Strategien. Michael Haller beschrieb die Konfusion 2013 so: »Aus mehreren Chefredaktionen tönt es: Die Rettung liegt allein im Lokalen; das machen wir groß, und alles andere bauen wir ab. Die Selfi-Schönschreiber verkünden: Wir machen eine Autorenzeitung und stellen uns groß heraus. Die Entschleuniger predigen: Schöner ist es, eine tägliche Wochenzeitung zu machen. Die besten Reporter im Lande sind sich einig: Die Zukunft gehört dem Storytelling. Die Geschichtenerzähler raunen: Erzählt täglich die großen Geschichten! Den Digitalisten ist klar: Nur crossmedial kannst du überleben. Die Gruppe der Netzwerker flüstert diskret: Wir brauchen Rechercheressorts, investigative Kracher und Data-Journalismus. Und in den Pausen posaunt der Online-Kirchenchor: Eigentlich bist du schon tot, wir reden über den Phantomschmerz.«[165]

Tatsächlich herrschte zu diesem Zeitpunkt die wohl schlimmste Phase des Online-Journalismus vor; jene, in der es kein Geschäftsmodell gab, das nicht auf Klicks basierte. Das heißt: Man versuchte, die Zahl der Klicks auf einer Site hochzutreiben, weil man mit mehr Klicks auch die Anzeigenpreise zu erhöhen trachtete. So wurden nicht selten 100- oder auch 180-teilige Klickstrecken eingerichtet – etwa ein Ranking über den Grad der Korruption in 180 Ländern, klick, klick, klick. Oder 166 »kuriose Fakten über Sex«.[166] Dazu kamen bizarre Strategien, um die Klickzahlen zu erhöhen, wie die Unterbrechung von Artikeln, gern auch mal mitten im Satz. Weiter ging es dann mit dem nächsten Klick. Und die Publikationsgeschwindigkeit erhöhte sich, Unkorrigiertes, Halbgares, Flaches drängte sich zwischen relevante Beiträge.

Als Währungen kamen zu den Klicks irgendwann die Visits dazu. Man wertete aus, welche Begriffe man benutzen muss, um in der Google-Suche gut gerankt zu werden. Die Suchmaschinenoptimierung trat an die Seite der Leserorientierung: Man optimiert die Artikel so, dass sie bei Google möglichst gut gerankt werden. Jede größere Redaktion hat heute »SEO-Redakteure« (Search Engine Optimization), die als Erstes morgens in der Konferenz berichten, was gerade am besten läuft auf Google, und erwägt entsprechende Artikel darüber. Spuren der exzessiven Optimierung sind auch heute in vielen Online-Texten erkennbar, etwa wenn mitten in einem Artikel plötzlich das Wort »Deutschland« mit einem Link hinterlegt ist.[167]

Wegen der Klicks kamen nun auch sogenannte Promi-News auf die Seiten. Traditionell gab es die Unterscheidung zwischen Abonnement- und Kioskzeitungen – Zeitungen und Zeitschriften, die vorrangig oder ausschließlich am Kiosk verkauft wurden, mussten Käufer schnell mit plakativen Kaufanreizen überzeugen, Abo-Medien brauchten das nicht. Die Online-Magazine hoben diesen Unterschied auf: Auch Abo-Häuser nutzten online immer mehr Mittel des Boulevards, um sich anzubieten. Unterstützt wird die Erregungsspirale dabei auch durch das Zitate-Ranking. Denn die Frage, wie oft Medien andere Medien zitieren, ist in den Medien von größter Bedeutung. So gelten im Ranking die Medien als besonders relevant, die am häufigsten von anderen Medien zitiert werden. Was allgemein »Agenda Setting« genannt wird, ist letztlich ein Indikator für Selbstreferenz. Die Aufmerksamkeitssucht unserer Zeit findet ihre Entsprechung im Journalismus in der Zitiersucht. Befriedigen lässt sie sich am besten durch Exklusivinterviews, in denen möglichst knackige Aussagen fallen, die dann via dpa oder Kurzmeldung von den anderen Medien zitiert werden. Besonders pfiffig war hier unter den Regionalzeitungen über viele Jahre die *Neue Osnabrücker Zeitung*, die auch große Zeitungen im Ranking überflügelte. Spitzenreiter war immer wieder die *Bild*-Zeitung, inzwischen – so zeigen Auszählungen – ist es (wieder) der *Spiegel*.

Auf diese Weise lernten auch die etablierten Medien und ihre Online-Ableger das Reiten von Aufmerksamkeitskurven und Empörungswellen. Der Erregungs- und Blaulichtjournalismus infizierte die Leitmedien wie eine invasive Art, die sich in jeder Nische ausbreitet, die sie finden kann. Die große Transformation ging zügig vonstatten. Als am 15. April 2013 ein Terroranschlag auf den Boston Marathon verübt wurde, gab es innerhalb von 13 Stunden knapp zehn Millionen Tweets mit den Hashtags #boston und #bostonmarathon. Gute wie schlechte Quellen wurden in Echtzeit völlig gleichwertig in den Nachrichtenstrom eingespeist, und zwar schlicht deswegen, weil niemand *nicht* berichtet, wenn alle berichten – ein Prinzip, das bis heute gilt. Klaus Raab schrieb damals im *Freitag*: »Nicht jede richtige, sondern jede Information bringt kurzfristig mehr Follower und Reichweite. Nicht nur die Vorzüge, auch die Mängel der sozialen Netzwerke – die Fehlschlüsse, der unsortierte Informationsmüll – werden zur Grundlage des Geschäfts. *Twitter* zeigt, wie News entstehen. Aber *Twitter* ökonomisiert den Newsprozess auch weiter. ›Wir hatten eine Information zuerst, und morgen haben wir dann andere‹ ist wichtiger als ›Wir haben Informationen, die auch morgen noch stimmen.‹«[168]

Im Bostoner Fall gab es neben jenen Medien, die in Echtzeit berichteten, auch Online-Medien, die sich zurückhielten, obwohl sie damit Reichweite verschenkt haben dürften. Es lässt sich erahnen, dass sich die Medienlandschaft nach und nach so aufsplittet, wie es die Verteidiger der gedruckten Zeitung seit Jahren prophezeien: »Es gibt abwägende, einordnende und es gibt emotionsheischende Medien. Nur sind sie eben nicht in Print und Online zu trennen.«[169] Das war eine zutreffende Prognose. Wir sehen heute in den Leitmedien Mischungsverhältnisse, die es vor dem Online-Journalismus so im Print noch nicht gab. Und wir sehen genau jenes Herdenverhalten, bei dem man schon deswegen irgendetwas berichtet, um nicht *nicht dabei* zu sein. Was übrigens auch einer der Gründe ist, warum plötzlich Menschen im grellen Licht aufgedrehter Medienscheinwerfer stehen können, die eigentlich gar nichts dafür können.[170]

2013 fasste Cordt Schnibben vom *Spiegel* die Resultate dieser rapiden Kulturrevolution in den Printmedien so zusammen: »Fünf Millionen Tageszeitungen in diesem Jahr weniger verkauft als vor zehn Jahren, über 50 Zeitungen weniger als noch vor 20 Jahren, 1,3 Milliarden Euro Werbeerlöse weniger als im Jahr 2006. Besonders in den Großstädten Berlin, Hamburg und München laufen den Zeitungen die Leser weg, bis zu 50 Prozent Auflagenverlust. Und der Abwärtstrend beschleunigt sich. Die Hauptursachen des Zeitungsdramas: Die Deutschen verbringen, erstens, deutlich weniger Zeit mit dem Lesen von Zeitungen, sie sind deutlich länger im Netz, vor allem über Smartphones; im Internet finden sie Nachrichtenseiten und Apps, die sie aktueller, differenzierter und vor allem billiger informieren. Die Zeitungsverleger haben, zweitens, zu lange darauf vertraut, die kostenlosen Websites ihrer Zeitungen würden aus Online-Lesern Zeitungskäufer machen. Drittens bieten inzwischen – unabhängig von den Verlagen – Netzmedien, Foren, Blogs eine Fülle von Informationen, Gedanken und Beiträgen, die dem Leser individueller als Zeitungen helfen, sich zu orientieren. Online-User mögen die Mischung aus nötigen und unnötigen Nachrichten, letztlich erklärt das, viertens, den Erfolg fast aller Nachrichtenseiten im Netz: sie sind lesergesteuert, weil die Klicks verraten, was die Leser lesen wollen. Zeitungen sind redakteursgesteuert, sie richten sich mehr danach, was die Leser lesen sollen.«[171]

Was lernen wir daraus? Das leserzentrierte Redundanzmodell, das Döpfner so kokett als wünschenswert beschrieben hatte, hat sich durchgesetzt. Und vor diesem Hintergrund kann man es durchaus bewundernswert finden, dass es tatsächlich einigen Häusern gelungen ist, mit Abo-Modellen für ihre Online-Angebote wirtschaftlich wieder solide dazustehen. Aber wie bei einem Patienten, der einen schweren Unfall gehabt hat und dem Operationen und Prothetik geholfen haben, sind die Spuren der Beschädigung geblieben: Reichweitenfetischismus, Hochgeschwindigkeitsjournalismus, Verlust an Sorgfalt, voneinander und von *Twitter* abschreiben sind Folgen, die man heute nicht nur online, sondern nicht selten auch in den sogenannten Qualitätsmedien besichtigen kann.

Dass der Qualitätsjournalismus dadurch zum Teil heftige Blessuren erleidet, bleibt als Kollateralschaden zurück. Gleichwohl geht die Entwicklung vor allem in eine Richtung: Die Redundanzmaschine wird weiter optimiert. Es gibt inzwischen eine Menge Tools, die anzeigen, welcher Inhalt unter welchen Umständen »funktioniert«, weshalb man gewissermaßen evidenzbasiert versuchen kann, die Reichweite zu erhöhen – beispielsweise dadurch, dass man eine Überschrift ändert. Deshalb gibt es so viele sensationsheischende Überschriften, obwohl der Text darunter das oft gar nicht hergibt – weil »Eilmeldungen« auf die Handys geschickt werden, damit die Empfänger auf die eigene Seite gehen und nicht auf eine andere. Am 22. Juli 2022 öffnete zum Beispiel *Spiegel-online* mit der »Eilmeldung«, dass Bundeskanzler Scholz eine Wohngeldreform plane. Was würde man nicht alles unterbrechen und stehen- und liegenlassen, um diese sensationelle Eilmeldung nicht zu verpassen – unfassbar, eine Regierung plant eine Wohngeldreform!

Die Messtools zeigen zuverlässig und unerbittlich, was geschieht, wenn man einen Text über ein Aufregerthema veröffentlicht: Die Reichweite erhöht sich. Gibt es eine größere Verlockung, auf ein Thema aufzuspringen, von dem man aus den Tools weiß, dass es »trendet«? Da aber genau das zum wichtigen Kriterium geworden ist, dass es »trendet«, gibt es heute scheinbar viel mehr Aufreger als früher. Wer regelmäßig den Online-Ableger des Berliner *Tagesspiegel* mit Namen *Check-*

point liest, bekommt unweigerlich die betonharte Gewissheit, dass Berlin eine *failed city* ist. Vom »Betriebsstörungsbingo«[172] der öffentlichen Verkehrsmittel über die Schulverwaltungen bis hin zum Senat: Nichts, aber absolut gar nichts funktioniert mehr. Die komplette *Checkpoint*-Redaktion scheint ohne Unterlass damit beschäftigt, Aufreger zu finden, die auf dieses *failed-city*-Image einzahlen, so als würden sich querulantische Frührentner im Park gegenseitig die neuesten Misshelligkeiten vorerzählen.

Messtools sind die dienstbaren Geister der Quotenlogik, wie sie unseligerweise auch die öffentlich-rechtlichen Anstalten treiben: Am Sonntag, den 17. Juli 2022, gab es im *heute journal* einen Beitrag über Brahms-Interpretationen. Messbar brach genau in diesem Augenblick die Quote um neun Prozent ein, das heißt, die Leute schalteten um oder ab.[173] Brahms könnte es künftig schwer im *heute journal* haben. Umgekehrt wird totaler Mist zum medienweiten Aufreger. Denn zum selben Zeitpunkt »debattierten« alle, aber wirklich alle Medien über einen sexistischen Ballermann-Hit mit dem Titel »Layla«, den ohne diese Debatte verlustfrei kaum jemand kennen würde. Die *Zeit* fühlte sich am 20. Juli bemüßigt, dessen Produzenten Ikke Hüftgold einen Essay über die Kunstfreiheit publizieren zu lassen.

Dass Hüftgold mit seinem Liedgut zu sagenhafter Berühmtheit gekommen ist, sei ihm gegönnt. Das Problem ist nur, dass wo viel Licht ist, auch viel Schatten entsteht. Wenn über das eine viel berichtet wird, dann eben über anderes nicht oder nur versteckt im Hintergrund. Diese Formatierung der berichteten Welt verläuft über die reichweitenorientierte Selektion – Ikke gegen die wegen des Klimawandels zum selben Zeitpunkt allerorten brennenden Wälder in Süd- und Westeuropa. Was wichtiger ist, ist klar. Was mehr Reichweite bringt, allerdings auch. Dass der Boulevard Ikke mehr Platz einräumt, gehört zu seinen Spielregeln. Den Regeln, die die Qualitätsmedien zu Qualitätsmedien machen, entspricht es nicht.

Kein Zweifel: Das Internet hat das traditionelle Geschäftsmodell der Printmedien erst zerstört und dann verändert. Der Spardruck der Zeitungen, der immer noch existiert, auch wenn einige der Wochenzeitungen wieder hervorragende Renditen abwerfen, korreliert direkt mit der Internetnutzung. Die Zahl der Zeitungsleser ist gesunken, Online gleicht das zunehmend aus. Die wirtschaftliche Entwicklung ist tendenziell positiv: Noch 2019 war ein Großteil der Internetnutzer laut »Reuters Digital News Report« nicht bereit, für ein Abo einer einzigen Nachrichtenseite im Netz mehr auszugeben als für ein Netflix-Abo (also etwa 8 Euro im Basistarif). Reuters prophezeite deshalb »eine der größten Entlassungswellen seit Jahren«.[174] 2022 gibt es einen »Reuters Digital News Report« mit neuen Zahlen. Auf die Frage »Haben Sie im vergangenen Jahr für ONLINE-Nachrichten bezahlt oder haben Sie einen gebührenpflichtigen ONLINE-Nachrichtendienst genutzt? (Dies könnte zum Beispiel ein digitales Abonnement, ein Abonnement für digitale/gedruckte Nachrichten oder eine Einmalzahlung für einen Artikel, eine App oder E-Ausgabe sein)«, antwortete für Deutschland immer noch nur ein übersichtlicher Teil der Befragten mit »Ja«. Aber: »Im Jahr 2022 zeigt sich unter den erwachsenen Onlinern ein deutlicher Anstieg der Anteile derjenigen, die im vergangenen Jahr im Internet einen gebührenpflichtigen Nachrichtendienst nutzten (…). 14 Prozent der Befragten in Deutschland geben an, für digitale Nachrichten Geld ausgegeben zu haben; das sind fünf Prozentpunkte mehr als im Vorjahr.«[175]

Auch wenn es also mittlerweile vielen Medienhäusern gelang, den wirtschaftlichen Druck, der die Branche vor mehr als einem Jahrzehnt massiv ereilte, durch gut funktionierende Online-Bezahlmodelle (wie beim *Spiegel*) oder durch geschickte Diversifizierung der verlegerischen Angebote (wie bei der *Zeit* und *Zeit plus*) abzufangen, zeitigte das Eintreten der sozialen Medien in den Markt zwei deutliche Folgen, die die Medienlandschaft und die Medienpraxis nachhaltig prägen. Einmal eine wirtschaftliche: Die Geschäftsmodelle veränderten sich, führten aber auch zu neuen Konzentrationen von Medienmacht. Zum anderen eine inhaltliche: Der Reichweiten- oder Erregungsjournalismus der Direktmedien verließ sein ursprüngliches Habitat und siedelte sich überall dort an, wo die Leitmedien verzweifelt auf Kundenfang gingen.

Folgen erleben wir in Deutschland aktuell am Beispiel der Fusion von Gruner + Jahr mit RTL, der Engagements von Springer im US-amerikanischen Markt sowie an der massiven journalistischen Aufrüstung bei den Mediensparten der großen Telekommunikationsanbieter. So haben *t-online*, GMX, *Web* eigene Nachrichtenportale entwickelt. Auch wenn die Situation in Deutschland in keiner Weise mit der US-amerikanischen zu vergleichen ist, sollten die dortigen Konzentrationseffekte – mitsamt ihren Folgen für die öffentliche Meinungsbildung – beunruhigen: »In den USA kontrollierten 1983 die 50 größten Unternehmen 90 Prozent der Medien. Gegenwärtig sind es nur noch sechs Konzerne, die über 90 Prozent dessen verfügen, was US-Bürger*innen über die Medien zu sehen, zu hören und zu lesen bekommen.«[176] Dies ist nicht nur ein Zentralisierungsprozess wirtschaftlicher Art, denn solche Konzentrationen schaffen nicht nur Synergieeffekte, indem Inhalte über die unterschiedlichsten Formate und Subunternehmen »ausgespielt« werden, er betrifft eben unmittelbar, wie gezeigt, auch Form und Art der Inhalte. »Dieser ›innere Markt‹ und seine Regeln bestimmen sukzessive die Themen, die Qualität der Berichterstattung, die Formate von Sendungen – kurzum: Sie entscheiden darüber, was eine Nachricht ist und was nicht, was in die Öffentlichkeit gehört und was nicht, was gesendet wird und was nicht. Selbiges geschieht selbstverständlich nicht in jenem trivialen Sinne, den Verschwörungsmythen unterstellen. Milliardär*innen, denen Zeitungen und Privatsender gehören, müssen nicht zum Telefon greifen, um Journalist*innen zu instruieren. Die Formierung der öffentlichen Meinung erfolgt über weitaus subtilere Mittel. Man kann von der Redaktionslinie einer Tageszeitung abweichen – zehn Prozent nach links, zehn Prozent nach rechts, ein Mehr an oppositionellem Geist hat keine Chance und schadet dem eigenen Renommee. Das jedenfalls glauben Qualitätsjournalist*innen auch hierzulande sicher zu wissen«, schreibt der Soziologe Klaus Dörre.[177]

Vor dem Hintergrund der skizzierten Entwicklung ist nicht

rätselhaft, woher die auf den ersten Blick seltsame Selbstangleichung der Leitmedien rührt: Demographische, wirtschaftliche und technische Entwicklungen transformierten den Markt, die Medienschaffenden reagierten darauf mit einer neuen Marktorientierung, die Form und Inhalt ihrer Produkte nicht unbeschadet ließ. Es ist, wenn man es marxistisch formulieren möchte, der stumme Zwang der ökonomischen Verhältnisse, der hier wirksam geworden ist. Und keine wie auch immer motivierte »Steuerung von oben«.

Geschäftsmodelle verändern sich unter dem Druck der ökonomischen Verhältnisse überall, in jedem Gewerbe. Das ist normal. Es dürfte für die Demokratie allerdings recht unbedeutend sein, wenn sich durch Plattformökonomien die Geschäftsmodelle der Hotellerie oder der Fahrgastbeförderung verändern. Was aber ist, wenn eine gesellschaftliche Instanz, die auch nach eigenem Anspruch eine zentrale Funktion für die Demokratie hat, sich unter der berühmten unsichtbaren Hand des Marktes in ihrer kommunikativen Praxis so verändert, dass sie ihrem Auftrag mehrheitlich nicht mehr angemessen nachkommen kann? Wenn sie nicht mehr differenziert, umsichtig und sorgfältig über jene wesentlichen Zusammenhänge berichtet, die das Leben der Menschen bestimmen? Dann – und daran wird kaum einer zweifeln können – ist das politisch höchst bedeutsam. Und das umso mehr, je mehr die Vierte Gewalt selbst zum Akteur politischer Erregungssteuerung und -steigerung wird. Denn dann wird es für die Demokratie gefährlich.

Verzweiseitigung

Wie Leitmedien durch die Direktmedien an Qualität verlieren

Die neue Machtkonzentration von Medienkonzernen im Angesicht des Aufstiegs der Direktmedien verändert vieles. Stilmittel, die für Social Media typisch sind und die etablierten Qualitätsstandards des Journalismus unterbieten, finden sich nun auch in den amtierenden Medien, besonders stark ausgeprägt in deren Online-Angeboten, aber oft auch in gedruckten Zeitungen. Und solche Übernahmen haben in den letzten zehn Jahren leider viel verändert und selten zum Guten.

Ein eher kurioses Beispiel dafür ist ein neues Rollenbild, das den Leitmedien ausgesprochen schlecht zu Gesicht steht: die Selbstinszenierung als Underdog, als die einzig wahre Stimme des Volkes gegen die (zumeist »links-grün versifften«) anderen Leitmedien. In der alten Bundesrepublik waren Vorwürfe wie diese witzlos. Man wusste, wem die Springer-Presse nahestand, und man kannte auch die politische Ausrichtung der FAZ oder des *Spiegels*. Parteipolitische Vereinseitigung war darin einprogrammiert und daher weder überraschend noch ein Vorwurf.

Im Zeitalter der Direktmedien hingegen inszenieren sich auch manche Leitmedien wie diese als außerleitmediale Opposition; eine Polarisierung, die stets hohe Aufmerksamkeit verspricht. Man denke etwa an die Berliner Redaktion der NZZ, den *Cicero* oder die Meinungskolumnen der *Welt*. Gerade während der »Flüchtlingskrise« wurde diese Karte immer wieder gezogen: das Leitmedium als volksnaher Kritiker anderer Leitmedien. Man unterstellt einen links-grünen Mainstream, der die Wahrheit gezielt unterdrückt oder verheimlicht. Ein Beispiel aus jüngster Zeit ist die Pressereaktion auf das Gespräch, das Alexander Osang 2022 im Berliner Ensemble mit Angela Merkel geführt hat. In der Tat hatte Osang der Kanzlerin viel geschmeichelt und sie nur am Rande nach Nord Stream 2, ihrer Russland- und ihrer Klimapolitik gefragt. Für Kritiker wie Marc Felix Serrao von der NZZ ein Beleg, dass die Journalisten der Leitmedien sich nicht genug von Merkel distanzierten,[178] obwohl deren Haltung zur ehemaligen Bundeskanzlerin äußerst gemischt ausfällt. Tatsächlich steht der Cursor seit dem russischen Überfall auf die Ukraine eher auf Merkel-Bashing als auf Lobhudelei. Was Serrao tatsächlich gestört haben dürfte, war, dass Osang nicht dem Cursor des aktuell gefühlten Anstandes und der dadurch lizensierten Ächtung gefolgt war. Dass er entgegen dem Cursor-Stand freundlich mit Merkel umging – obwohl das zurzeit überhaupt nicht *in* ist.

Die Rolle, den Mainstream damit zu bedienen, dass man sich gegen den vermeintlichen Mainstream stellt, ist nicht ungewöhnlich. Tatsächlich aber ist das Lager der Merkel-Kritiker groß und kommt spätestens seit Februar 2022 auch voll auf seine Kosten. Mit Meister Yoda gesagt: Cursor bei Merkel nicht mehr ist! Und wer gegen die Ex-Kanzlerin wettert, geht heute nicht das geringste Risiko ein, eher der, der sie verteidigt. Aber auch in den Jahren zuvor, spätestens seit der Migrationswelle, erfuhren Merkel-Attacken reichlich Zuspruch. Für die NZZ damals eine gute Gelegenheit, sich auf dem deutschen Medienmarkt zu etablieren. Der *Spiegel* schrieb 2021 über den Expansionsversuch: »Chefredakteur Eric Gujer fand spätestens in der Flüchtlingskrise Gefallen daran, den ›großen Kanton‹ im Norden mit polemischen Kommentaren zu ärgern. Wann immer er gegen die ›Untote‹ Angela Merkel anschrieb oder die ›nützlichen Idioten‹ unter den ›Multi-Kulti-Anhängern‹ geißelte, schossen die Zugriffszahlen aus Deutschland nach oben. Die ›NZZ‹ hatte ihre kleine, rechte Nische gefunden – und damit augenscheinlich Erfolg. Vier Jahre nach der Gründung zählt die Deutschlandausgabe 33 000 zahlende Abonnenten, im Vergleich zum Vorjahr ist das ein Zuwachs von über 70 Prozent. Während in den Zürcher Büros ›Redaktoren‹ entlassen oder in Kurzarbeit geschickt wurden, hat das Berliner Team auf zehn Mitarbeiter aufgestockt.«[179]

Ungewöhnlich daran ist nicht, dass die NZZ auf den deutschen Medienmarkt strebt; bezeichnend ist zu sehen, wie hier Stilelemente von den Direktmedien übernommen werden, die einer etablierten Qualitätszeitung wie der NZZ eigentlich fremd sein müssten. Man spitzt extrem zu und trägt damit bewusst zur Polarisierung der Debatte bei, und zwar bevorzugt online, wo die Konflikte über den »Filterclash«, von dem Bernhard Pörksen spricht, weiter verstärkt werden. Dabei ist die Übernahme der Underdog-Rolle durch einen der Top-Influencer der amtierenden europäischen Medien kaum mehr als eine lumpige Farce. Die NZZ, der kleine David, gegen den großen Goliath des Mainstreams – und keiner lacht!

Die Rolle des volksnahen Underdogs, die auch gerne von Alexander Kissler (vormals *Cicero*, jetzt NZZ) oder Jan Fleischhauer (vormals *Spiegel*, jetzt *Focus*) eingenommen wird, ist eine Direktübernahme jenes Selbstverständnisses, das in den Direktmedien blüht. Und damit eine Art *false-flag*-Manöver. Die ungehörte Meinung des Volkes bricht sich vermeintlich Bahn und lizensiert persönliche Angriffe und Pöbelei. Journalistischer Grobianismus als Notwehr des Volkes – schräger kann man sich in den Leitmedien kaum selbst missverstehen. Denn als Mitglied des journalistischen Establishments ist man eigentlich zu einer reflektierenden Distanz verpflichtet, die hier völlig fehlt. Anders als ein Blogger oder YouTuber ist man eben nicht Influencer um jeden Preis, sondern zu einem sehr hohen: dem Glaubwürdigkeitsverlust der traditionellen Marke.

Traurigerweise jedoch blüht auch in traditionellen Leitmedien heute allzu oft der Aktivismus. Und man arbeitet gezielt mit an der Polarisierung, die man gleichzeitig gerne beklagt. Schwierige gesellschaftliche Themen werden dabei rücksichtslos zu Zwei-Positionen-Fronten verhärtet. Ob zu Silvester 2015/16, bei Corona, bei MeToo, bei Fridays for Future, in der Woke-Berichterstattung und zuletzt in der Trans-Debatte: Die Berichterstattung über Themen, die »triggern« oder »trenden«, nimmt immer mehr Raum ein. Anders als der oft erhobene Vorwurf ist sie nicht parteipolitisch einseitig. Sie ist binär: entweder – oder! Was zu kurz kommt, ist der Erkenntnisgewinn, also die Rückbindung der Berichterstattung an die Fragen: Worum geht es eigentlich ganz genau? Was wissen wir darüber? Und was sollte man wissen, um sich ein Urteil bilden zu können? Was denken andere darüber, und was sind ihre (nicht finsteren, verschwurbelten oder zynischen) Motive? Und nicht zuletzt: Ist das eigentlich ein Thema? Denn dass es heute schon eine Nachricht sein kann, dass gerade ein Shitstorm auf Person X oder Y herabregnet, ist ja an sich schon fragwürdig.

Aber die gute alte sachbezogene Auseinandersetzung verspricht heute offensichtlich zu wenig Resonanz – Ausnahmen wie die »Streit«-Seite der *Zeit* bestätigen die Regel. Im Zeitalter der Direktmedien bemisst sich Qualität halt nach der Quantität, nach Quoten und Klickzahlen. Und wer über Emotionen berichtet und diese verstärkt, hat es sehr viel einfacher als der, dessen Berichterstattung tatsächlich sachbezogen ist. Gefühle entstehen selten durch die Rezeption von Fakten; sie entstehen in der Bekräftigung oder Ablehnung anderer Gefühle. Allein die differenzierte Aufarbeitung eines komplizierten Sachverhaltes wie bei den Migrationsgeschehnissen, der Corona-Pandemie oder dem Ukraine-Krieg gilt deshalb blitzschnell als unsolidarisch, nach dem Muster: Wer nicht dem Cursor des aktuell gefühlten Anstandes folgt, ist empathielos oder hat sich politisch verrannt und verirrt. Oder noch knapper: Wer nicht mit uns ist, ist gegen uns.

Medial inszeniert und schallverstärkt steht jede Person der Öffentlichkeit deshalb, ob sie will oder nicht, immer irgendwie auf einer Seite. Stets stehen zwei Schablonen bereit, um die eigene Meinung einzusortieren und einzubetonieren. Auch wenn man es selbst nicht tut, die Leitmedien sorgen schon dafür, dass man da hineinkommt. Man ist Teil der linken Willkommenskultur für Geflüchtete und somit Multi-Kulti, oder man ist ausländerfeindlich und rechts. Man ist für jede staatliche Corona-Maßnahme oder man ist Schwurbler und Querdenker. Man ist für die Lieferung schwerer Waffen an die Ukraine oder man ist Putinversteher. Die Raster sind medial vorsortiert, und was nicht passt, wird in Leitartikeln und Kommentaren passend gemacht. Es gibt also nicht nur eine Vereinseitigung auf der Ebene der Themen, sondern auch *Verzweiseitigung* (Klaus Raab) in deren Aufbereitung.

Dass in der Migrationsfrage, der Frage der Corona-Maßnahmen oder der Frage nach Waffenlieferungen an die Ukraine viele Menschen in Deutschland keine eindeutige, sondern eine unentschiedene Meinung vertreten, kommt leitmedial praktisch kaum vor. Zahlreiche Menschen schwanken bei »großen Fragen« verständlicherweise in ihrem Urteil. Viele haben eher eine Tendenz zu einer bestimmten Ansicht als eine rigorose Meinung. Und viele, die die eine oder andere Position vertreten, lassen dennoch Bedenken gegen den einen oder anderen Bestandteil ihrer Meinung zu. So konnte man generell für die Schutzmaßnahmen der Regierung in der Pandemie sein, aber gleichwohl gegen das Maskentragen von Kindern in der Schule. Man konnte die Willkommenskultur für Geflüchtete gutheißen, sich aber trotzdem Sorgen machen, ob deren Integration gelingt. Man kann für einen besseren Schutz von

Frauen gegenüber sexuellen Übergriffen sein und trotzdem die MeToo-Bewegung für problematisch halten. Man kann für die Gleichberechtigung der Geschlechter sein, aber das Gendern in der Sprache nicht für zielführend halten. Man kann für die Lieferung schwerer Waffen in die Ukraine sein, aber trotzdem darauf drängen, dass der Westen möglichst schnell einen diplomatischen Friedensvorstoß macht.

In den Leitmedien sind diese mehr als fünfzig Schattierungen von Grau nicht angemessen repräsentiert. Oft fehlen sie nicht nur in den Kommentaren und Berichten, sondern man unterstellt fälschlicherweise routiniert eine »gespaltene Gesellschaft«. Diese »gespaltene Gesellschaft« ist gleichsam die unverzichtbare Achse einer sensationierenden Berichterstattung in Krisenzeiten. Denn ohne sie fehlen die Haltegriffe, an denen sich die eigene Haltung zeigen lässt. So dürfen wir damit rechnen, dass man auch dieses Buch in eine Schablone pressen und uns vorwerfen wird, wir trügen zur »Spaltung« der Gesellschaft bei; also das genaue Gegenteil dessen, was wir tatsächlich beabsichtigen.

Aber wie gezeigt, entsteht die polarisierte und gespaltene Gesellschaft zumeist erst dadurch, dass Journalisten sie beschreiben. Und anschließend dadurch, dass die Diagnose von Zuschauern, Zuhörern und Lesern geglaubt wird. So beklagt der Berliner Soziologe Steffen Mau: »Ohne die Diagnose der Polarisierung geht nichts mehr – keine Auseinandersetzung um das Klima, keine um Corona-Maßnahmen, keine um das Gender-Sternchen. In dem Bild der Polarisierung ist die Gesellschaft in zwei Lager aufgeteilt, die nun mit widerstreitenden

Interessen und Orientierungen als Gegensatzpaar aufeinandertreffen.«[180] Dabei gibt es keine empirischen Befunde, die eine solche Polarisierung bestätigen. Selbst wenn es richtig ist, dass die Gesellschaft in diesen Fragen Konflikte austrägt, »der vereinfachende Großgruppendualismus trägt nicht weit«. Die »soziale und politische Geografie der Gegenwartsgesellschaft« ließe »sich jedenfalls nicht entlang zweier mehr oder weniger klar umrissener Lager kartieren.« »Irrig« sei »auch die Annahme, in den politischen Konflikten spiegele sich eine vorgelagerte Spaltung der Gesellschaft, in dem Sinn, dass das Soziale ein Apriori des Politischen sei.« Stattdessen sei es, so Mau, der Verbund von Massenmedien und politischen Parteien, der die Polarisierung inszeniere: »›Lager‹ mit konsistenten politischen Glaubenssystemen werden politisch und medial hergestellt.« Anlässe für solche Verzweiseitigung werden gesucht und gefunden. Was vielen eher gleichgültig sei, wie etwa »Unisex-Toiletten«, bildet keinen Meinungskampf in der Bevölkerung, sondern einen als solchen inszenierten in den Medien. »Gesinnungspolitische Aufladung« statt tatsächlich weitgehend vorherrschender Gelassenheit. Die Sache ist keine Kleinigkeit, denn »Politik und Medien« sind »dann selbst die Produzenten von etwas, was sie mit sozialwissenschaftlichem Beistand als unabhängig von sich selbst zu beobachten glauben. Dass uns die Beschreibungsbilder einer gespaltenen Gesellschaft dann oft selbst so plausibel vorkommen, hat womöglich auch damit zu tun, dass wir die fortwährende Inszenierung der Konflikte als Abbild realer Meinungslandschaften missverstehen. Die Zwei-Welten-Theorie, die die Gesellschaft im Vokabular der

Spaltung und des Auseinanderdividierens beschreibt, macht es einem jedenfalls leicht, die Komplexität sozialer und mentaler Lagerungen der Gesellschaft zu unterschätzen.«[181]

Was in solcher Polarisierung oder Verzweiseitigung verschwindet, ist sehr weitgehend die gesellschaftliche Realität, die einer Phantomwirklichkeit weicht, die von den Medienkonsumenten dann oft für die Realität gehalten wird. In Fragen von Unisex-Toiletten mag dies eher albern und nicht wichtig sein, handelt es sich jedoch um die Berichterstattung über den Ukraine-Krieg, so verdient das Ausblenden von Grautönen das Prädikat der Desinformation. Bezeichnenderweise ist ausgerechnet in der Frage der Waffenlieferungen einmal nicht von einer polarisierten Gesellschaft die Rede, auch nicht von einer gespaltenen, selbst wenn sich die These diesmal durch Meinungsumfragen stützen ließe, wenn man plump vorginge. Die Hälfte der Bevölkerung kommt aber medial gar nicht vor, Vertreter ihrer Auffassungen nur als Außenseiter und Feindbild. Die leitmedial behauptete Kluft geht also nicht mitten durch die Gesellschaft, sondern sie spaltet angeblich nur einen radikalen Rand ab, eine Art fünfte Kolonne, die dem russischen Autokraten in die Hände spielt, aus Dummheit oder aus Zynismus oder beidem, vor allem aber, weil ihre Vertreter in die Talkshows wollen, um »die Gegenseite niederzubrüllen«.[182] Demnach bestünde nahezu die Hälfte der deutschen Bevölkerung aus empathielosen Zynikern. Da sich dies nicht unterstellen lässt, ohne das eigene Publikum zu beschimpfen, schrumpft man diese Hälfte medial zu einer kleinen radikalen Randgruppe aus verirrten Intellektuellen ein.

Mit einer ausgewogenen Berichterstattung und Kommentierung hat das nicht viel zu tun. Aber was sollte praktisch dagegensprechen, trotzdem dabeizubleiben? Die Wirkmechanismen der Direktmedien belehren unmissverständlich darüber, dass Aufbauschen, Spalten und Ausgrenzen die Aufmerksamkeit und die Reichweite erhöhen. Sukzessiv hat sich der Journalismus in vielen Leitmedien verändert. Die Meinungsstärke nimmt zu, der Ton wird rauer, und die Ausgewogenheit und Integrationsfunktion nehmen ab. Und das, obwohl Direktmedien und klassische Leitmedien in ihrer DNA eigentlich gar nicht allzu viele Gemeinsamkeiten haben. Die Infrastruktur der digitalen Öffentlichkeit wurde, wie Frederik Fischer, Chefredakteur des Start-ups *Piqd* sagt, ja nicht von Qualitätsjournalisten geschaffen, sondern von Leuten gebaut, »die ideengeschichtlich aus einer ganz anderen Ecke als Journalisten kommen«.[183] In der Welt der Social Media spielten die hehren Werte des Journalismus – man denke an die Randall-Liste – nie eine Rolle. Das deliberative Element – die Beratschlagung – findet nicht statt. Pluralismus ist nicht mehr als ein Pool, aus dem die dicksten Fische herausgezogen werden, während alle anderen verschwimmen. Die algorithmisch erzeugte Öffentlichkeit ist nicht biodivers, sondern eintönig. Und das Wachstumshormon für die Intensivzucht der dicken Fische ist Überemotionalität und nicht etwa gründliche Recherche oder Abgewogenheit.

Wie Journalisten in ihrer Berichterstattung von Social Media regelrecht getrieben wurden, hat Klaus Raab am Beispiel der Ereignisse in der Kölner Silvesternacht 2015/16 ausführlich analysiert.[184] Von ihrem journalistischen Ethos blieb dabei nicht viel übrig, denn das Narrativ war bereits in Social Media vorgefertigt worden, bevor die Leitmedien es übernahmen und vielfältig kommentierten und weiter inszenierten. Ausgangspunkt dafür war die *Facebook*-Seite »NETT-WERK Köln«, auf der es nach den Geschehnissen der Kölner Silvesternacht hieß, »Tausende betrunkene junge zumeist arabisch sprechende Männer« hätten die Frauen wie »Freiwild« behandelt. Eine empörte Stimme fragte: »Ist es das, wofür ich den halben Inhalt meines Kleiderschranks gespendet habe? Ist das das neue Köln? Ist das das neue Deutschland?«

Die Aufnahme von Geflüchteten wurde quasi über Nacht von einer Großtat zum Fanal: Müssen wir Angst vor Flüchtlingen haben? Ist das ihr Dank? Wenige Posts hatten gereicht, um überall zu triggern, dass Geflüchtete für die Übergriffe und Straftaten auf der Domplatte verantwortlich waren. Die Fusion »Sexuelle Gewalt/Asylbewerber als Täter« ist in der Welt und gilt ungeprüft als Faktum; hunderttausendfach verbreitet, entzündet das Virus die Phantasie und die Gemüter im Netz. Noch sind die Leitmedien, vor allem die Zeitungen in Köln, zurückhaltend. Wer will schon so genau wissen, wer die Täter waren? Aber journalistische Sorgfalt und Wahrhaftigkeitsanspruch haben kaum eine Chance. Das Netz brodelt, Tausende erregte Posts erreichen Millionen Menschen. Ein Türsteher in einem Kölner Hotel sagt: »Die Menschen, die wir vor drei Monaten noch mit Teddybären und Wasserflaschen empfangen haben, haben angefangen, auf den Dom zu schießen.«[185] Das Video wird hunderttausendfach geklickt. Hitlervergleiche werden gezogen, der triebhafte Orientale herausgestellt, und Petitionen fordern Angela Merkels Rücktritt.

Wo schon so viel Erregung wogt, dürfen die amtierenden Medien nicht fehlen. Mit einem Mal gibt es für sie kein anderes Thema mehr. Der Journalist Wolfgang Michal spricht von einer »journalistischen Los Wochos-Strategie«.[186] »Was man auch einschaltet, wo man auch hinschaut«, schreibt er im September 2015: »Flüchtlingskrise. Davor, nicht minder dominierend, die Euro-Krise, davor NSA total, davor Ostukraine, davor Germanwings, davor Charlie Hebdo.« Und nun die Kölner Silvesternacht. »Die Menschen werden – ob sie es wollen oder nicht – durch den Emotionskindergarten der Medien gejagt und können nicht mehr selbst entscheiden, womit sie sich befassen wollen.«

Aber werden nur die Menschen getrieben, die Zuschauer, Leser und Hörer? Sind es nicht auch die Journalisten selbst? Wer nicht mit dabei ist und sich seinen Teil vom Kuchen nimmt, bleibt außen vor. Doch wie arbeitet es sich als Journalist mit Qualitätsanspruch, wenn allgemeine Erregung und gesichertes Wissen so weit auseinanderklaffen? Sind anonyme Augenzeugenberichte im Netz zitierfähige Quellen? Eigentlich nicht. Aber sie werden zitiert. Und das größte Problem ist: Das im Netz wie in sämtlichen Medien kursierende Laienvideo von der Domplatte gibt überhaupt keinen Aufschluss über die Geschehnisse. Es zeigt eine Menschenmenge. Über den Bahnhofsvorplatz fliegen Silvesterraketen. Aber nirgendwo sieht man sexualisierte Gewalt. Man sieht keine Diebstähle und auch sonst keine Straftat. Das Video zeigt das übliche Silvesterchaos auf einem belebten Platz in einer Großstadt. Gleichwohl läuft es über alle Bildschirme als Beleg für Geschehnisse, die man darauf nicht sieht. Von »verstörenden Bildern« ist allerorten die Rede. Und das massenhafte Zitieren der Posts in den Leitmedien macht aus ungeprüften Berichten Fakten.

Focus-online meldet früh, auf der Domplatte hätte es sexualisierte Gewalt gegeben, obwohl das zu diesem Zeitpunkt keiner genau weiß, auch nicht die Polizei. Alle großen Online-Redaktionen ziehen nach. Alle reden nun darüber, worüber alle reden. Aber kaum jemand weiß etwas. Wie viele Straftaten gab es? Wie intensiv war die sexualisierte Gewalt? Waren wirklich »massenhaft Vergewaltigungen« dabei, wie vielfach berichtet wird? Aus welchen Ländern stammen die Täter? Wie viele von ihnen gehören zu den 2015 in der Flüchtlingswelle nach Deutschland gekommenen Menschen? All das können die berichtenden Leitmedien zunächst nicht wissen. Aber es wird freudig vor sich hin behauptet, als Nachricht gemeldet, was keine sein kann, und eine wilde Stimmung erzeugt. Eine Stimmung auf Grundlage einer Stimmung, die sich zuvor im Netz verbreitet hat. Erzählungen werden gesponnen und Kurzschlüsse medial verbreitet: Alice Schwarzer in der *Emma* weiß von tausend überwiegend gewaltbereiten Männern, »doch die Mehrheit waren vermutlich die Flüchtlinge von gestern bzw. Migranten und ihre Söhne«.[187] Der *Cicero* kommentiert: »Was in Köln passiert ist, kann nicht einmal mehr von den linksideologischen Willkommens-Medien und einem sich selbst gleichschaltenden öffentlich-rechtlichen Rundfunk unter den Teppich gekehrt werden. Denn dafür ist ein bis zu tausend

Personen großer Mob, aus dem heraus Feuerwerkskörper auf Passanten geworfen, Diebstähle, Raubtaten und vor allem sexuelle Übergriffe auf Frauen begangen werden, einfach zu groß. ›Die Täter waren im Schnitt Mitte zwanzig und kamen offenbar aus Marokko, Algerien und Tunesien. Wie sie nach Köln gekommen sind, wissen wir nicht‹, sagte ein Ermittler einer Kölner Tageszeitung. Die Betonung liegt auf dem Nichtwissen, abgeleitet aus dem von höchster Stelle im Bundeskanzleramt verordneten Nichtwissenwollen.«[188] Sieht der *Cicero* nicht, dass Männer aus Algerien, Marokko und Tunesien wahrscheinlich nicht die sind, die im September 2015 über Budapest nach Deutschland kamen, oder will er es nicht sehen?[189] Empörung macht blind. Doch den größten Ausrutscher leistet sich die Redaktion von *Stern.de*: »Etwa 1000 Männer haben am Kölner Hbf in der Silvesternacht Frauen sexuell belästigt«, twittert die Redaktion.[190] Verstanden. Alle tausend Anwesenden waren Täter! Mit solchen Kurzschlüssen würden seriöse Journalistenschulen keinen einzigen Bewerber aufnehmen. Die Grundlagen des Handwerks sind nicht verstanden, recherchetechnisch wie sprachlich. Und doch waren sie möglich – in Medien, die sich selbst für qualitativ hochwertig halten. Es gab 600 Anzeigen, aber deren juristische Aufarbeitung hat kaum noch jemanden interessiert, über die Ermittlungen und Prozesse wurde wenig berichtet, das Urteil stand ja gewissermaßen auch so fest.[191]

Man könnte viele vergleichbare Beispiele anführen, etwa die spekulativen Berichtskaskaden vom Germanwings-Absturz 2015 bis zur Flutkatastrophe 2021. Bernhard Pörksen fasst das mit einem Satz des Netzphilosophen Peter Glaser zusammen: »Information ist schnell, Wahrheit braucht Zeit.«[192]

Man könnte nun immerhin ins Feld führen, dass ein inklusiver und integrativer Journalismus nicht an den Gedanken und Gemütsregungen der Direktmedien vorbeisehen und vorbeigehen kann. Noch nie war »Volkes Stimme« so sichtbar und so laut. Wer sich als ihr Stellvertreter sieht, der muss sie wahrnehmen. So weit, so richtig. Aber er muss beileibe nicht ihre Erregungspotenziale verstärken und damit gleichsam befürworten. Besonders abenteuerlich und fragwürdig wird das, wenn *Twitter*-Tweets zum Gegenstand leitmedialer Berichterstattung gemacht werden. So taucht während der »Wulff-Affäre« im Netz das Wort »wulffen« auf, für die geschönte Darstellung von Vorteilsnahme und Abgreifen.[193] Ist das eine leitmedial erwähnenswerte Nachricht oder nicht vielmehr eine Denunziation? Seit wann ist Häme ein Erkenntnisgewinn?

Das *RedaktionsNetzwerk Deutschland* (RND), seinem Selbstverständnis nach seriöser Journalismus, scheut sich nicht, seine Leser auf Shitstorms gegen bekannte Personen im Netz hinzuweisen – und macht sich damit zum Komplizen, indem es das Licht darauf verstärkt und den Hass nobilitiert. So lässt sich mit entsprechender Süffisanz ausbreiten, was dort an Verletzendem geschrieben steht und was man sich selbst nicht zu schreiben traut, was aber durch das Zitieren als Nachricht zu Legitimation und Bedeutung kommt. Eigentlich ein ungeheuerlicher Vorgang, zumal jeder weiß, wie leicht sich Shitstorms gezielt inszenieren lassen und dass sie alles andere sein können als »Volkes Stimme«. Und doch schreckt RND davor nicht zurück, solche Nicht-Informationen als Information ins Netz zu stellen.

Die Leichtfertigkeit, mit der hier der Qualitätsverlust hingenommen und die Sensationierung vorangetrieben wird, ist bestürzend. Beliebige Meinungen und Verunglimpfungen werden zu Nachrichten, recherchiert und überprüft wird hierbei gar nicht, und anonyme Pöbelei wird aufgewertet. Alles egal, wenn die Verlockung, Reichweite zu erzielen, so groß ist, die Quantität zur Qualität erklärt wird. Eine Otto-Brenner-Studie über die Orientierung der öffentlich-rechtlichen »funk«-, also plattformbasierten Inhalte an Direktmedien-Algorithmen kommt zu dem Schluss, dass »viele Aussagen« deutlich machen, dass »sich die Befragten bewusst darüber sind, in einem permanenten Konflikt zu stehen, Inhalte entweder mehr auf Reichweite oder eher auf inhaltliche Qualitätskriterien hin umzusetzen«.[194] Schon »in der Formatentwicklung orientieren sich Redaktionen an Plattform-Konventionen mit dem Ziel, journalistische Inhalte so darzustellen, dass sie durch die Algorithmen eine möglichst große Verbreitung erfahren«. Und »Themenvorschläge werden zudem daraufhin diskutiert, ob sie Potential für hohe Interaktionsraten haben und inwiefern sie sich emotionalisierend umsetzen lassen«.

Die OBS-Studie belegt, dass Qualitätsmedien, hier der öffentlich-rechtliche Rundfunk, ihr Social Media-Angebot nach deutlich geringeren Qualitätsmaßstäben produzieren und formatieren, besonders vulgarisierend vor allem bei reißerisch betitelten Angeboten hinter Bezahlschranken. Man triggert, behauptet und denunziert als unliebsam empfundene Personen. Gar nicht zu reden von den *Facebook*-Postings vieler Leitmedien, bei denen differenzierte Zusammenhänge unter überspitzte Überschriften gestellt werden.

Allgemeines Strukturmerkmal des direktmedial transformierten Online-Journalismus etablierter Medien ist nicht nur die Verzweiseitigung und die Markierung von Freund-Feindlinien. Die Not, neben den Printseiten auch die Online-Seiten füllen zu müssen, erzeugt eine enorme Flut an Texten mit überwältigender Redundanz. Was wurde nicht alles zur Corona-Pandemie oder zum Ukraine-Krieg geschrieben, was nichts anderes als das Prädikat »redundant« verdient, weil es weder neue Informationen enthielt noch eine neue Perspektive? Ein massives Mehr an Berichterstattung, wie bei den erwähnten Ereignissen, führt durchaus nicht zu mehr Orientierung und Information. Es könnte sogar umgekehrt sein, dass die Flut an Texten die Übersicht erschwert und die Konturen der Dinge eher verwischt als schärft. Wie soll man bei all den Spekulationen von Experten über die Pandemie und den ungezählt gemeldeten militärischen Erfolgen der Ukraine noch halbwegs durchblicken, was tatsächlich Sache ist? Zumal nie klar ist, was der und die Schreibende mit ihren Texten beabsichtigen? Mut machen, Hoffnung streuen, Angst einjagen, seine eigene Meinung verbreiten, irgendetwas vollschreiben? Wie sinnvoll sind zum Beispiel die Krisenformate *Brennpunkt* oder ein News- und Liveblog, wenn man auch nicht mehr weiß als andere?

Und ist schnelle Berichterstattung unweigerlich die bessere?

Wer eine »Echtzeitberichterstattung« liefert, setzt ein gewaltiges Ausrufezeichen hinter ein Thema. Aber was steht davor? Oft genug bleibt von dem Hype vor allem: der Hype. *The flurry is the massage* – frei nach Marshall McLuhans These, dass die Medien sich selbst zur Botschaft (*message*) beziehungsweise Seelenmassage (*massage*) machen. So bleibt von der fiebernden Berichterstattung, etwa zur Pandemie, oft vor allem die Infodemie in Erinnerung, nicht aber substanzielle Inhalte. Denn was ist eigentlich das Kriterium dafür, dass etwas zur »Eilmeldung« wird und »Echtzeitberichterstattung« verlangt? Vermutlich einzig, dass es medial funktioniert, mithin also seine rein quantitative Relevanz.

Erregungsökonomie

Der Verlust des Kontextes

Man erinnere sich an eine der großen Debatten in der Geschichte der Bundesrepublik: an den Historikerstreit von 1986/87. Es ging um den Vorwurf des Geschichtsrevisionismus an die Adresse konservativer Historiker wie Ernst Nolte, Andreas Hillgruber und Michael Stürmer. Ankläger waren von linksliberaler Seite Jürgen Habermas, Hans-Ulrich Wehler und andere. Der Streit währte ziemlich lange, und er war ziemlich intensiv und hart in der Auseinandersetzung. Und doch wird man keinen personalistisch geführten Debattenbeitrag finden; keinen Text also, in dem die Persönlichkeiten der Streitenden oder ihre Eigenschaften verhandelt würden.

Natürlich wurden die jeweiligen Positionen auch in den Kontext früherer Forschungen und politischer Netzwerke gestellt. Aber man würde vergeblich Qualifizierungen suchen wie »herablassend«, »ahnungslos«, »naiv« usw. Eine solche harte sachliche Auseinandersetzung um Geschichtsauffassungen wäre in der Öffentlichkeit gegenwärtig nicht mehr möglich. Führte man solche Debatten heute, so liefen sie nicht mehr über den Umweg von Texten, die erstmal verfasst und dann auch noch gelesen werden müssen – ihre Austragungsorte wären Talkshows, *Twitter*-Kommentare und Shitstorms.

Und in denen geht es gerade nicht um die Einordnung von Begriffen, Sätzen und Positionen in den Forschungskontext oder um die fachliche Sicht einer Person. Sondern es ginge fast einzig um deren moralische Bewertung und, je nachdem, um Lobpreisung oder Abwertung.

Man wird denselben Unterschied in Stil und Form der Auseinandersetzung auch woanders finden, etwa bei der Friedenspreisrede von Martin Walser. Sie wurde 1998 wegen einer Reihe höchst fragwürdiger Formulierungen öffentlich sehr scharf kritisiert – aber eben nur *die Rede* Walsers und ihr wiederum geschichtsrevisionistischer Inhalt, nicht aber seine Person. Und auch wenn der FAZ-Mitherausgeber Frank Schirrmacher den Schriftsteller Günter Grass 2006 und 2012 wegen dessen Outing als SS-Mitglied bzw. eines israelfeindlichen Gedichts scharf angriff und damit durchaus auch Interessen seiner Zeitung verfolgte, blieben Qualifizierungen der Person Grass weitgehend aus. Schirrmacher bezog sich auf dessen Aussagen bzw. das poetische Erzeugnis. Das wirkt im Rückblick geradezu idyllisch. Man mag sich, gerade bei einer polarisierenden Figur wie Grass, kaum ausmalen, welches *Twitter*-Inferno über die inkriminierte Person hereinbrechen würde und wie die Leitmedien daraufhin weiteres Öl ins Feuer gießen würden, um es möglichst lange brennen zu lassen. Der Nobelpreisträger würde zur Persona non grata.

Woher kommt der Unterschied? Warum ist die Auseinandersetzung in der Sache der moralischen Anklage von Personen gewichen? Wichtig wird hier ein fundamentaler Unterschied in der Textsorte: Denn die allermeisten der auf *Twitter* abgesonderten Kommentare dienen nicht der inhaltlichen Auseinandersetzung mit einer Aussage, einem Text oder einem Gedicht. Sondern sie nehmen so etwas lediglich als Anlass, eine eigene Auffassung oder Haltung kundzutun. Mit anderen Worten: *Tweets dienen nicht der Entwicklung und Prüfung eines Arguments, sondern dem sozialen Design des Absenders* – denn der macht ja, getriggert durch irgendeinen Anlass, mit einem Tweet seine Haltung klar. Dieser Anlass – zum Beispiel Walsers Formulierung von der »Moralkeule« Auschwitz – wäre hier nicht der Gegenstand der Kommunikation, sondern lediglich das Mittel zu dem Zweck, eine Haltung zum Ausdruck zu bringen. Eine Haltung wiederum ist kein Mittel der rationalen Auseinandersetzung mit einem Gegenstand, sondern bereits das Ergebnis vorausliegender Meinungsbildungen, die sich zu so etwas wie einer ausstellbaren Haltung verdichten (»Walser ist eindeutig ein Nazi, das war mir immer schon klar«). Und diese wird im Tweet wirksam und erneut unterstrichen.

Stellt man den leitmedialen Kommentar alten Stils dem Tweet, einer Kurznachricht in den sozialen Medien, gegenüber verändern sich also sowohl Objekt als auch Ziel der Kommunikation. Denn statt einer Analyse der Rede von Walser oder des ressentimentgeladenen Gehalts von Grass' Israelgedicht ginge es in einem Tweet halt nur um Personen, und zwar um zwei: um den anzugreifenden Schriftsteller und den Haltung zeigenden Angreifer. Diese Konstellation lädt geradezu zu weiteren Hinzufügungen desselben Typs ein, denn schließlich lässt sich auch Haltung zeigen, indem man den Kommentierer kommentiert usw. usf., womit das berühmte »Viral-gehen« par excellence in Gang gesetzt ist.

Die Verschiebung vom leitmedialen Kommentar zum Tweet lässt damit einen grundlegend anderen Typus von Kommunikation wirksam werden. Die Personalisierung spielt nicht nur die zentrale Rolle, sondern sie bildet geradezu den *Zweck* der Kommunikation. Nolte, Walser oder Grass wären nicht wie früher mit differenzierten, mitunter schroffen Gegenpositionen konfrontiert gewesen, sondern sähen sich Shit- oder Candystorms von beliebigen Absendern ausgesetzt. Und hatte man sich früher nur insoweit für die Person interessiert, als es für das Verstehen des Konflikts relevant war, so ist heute, im Modus des Twitterns, die Herabwürdigung oder das Hypen der jeweiligen Person über den Transmitter der jeweiligen Aussage die eigentliche Übung, um die es geht.

Folgenlos ist das nicht. Im Gegensatz zu früher wird die Kommunikation immer hysterischer. Und Menschen rücken als ganze Person positiv wie negativ für einen bestimmten Zeitraum in die Mitte der *Twitter*-Öffentlichkeit mit alldem, was das für sie bedeuten kann: vom Jobverlust bis zum überraschenden Karriereschub oder von psychischen Konsequenzen bis hin zum Suizid. Exemplarisch kann dafür eine *Instagram*-Story des Musikers Olli Schulz stehen, der sich an die *Twitter*-Kommunikation über einen Influencer namens Fynn Kliemann richtet, der von Jan Böhmermann in dessen Fernsehshow angegriffen wurde. Was naturgemäß ein gefundenes Fressen für die *Twitter*-Gemeinde ist. Schulz schreibt:

13:27

◂ one sec

Wisst Ihr eigentlich, was Jan Böhmermann und Fynn Kliemann gemeinsam haben?
Ich hab beide schonmal in Ihrer Küche weinen gesehen. Ich habe gesehen was wochenlanger, öffentlicher Druck mit Menschen anrichtet, wie verzweifelt und besorgt das familiäre und freundschaftliche Umfeld ist, wenn jemand, der Dir sehr am Herzen liegt, vor Deinen Augen eine Persönlichkeitsveränderung durchmacht. Es ist schlimm und ich wünsche das wirklich niemanden.
Wer auf einen Gladiatorenkampf zwischen Jan und mir bei F&F giert, den muss ich enttäuschen, denn sowas wird es nicht geben. Was mich gerade beschäftigt ist die Frage, wie soll das alles in Zukunft weitergehen?
Wie gehen wir mit Menschen um, auch nachdem sie Fehler gemacht haben?
Ich muss immer wieder an die Geschichte von Kasia Lenhardt denken.
Ich hab mir in den letzten 10 Jahren schon häufiger um einige Kolleg*innen echte Sorgen gemacht, weil ihnen der Boden unter den Füssen weggezogen wurde.
Die Welt ist gerade sehr fragil und wir gehen nicht sehr sensibel miteinander um.

Abb. 4: Der Post von Olli Schulz

Natürlich bot auch dieser Post umgehend willkommenen Anlass für Zustimmung oder Ablehnung. Aber er zeigt exemplarisch, dass und wie Personalisierung zum zentralen Inhalt solcher Kommunikation geworden ist und welche Folgen es für die Objekte solcher Kommunikation haben kann. Dabei geht es in diesem Fall ausschließlich um Personen, die selbst Virtuosen in der Handhabung des Mediums sind, was sie aber keineswegs davor bewahrt, dass seine Funktionsweise auf sie zurückschlagen kann.

Das wäre alles nur halb so schlimm, wäre die Stigmatisierung von als unliebsam empfundenen Menschen auf Direktmedien wie *Twitter* begrenzt. Doch davon kann heute keine Rede mehr sein. Denn auch die Journalisten der Leitmedien, darunter viele des öffentlich-rechtlichen Rundfunks, haben selbst *Twitter*-Accounts und bedienen sie reichlich, nicht selten mit ihren moralischen Wertungen oder Kommentaren zu Personen. Dabei ist *Twitter* seiner Natur nach eigentlich das Medium derer, die sonst keine Reichweite haben, denen also nicht der Beruf die Resonanz für ihre Ansichten verschafft. Selbstverständlich ist dieses Bedürfnis nach Resonanzverdoppelung jedenfalls nicht, denn es erhebt höchste Ansprüche an den twitternden öffentlich-rechtlichen Journalisten. Die Qualitätsstandards, die sein Auftrag festlegt, dürfen dabei nicht unterboten werden. Bei rasch getwitterten Meinungen und Bewertungen keine leichte Sache, so dass man sich häufig fragt, warum der Journalist oder die Journalistin es nicht schafft, das einfach sein zu lassen.

Viel wichtiger und gefährlicher jedoch ist, dass die etablierten Medien die Strukturmerkmale der Social-Media-Kommunikation inzwischen vielfach auch in ihren Sendungen und Blättern und bevorzugt auf ihren Online-Seiten übernommen haben. So machen sie damit etwas ganz Ähnliches wie *Twitter*, ironischerweise nicht zuletzt dann, wenn das *Twitter*-Universum Anlässe dafür liefert. Die sorgfältige Beobachtung dessen, was auf *Twitter* läuft, ist heute ein ganz selbstverständlicher Teil der journalistischen Praxis – und wenn da etwas »abgeht«, kann das auch unmittelbar Anlass geben, darauf mit einem eigenen Artikel einzusteigen. Für den Fall, über den Olli Schulz twittert, findet man bei Google mit der simplen Eingabe »Kliemann Böhmermann« 56700 Resultate – deutschsprachige Medienberichte von *Bild* bis *Spiegel* und ihrer jeweiligen Online-Portale. Mit anderen Worten: *Twitter* fungiert als ein Sensor für Angelegenheiten mit hohem Aufmerksamkeitswert – ist also ein Arbeitsmittel für Redaktionen und wird auch als solches benutzt.

Nun kann man mit Recht sagen, dass das Social-Media-Geschehen ein Teil der Gesellschaft ist, zudem ein äußerst sichtbarer, an dem auch die Leitmedien nicht ungerührt vorbeisehen können, ohne etwas auszublenden. Und das ist völlig richtig. Man wird aber zugleich daran denken müssen, dass das, was nicht erregungsbereite Menschen, die kein auffälliges Mitteilungsbedürfnis hegen, denken und besprechen, keineswegs identisch sein muss mit dem, was die Dauererregten beschäftigt. Denn was *die* Menschen denken, erfährt auf *Twitter* niemand. Tweet-Inhalte leitmedial abzubilden, führt also leicht zur Überrepräsentation, also dem sichtbaren Gegenstück der Repräsentationslücke. Greifen die amtierenden Medien einen Shitstorm auf, der ihnen anzeigt, dass »im Netz etwas abgeht«, multiplizieren sie ihn. Sie verstärken die Erregungsschlagseite. Daran ändern auch hinzugefügte »Hintergrundinformationen« nichts. Wie im vorhergehenden Kapitel gezeigt, verlassen damit viele »Nachrichten«, die möglicherweise besser draußen vor der Tür geblieben wären, den Raum des einen Mediums und treten in einen weiteren ein.

Personalisierung, Erregungsschlagseite, Stock-market-Publizistik und Cursor-Journalismus individualisieren auf diese Weise auch die Kommunikation der Leitmedien und geben Verzerrungen und Verunglimpfungen eine Bühne. Man darf sich das in etwa so vorstellen: In einer beliebigen Redaktionssitzung plädiert Kollege A dafür, dass man darüber schreiben müsse, dass Frau Professorin G am Abend zuvor in einer Talkshow eine völlig inakzeptable Auffassung zum Ukraine-Krieg zum Ausdruck gebracht habe, was auf *Twitter* schon durch die Decke geht, woraufhin Kollege B einwendet, sie habe aber mit einem Argument nicht unrecht und sei sogar durch ihr wissenschaftliches Werk für ihr Urteil qualifiziert, woraufhin Kollegin C den Kopf schüttelt und sagt, gerade dieses sei doch ausgesprochen umstritten. Da sagt Kollege A, das sei ja nun interessant, könne man dem nicht nachgehen und damit einen Punkt machen, der bei *Twitter* noch gar nicht debattiert wurde, woraufhin B noch einen zaghaften Versuch macht und dafür plädiert, Frau Professorin G nicht öffentlich noch weiterer Häme und weiteren Angriffen auszusetzen. Jetzt fragt Kollegin D: »Findest Du die etwa gut?« Worauf alle am Tisch den

Kopf schütteln und womit Frau Professorin G zum Abschuss freigegeben ist. Die weitere Diskussion richtet sich nunmehr darauf, wo jetzt Weiteres gegen Professorin G zu finden ist, wer dazu recherchiert und schreibt und dass das aber schnell gehen muss. Schon zwei Tage später sieht sich Professorin G mit (leider nicht erfundenen) Plagiatsvorwürfen konfrontiert und ist zu einer wissenschaftlich diskreditierten und damit öffentlich »unmöglichen« Person mutiert, ausgeliefert zum »Fremdschämen«. Ob sie ihre erregungsgeeignete Äußerung mit Grund getan hat, ob die womöglich sogar richtig war, spielt nunmehr überhaupt keine Rolle mehr, ist auf dem Weg durch den multimedialen Oszillator abhandengekommen. Interessiert aber niemanden, denn Professorin G ist nun zum Haltungsmarker geworden.

Professorin G steht hier exemplarisch für zahlreiche vergleichbare Verläufe der Diskreditierung von Personen, die medienöffentlich Auffassungen mit hohem Wallungswert (Roger Willemsen) für die *Twitter*-Gemeinde geäußert haben. *Twitter* funktioniert als Erregungs- und Haltungsdemonstrationsmaschine, die jemanden wegen eines Auftritts, womöglich wegen einer einzigen Äußerung ins Zentrum der Erregtheit stellt; die amtierenden Medien erweitern diese Arena um weitere Gründe der Erregung, weshalb die betroffene Person innerhalb kürzester Zeit als »umstritten« gilt und sich schon mal darauf gefasst machen darf, dass alle Erregungsbereiten bei ihrem nächsten öffentlichen Erscheinen schon auf ein Signalwort warten, über das sie sich wieder aufregen und damit ihre Haltung der Welt kundtun können.

Man darf sich zugleich vorstellen, was sozial-mediale »Schauprozesse« mit leitmedialer Resonanzverstärkung mit der deliberativ gedachten Öffentlichkeit machen. Für den freien Austausch von Meinungen sind sie eine finstere Bedrohung. Man erinnere sich, dass der Schriftsteller Friedrich Dürrenmatt sein Heimatland, die Schweiz, 1990 medial ziemlich ungestraft ein »Gefängnis« nennen konnte.[195] So sind sie halt, die Schriftsteller und die Ironiker, immer einen starken Spruch auf den Lippen. Das Prädikat »unbequem« war eigentlich das Schlimmste, was einem damals passieren konnte, halb Tadel und halb Lob, aber durchaus positiv bewertet bei Preisverleihungen und sonstigen Laudationen. Mit dem Wort »umstritten« geht das nicht. Was im Wortsinne eigentlich nur »kontrovers diskutiert« heißt, ist ein schnell eingefügtes Attribut, das jedermann und auch jede Frau ins gesellschaftliche Abseits schiebt. Wer »umstritten« ist, hat sich zu weit vom Cursor entfernt. Und wer zu dieser Gruppe der Umstrittenen gehört, bestimmen die Leitmedien selbst, und zwar durch gezielte Selektion von Missliebigkeit. So ist Vorsicht bei vielen Personen der Öffentlichkeit fest programmiert, und bei gesellschaftlichen Debatten hält sich die kluge Schriftstellerin besser zurück, Renommée und künftige Preise geraten dabei zu sehr in Gefahr. Das Gleiche gilt für den Wissenschaftler, dessen Karriereleiter noch ein paar Sprossen nach oben vorsieht. Und dabei ist es nun wirklich noch nicht lange her, dass die deutschen Feuilletons klagten: Warum sind unsere Kulturschaffenden so unpolitisch? Als »Querdenker« noch ein positives Wort war und kein Kainsmal, das man neben verirrten Seelen auch jedem vom Cursor abweichenden Denker einzubrennen sucht. Jene kritische Öffentlichkeit, auf die die Bundesrepublik als liberale pluralistische Demokratie so lange zu Recht so stolz war –, soll sie wirklich dadurch geopfert werden, dass Dauererregte auf Social Media, leitmedial verstärkt, die Diktatur des Cursors durchsetzen? Vor der »Tyrannei der öffentlichen Meinung« ist immer wieder gewarnt worden, von Demokratiekritikern zur Zeit der Französischen Revolution wie vom Demokratiebefürworter Alexis de Tocqueville zu Anfang des 19. Jahrhunderts. Doch soll es tatsächlich dazu kommen, dass diese Tyrannei in den freiesten Ländern der Welt eingeführt wird, ohne politischen Beschluss, sondern einzig aus dem Gewinn- und Aufmerksamkeitsstreben der Medien heraus, die mitunter selbst nicht mal richtig merken, was sie da tun? Ein Prozess zudem, bei dem die veröffentlichte »Mehrheitsmeinung«, wie gezeigt, noch nicht einmal die unter den Menschen vorherrschende sein muss?

Möglich wird diese indirekte Tyrannei und der vorauseilende Gehorsam, der sie begleitet, vor allem dadurch, dass zwei Dinge in der medialen Erregung verlorengegangen sind, nämlich sowohl der Kontext der inkriminierenden Äußerungen als auch ein gewisses Grundgefühl von Anstand und Respekt. Wenn jemand etwas sagt, das für viral gehende Aufregung sorgt, sollte man sich da nicht fragen: Ist es eine Reaktion auf etwas davor Gesagtes? Was bedeutet die Aussage im Zusammenhang der fachlichen Expertise der Person? Wird hier ein Grundsatz-Statement getroffen, oder handelt es sich lediglich um den Versuch, einen neuen Gesichtspunkt in eine Debatte zu bringen? Die zeitgenössische Pädagogik ist voll davon, »Urteilsbildung« zur Hauptaufgabe der Schulbildung zu machen. Unsere Schülerinnen und Schüler lernen, Textsorten zu unterscheiden, Informationen von Meinungen, Kommentare von Berichten. Sie sollen medienkompetent differenzieren lernen. Warum aber können das in Deutschland so viele Journalisten nicht? Und wenn sie es können, warum unterbieten sie so oft ihr Niveau?

Man denke in diesem Zusammenhang etwa an den jüngsten Umgang mit Deutschlands mit Abstand bekanntestem Philosophen und renommiertestem Intellektuellen Jürgen Habermas. Er kommt in diesem Buch ziemlich oft vor. Das hat nicht nur damit zu tun, dass er mit seinem *Strukturwandel der Öffentlichkeit* ein Standardwerk vorgelegt hat, an dem man nicht ernsthaft vorbeikommt, wenn man selbst einen Essay zum Thema schreibt. Es liegt auch daran, dass Habermas als politischer Philosoph die komplette Zeitgeschichte der Bundesrepublik nicht nur begleitet, sondern auch mit Deutungen und normativen Setzungen geprägt hat, ohne die ein aufgeklärter politischer Diskurs auch heute nach wie vor nicht auskommt – sei es das Theorem vom »herrschaftsfreien Diskurs«, sei es die Differenz von »System und Lebenswelt«, sei es der wunderbare Begriff vom »Verfassungspatriotismus«, der den Patriotismus endlich vom Raum gelöst und denationalisiert hat.

Dazu kommen ein beeindruckendes, äußerst umfangreiches wissenschaftliches Werk und ein beständiges Einmischen in die Handgemenge politischer Konflikte, wenn es nötig war. So auch am 29. April 2022, als er in der *Süddeutschen Zeitung* unter dem Titel »Krieg und Empörung« einen Text publizierte.[196] Darin zeichnete er unter anderem nach, dass es einen offensichtlichen generationellen Unterschied in der Wahrnehmung und Bewertung der Rolle des Westens im Ukraine-Krieg gebe, einen, der sich etwa in der »Empfindlichkeit in normativen Fragen« bei den Jüngeren äußere. Aber vor allem ging es in diesem Text um das Dilemma, dass man einen völkerrechtswidrigen Angriffskrieg bekämpfen beziehungsweise die Angegriffenen unterstützen muss, aber andererseits diesen Kampf nicht gewinnen kann, nicht zuletzt, weil man es mit einer Atommacht zu tun hat.

Ohne es zu ahnen, hatte sich Habermas mit seinem abwägenden Text präzise in jene Lage der Öffentlichkeit hineinmanövriert, die er in ihm beschreibt: Unmittelbar nach Erscheinen schlug ihm ein Sturm der Empörung entgegen, der sowohl die konstatierte »Empfindlichkeit in normativen Fragen« dokumentierte wie die generationelle Differenz unterstrich. Die veröffentlichte Wut richtete sich dabei nur zweitrangig gegen den Text. Stattdessen wurde der Philosoph sogleich mit allerlei rhetorischen Mitteln demontiert. Der FAZ-Journalist Simon Strauß bescheinigte Habermas, einen »oberlehrerhaften Aufruf zur Mäßigung« verfasst zu haben, Thomas Schmid in der *Welt* behauptete, er würde in »mitunter auch boshafter Weise« sein Lebenswerk verteidigen. Bernd Stegemann bot im *Cicero* sogar die Alternative »Churchill oder Habermas« auf,[197] was offensichtlich bedeuten soll: Mit Churchill kämpfen und siegen oder mit Habermas untergehen und sterben.

Selbstverständlich war Habermas' Text weder »oberlehrerhaft« noch »boshaft«. Er war auf seine bekannte Weise philosophisch anspruchsvoll formuliert und bemüht, verschiedene Perspektiven in seinen Gedankengang zu integrieren. In der Diskussion um Deutschlands Rolle im Ukraine-Krieg gehörte er damit zu den Abwägenden und Bedächtigen, ganz gleich, wie man sich inhaltlich zu ihm stellt. Doch um eine differenzierte Auseinandersetzung mit den Argumenten ging es in den Leitmedien kaum. Die veröffentlichte Meinung begab sich in Echtzeit auf den Höhepunkt ihrer Wallungsbereitschaft. Und der zentrale Punkt von Habermas' Essay, dass man vor einem Dilemma stehe, bei dem es keine Lösung gibt, schon gar keine gute, wurde so gut wie gar nicht diskutiert. Es gibt, hatte der Philosoph betont, in einer solchen Situation wie dem Ukraine-Krieg nur Ambivalenz. Und gerade deshalb, so Habermas, dürfe es keine Presse geben, die einen Kanzler mit moralischer »Selbstgewissheit« aus der Reflexion und Zurückhaltung heraustreibe.

Doch gerade hier liegt das Problem offen: Ein personalisierender, sensationierender und moralisierender Journalismus kann mit Dilemmata und Ambivalenzen nichts, aber absolut gar nichts anfangen. Das ganze Werk von Habermas – und selbstverständlich auch der älteren Vertreter der Kritischen Theorie – ist von der theoretischen Figur der Dialektik und damit auch der intellektuellen Ambivalenzfähigkeit durchwirkt. Zygmunt Bauman hat diese in seinem Buch *Moderne und Ambivalenz* geradezu zum Kennzeichen modernen Denkens gemacht. Im Angesicht des Ukraine-Krieges jedoch wird diese über Jahrzehnte hochgerühmte Ambivalenzfähigkeit schlagartig exterritorialisiert und ins gesellschaftliche Abseits gestellt. Eine bekenntnistrainierte und haltungsdesignte journalistische Zunft kann sich im Angesicht des Krieges nur noch in der manichäischen Trivialwelt von Gut oder Böse, Richtig oder Falsch bewegen. Dazu wird, wo der bloße Hinweis auf das »ist eben alt« noch nicht auszureichen scheint, ausgepackt, dass hier offenbar jemand Angst vor Bedeutungsverlust habe – Sachaussagen werden hinter eine unterstellte persönliche Motivlage sortiert, damit man genau eines nicht tun muss: sich mit der Sache befassen! Dazu gehört auch, sich Habermas' Überlegungen vor dem Hintergrund seines lebenslangen Wirkens für Freiheit, Rechtsstaatlichkeit und Demokratie anzuschauen. Und dazu gehört, zu sehen, dass hier jemand etwas zur Sache zu sagen hat, was man mit Grund zur Kenntnis nehmen sollte. Doch inhaltliche Interpretation im Kontext? Fehlanzeige.

Die Flut persönlicher Angriffe im Namen des Guten und der Moral erfasste auch Alexander Kluge, den wohl profundesten Denker des Krieges, den es in Deutschland gibt. Kluge wurde leitmedial niedergemacht, weil er in einem Interview gesagt hatte, dass Kapitulation eine zivilisatorische Möglichkeit sei. Ähnliches geschah dem Rechtsphilosophen Reinhard Merkel, der in einer Talkshow den Gedanken zu erklären versuchte, dass Staaten auch dann Schutzpflichten gegenüber ihren Bewohnerinnen und Bewohnern haben, wenn sie angegriffen worden sind. Ganz egal, welche Ausbildung, welche Qualifikation, gar welches Lebenswerk ihren öffentlichen Einlassungen zugrunde liegt: Das alles zerfällt zu Staub vor der selbstgewissen, auf Konformität abzielenden, begründungsfreien Qualifizierung: »Das geht ja gar nicht!«

Tatsächlich wird die Frage, ob in diesem Sinn etwas »geht« oder nicht, fast gänzlich ohne Rücksicht auf den Kontext beantwortet. Also: Vor welchem fachlichen Hintergrund, auf welcher Basis ihres oder seines wissenschaftlichen Werkes, seines zivilgesellschaftlichen Engagements, ihrer historischen Erfahrung spricht oder schreibt oder debattiert jemand? Dass dieser Kontext von vornherein gelöscht werden muss, weiß jemand wie Simon Strauß, bevor er die Stirn hat, Habermas mit jemandem wie dem AfD-Mann Alexander Gauland in einen Sinnzusammenhang zu setzen. Und das wissen auch alle anderen, die sich nicht mit abweichenden Positionen auseinandersetzen wollen. Nur so kann der seit seiner K-Gruppen-Sozialisation offensichtlich notorisch binär denkende Ex-Politiker Ralf Fücks Politologen wie Johannes Varwick und Militärs wie Erich Vad als »Unterwerfungspazifisten« bezeichnen; Menschen, deren Arbeit nicht entfernt durch eine radikalpazifistische Linie bestimmt ist. Man denke auch an jenen Botschafter mit der ungewöhnlichen Auslegung seiner Arbeitsplatzbeschreibung, der die Urheber ihm missfallender Überlegungen kurzerhand als »pseudointellektuelle Loser« bezeichnet. Kurz: Hier werden Geländegewinne im Öffentlichen nicht durch Abwägung oder Widerlegung von Argumenten gemacht, sondern durch die *vorsätzliche Löschung von Kontext*.

Das haben sie alle von *Twitter* gelernt, denn da macht schon die Begrenzung der Textmenge plausibel, dass man sich um

Petitessen wie Sprecherposition, Qualifikation, öffentliche Rolle usw. nicht scheren kann. Da steht eine als zu inkriminierend definierte Äußerung einer Person *für die ganze Person* und nicht umgekehrt. Wie *low* und zivilisatorisch rückfällig das ist, fällt im *Twitter*-Universum nicht auf. Aber in einem politischen Journalismus, der im Dissensfall exakt ebenso verfährt, eben leider auch nicht mehr. Ganz im Gegenteil: Zur methodischen Operation wird, Aussagen, Einlassungen, gar Argumente hinsichtlich ihrer moralischen Einordnungstauglichkeit zu prüfen und dann entsprechend mit positiven oder negativen Vorzeichen zu versehen. Ist dies normal geworden, und das scheint heute so zu sein, kann sich niemand, der – wie Habermas – eine öffentliche Intervention vorbringt, mehr darauf verlassen, dass ihr oder ihm von vornherein eine legitime Sprecherposition unterstellt wird oder sogar eine besonders gerechtfertigte und notwendige, weil sie oder er ausweislich etwas von der Sache versteht. Und umgekehrt braucht niemand, der seine twitteresken Invektiven verteilt, erklären, auf welche fachliche, intellektuelle oder gesellschaftliche Dignität sich seine Urteile stützen.

Dass hier ein Abstieg, eine neue Destruktivität vorliegt, müssen eigentlich auch diejenigen einsehen, die dabei mitmachen. Immerhin war es der virtuoseste Twitterer ever, Donald Trump, der diese neue Unkultur kultivierte und umstandslos jegliche Äußerung von qualifizierter Seite als *fake news* oder Lügen bezeichnete, zu denen er jederzeit »alternative Fakten« in petto hatte. Und es war die Eigenlogik dieses Mediums, die ihm das erlaubte. Wem das noch nicht gezeigt hat, welche immanente Mechanik von Demokratiegefährdung in der Logik von *Twitter* liegt, der darf diese Myriaden von Mitteilungen gern als Information, als Nachrichtenquelle, gar als journalistischen Anlass zur Weiterverfolgung verstehen – allerdings ist er, mit einer glücklichen Formulierung des YouTubers Rezo, damit »todeslost inkompetent«.

Wer auch immer sich an dem Verfahren beteiligt, Sätze aus dem Zusammenhang zu reißen, hat im Schulunterricht gelernt, wie unzulässig das ist. Dennoch gibt es seit vielen Jahren einen kulturellen Wandel, der die Dekontextualisierung sukzessive akzeptabler gemacht hat und heute nicht nur in den Direktmedien, sondern eben auch in den Leitmedien fast als gewöhnlich und legitim erscheinen lässt. Wenn, wie vor einigen Jahren, Hochschullehrer wie Herfried Münkler und Jörg Baberowski von Studierenden hinsichtlich aus deren Sicht normativ falscher Themen und Sätze überwacht wurden – in der Tat: es gab ein Portal namens »Münkler-Watch«, in dem diese studentische Tscheka Aussagen Münklers listete, die sie unzulässig fand –, dann liegt dem ein fehlendes Grundverständnis akademischer Arbeit zugrunde. Ein Politikwissenschaftler, der aus einer Rede Himmlers oder Stalins zitiert, macht das nicht, um die Auffassungen Himmlers oder Stalins weiterzuverbreiten. Er macht das, weil er diese Zitate braucht, um deren Form von Weltdeutung zu erschließen und verständlich zu machen, wie solche Weltdeutung zum Tod von Menschen führt. Zum Beispiel.

Geht man hingegen so vor, dass man weder den wissenschaftlichen noch den didaktischen Kontext sieht, und versteht die Sätze so, als würde der Hochschullehrer ihren Inhalt teilen, entsteht »Münkler-Watch«, eine Art neostalinistische Selbstermächtigungsplattform. Wie Elias Canetti gesagt hat: Macht ist besonders verführerisch für die, die keine haben – und zur Machtquelle wird derlei Gedankenpolizei dort, wo ein wissenschaftsfeindliches Klima Heimat findet, auch wenn es ausgerechnet eine Universität ist. Es wäre langweilig und rein umfangslogisch unmöglich, alle vergleichbaren Verfolgungsaktivitäten aus Gründen moralischer Inkriminierung von Inhalten hier aufzuzählen – ihnen allen ist eines gemein: auf der Grundlage von theoretisch-moralischen Setzungen Begriffe, Sätze und Theorien diskreditieren zu dürfen, wenn sie von im weitesten Sinn identitätspolitischen Axiomen abweichen.

Hier ist nicht der Ort, um zu entfalten, wie sehr das nicht nur von der Wissenschaftsfreiheit, sondern auch von Gleichheitsidealen abweicht, wie sie etwa das Grundgesetz oder auch die Allgemeine Erklärung der Menschenrechte kennzeichnen. Hier geht es um das heute schon gar nicht mehr erstaunliche Prinzip, einen Tatbestand durch Dekontextualisierung zu sichern. So kann Immanuel Kant ein Rassist werden und Joanne K. Rowling transphob, man muss nur den historischen oder den feministischen Kontext streichen, schon geht das. Dass man, besonders im Fall historischer Bilderstürmerei, damit systematisch das Verstehen und Erklären von historischen Entwicklungen ausschließt, scheint in Kauf genommen zu werden zugunsten einer moralistischen Positionierung, die merkwürdig zeitenthoben und als solche ewig gültig zu sein scheint. Denn selbst der naheliegende Gedanke, der eigene

Furor gegen alle Dokumente kolonialen und postkolonialen, transphoben, rassistischen Denkens und Handelns sei selbst historisch und kulturell spezifisch und könnte von späteren Betrachtenden als grotesk falsch angesehen werden, scheint nicht zu irritieren, wenn man so schön dabei ist, Urteile zu sprechen.

Und auch hier taucht wieder dasselbe Prinzip auf: Eine Kenntnis des zu Verurteilenden sowie des historischen und kulturellen Referenzrahmens eines Werkes scheint genauso wenig nötig für das Urteil wie irgendeine qualifikatorische Befähigung der Urteilenden. Und für die, die nun eh schon vor Empörung hyperventilieren – gleich mal Entlastung schaffen und ein paar Tweets absetzen! Denn jetzt kommt noch etwas ganz Enttäuschendes: Was als unabhängiger moralischer Gerichtshof über den Wolken daherkommt, hat mehr mit Kapitalismus und Markt zu tun, als den beteiligten Empörten klar sein dürfte. Bewertungen abzugeben, von jederfrau und jedermann zu jeder Zeit in jeder Öffentlichkeit und ohne Rücksicht, ist kein langgehegter Wunsch von Demokratietheoretikern und Freiheitskämpfern, der hier in Erfüllung geht. Stattdessen spricht vor allem der Markt. Dass jeder und jede alles und jenes bewertet, ist eine der signifikantesten Ausweitungen der Vermarktlichung der letzten Jahrzehnte.

Kein öffentliches Klo kann mehr ohne Aufforderung verlassen werden, einen Button zur Bewertung der angebotenen Örtlichkeit zu drücken. Und ganz gleichgültig, ob jemand von den Buttondrückern auch nur die allerentfernteste Ahnung davon hat, was die Arbeitsbedingungen des Reinigungspersonals sind – sie oder er darf ihre Leistung bewerten. Dasselbe gilt für jede Zimmerbuchung in einem Hotel, jeden Urlaub, jede Online-Bestellung – immer darf der in der Sache möglicherweise komplett unkundige Kunde bewerten, ob die gebotene Leistung seinen Vorstellungen entsprach oder nicht. Oder irgendwas in der Mitte. Dass diese Bewertungen Konsequenzen haben für diejenigen, die die jeweilige Leistung bereitstellen müssen, kommt in dieser Kultur so wenig vor wie die Vorstellung, dass jemand, der bei Amazon ein Buch rezensiert, dieses auch gelesen haben müsste. Überflüssig, auf das Urteil kommt es an. Und dieses Urteil wiederum wird in ein perfektes Redundanzsystem eingespeist, denn es bildet ja wiederum die Grundlage für jene Empfehlungen, die den nächsten Konsumakt motivieren sollen.

Es ist eine durchaus bedeutende kulturelle Veränderung, wenn auf einmal jeder Trottel alles beurteilen können soll. Und von daher verwundern auch kaum noch die von Ärztinnen und Pflegepersonal vielfältig berichteten Anspruchshaltungen von Patienten und Patientinnen oder gar die Übergriffe und Angriffe auf Polizei, Rettungskräfte und Sanitäter – ein Ergebnis der kollektiven Ermächtigung der ganz und gar Inkompetenten. Und diese Ermächtigung beruht wiederum auf dem durch und durch konsumistischen Gedanken, dass es keinerlei eigener Kompetenz oder gar Qualifikation bedarf, um etwas beurteilen zu können. Es genügt, wenn einem etwas zusteht. Auch die Online-Portale der Leitmedien folgen diesem Prinzip, wenn sie permanent die Rezipientinnen und Rezipienten auffordern, zu urteilen – ob es eine Impfpflicht geben soll oder die Enteignung von Wohnraum oder die dauerhafte Verlängerung des 9-Euro-Tickets. Kontextwissen nicht erforderlich, meinen genügt.

Umgekehrt wird es also erst sinnig: Das Wegblenden von Kontext und Zusammenhang ist die notwendige Voraussetzung, um sich als Urteilender vom Typ Simon Strauß oder Klobewertungsbuttondrücker verstehen zu können. Und zugleich ist das Streichen des Kontextes geradezu die Bedingung der infektiösen Erregung, die in der Geschwindigkeit des Netzes ja blitzartig von jenen geteilt wird, die weder die Situation mitbekommen noch überhaupt von der Person zuvor jemals gehört hatten. Auf der Stufe der journalistischen Nobilitierung der Erregung wird eine primäre Recherche dann aus Zeit- und Geldgründen meist vermieden, weshalb der Einfachheit halber alle voneinander abschreiben. Am Ende erscheinen Artikel, in denen von allen überprüfbaren Sachverhalten nur noch stimmt, dass der Name der Betroffenen richtig geschrieben wird. Und manchmal nicht mal das.

Dass so etwas in den Direktmedien ungezählte Male geschieht – damit muss man im 21. Jahrhundert wohl leben. Für den politischen Journalismus jedoch ist Dekontextualisierung ein Todesurteil. Denn seine Aufgabe ist ja gerade die Herstellung von Zusammenhang, die Analyse dessen, *wie* etwas zu verstehen ist, die Rekonstruktion von Interaktionsprozessen – also alles das, was durch das vorgängige moralische Urteil verunmöglicht wird. Der mit einem reflexiven Aufklärungsverständnis ausgestattete Journalismus steht also vor einer großen Aufgabe, will er seine Kontur nicht völlig verwischen und sich damit letztlich überflüssig machen. Er müsste genau diesen Prozess realisieren. Und er müsste Strategien gegen diese marktförmige Selbstverzwergung entwickeln. Texte, die Kontexte ausblenden, voreilige moralische Bewertungen vornehmen und auch da bloßes Meinen sind, wo sie etwas zu berichten vorgeben, hätten hier zukünftig nichts mehr verloren. Man müsste sie systematisch vor ihrem eigenen Erscheinen in der Welt schützen.

Gewiss sind Journalisten keine Wissenschaftler, und ihr Belohnungssystem orientiert sich nicht an zeitlosen Wahrheiten und an objektivierbaren Evidenzen. Auf der anderen Seite führt ein Belohnungssystem, das sich in erster Linie an Klickzahlen, Aufrufen, Reichweite und dem Zuspruch von Kollegen bemisst, mittel- bis langfristig in die Selbstabschaffung. Quantität als Qualität, Gruppendenken, Indexierung, Konformitäts-Bias, Dekontextualisierung und eine Wahrheit, die sich an ihrer persönlichen Nützlichkeit bemisst, sind sehr geeignete Erklärungen, um zu zeigen, dass das heutige Belohnungssystem weitgehend auf dem beruht, woran es krankt; zumal kurzfristige Aufmerksamkeitserfolge Pyrrhussiege sind, die am Ende die eigene Marke irreparabel beschädigen.

So liegt auf der Hand, dass die sich selbst so verstehende Vierte Gewalt ein Problem hat, wenn Pfadabhängigkeit, Gruppendenken und Direktmedien-Strategien wie die Dekontextualisierung ihr Denken und Handeln bestimmen. Eine Überangepasstheit in einem Metier, das Unangepasstheit gleichsam zur Verfassungspräambel erkoren hat, ist ein Paradox und eigentlich ein Anschlag auf das Selbstverständnis.

Der Friedrichs-Satz, dass ein Journalist sich mit keiner Sache gemein machen soll, muss sich ja in der Konsequenz auch auf *seine* eigene *Zunft* beziehen, ansonsten verliert die Vierte Gewalt sowohl ihre Zähne wie ihre Unabhängigkeit.

Das Hochproblematische dieser Entwicklung ist, dass die Eigendynamik, von der die Leitmedien heute mehrheitlich getrieben werden, ihrem Auftrag immer stärker zuwiderläuft, ohne dass dies ausreichend problematisiert wird. Wer stellt sich dem Abdriften und dem Niveauverlust entschlossen entgegen? Wer erhebt Einspruch gegen die immer hemmungslosere Meinungsmacherei, einschließlich immer ungehemmterer Diffamierungen bei zugleich eher abnehmender reflexiver Haltung?

Tatsächlich wird das Haus an Moral inzwischen umso höher gestapelt, je sandiger das handwerkliche Fundament wird. Ein erschreckendes Beispiel dafür ist der inquisitorische Furor, mit dem deutschen Spitzenpolitikern medial ein Bekenntnis abgetrotzt werden sollte. Im Juni 2022 forderten die Kommentatoren in vielen Leitmedien Politiker dazu auf, den zu diesem Zeitpunkt bereits äußerst fragwürdigen Satz zu sagen: »Die Ukraine wird diesen Krieg gewinnen.« Man kann gar nicht genug darauf hinweisen, dass der Zwang zum Bekenntnis bestimmter Meinungen ein Element des Totalitarismus ist. In einem völlig verdrehten Verhältnis zu seiner Aufgabe forderte der FAZ-Mitherausgeber Jürgen Kaube die deutsche Verteidigungsministerin Christine Lambrecht dazu auf, im Hinblick auf die Ukraine das Wort »Sieg« über die Lippen zu bringen, obgleich das Kriegsgeschehen in der Ostukraine eine solche Vorstellung idiotisch erscheinen ließ.[198] Doch wer nicht »Sieg« bellt, so insinuierte Kaube, sei offensichtlich eine unsichere Kantonistin und als Verteidigungsministerin nicht tragbar. Wann hat es in der Geschichte der Bundesrepublik Deutschland jemals solch eine mediale Nötigung zum (unsinnigen) Bekenntnis gegeben? Und wird Herr Kaube sich öffentlich bei Frau Lambrecht entschuldigen, wenn sich herausstellt, dass dieser kompromisslos geforderte Siegesglaube schon im Juni 2022 illusionär und sein Kommentar, der Lambrechts offensichtlich realistischere Einschätzung der Kriegslage moralisch für untragbar hielt, journalistische Anmaßung war, wie sie in totalitären Staaten Usus sein mag, aber nicht in liberalen?

Ohne Zweifel: Moderne liberale Staaten basieren auf geteilten Werten, die aber gemäß des Böckenförde-Diktums gerade nicht *eingefordert* werden können. Geteilte Werte müssen sich in der alltäglichen Lebenspraxis herausstellen und bewähren. Deshalb nötigen moderne liberale Staaten ihren Bürgern keine »Bekenntnisse« ab. Dies zu tun ist bekanntlich die fatale Tradition autoritärer Staaten, man denke an die Bekenntnisse zum Führer oder zum Sieg der Arbeiterklasse oder zum Aufbau des Sozialismus. So ist heute Solidarität mit der Ukraine zu empfinden, naheliegend und nachvollziehbar; dazu *verpflichtet* zu sein dagegen ein Verstoß gegen die bürgerliche Liberalität, auf der unsere Demokratie fußt. Und Nötigungen, bekenntnishaft Worte auszusprechen, weil sie zu den politischen Wünschen eines Journalisten passen, sind ein Angriff auf die Meinungsfreiheit.

Anschauungsmaterial, an dem spätere Schulklassen im Geschichtsunterricht lernen können, wie sich als liberal und demokratisch selbst missverstehende Journalisten zu Vierte-Gewalt-Tätern wurden, bietet die Berichterstattung und Kommentierung zum Ukraine-Krieg in größter Fülle. Mitunter gleichen diese Journalisten den vielen feinsinnigen Intellektuellen von Georg Simmel über Edmund Husserl und Paul Natorp zu Martin Buber, die beim Ausbruch des Ersten Weltkrieges ihren inneren Kompass verloren, gesinnungsethisch aufbrausten und in einen Hurra-Patriotismus verfielen, der ihnen später zu Recht peinlich war.

Die magische Anziehung des Cursors, so lässt sich unschwer erkennen, kann gefährlich sein. Die Sicherheit, die sie im Moment stiftet, kann, mit Abstand betrachtet, ein Trug sein. Und nur das Wissen darum, dass Journalisten gemeinhin später nicht für ihre situativen Entgleisungen belangt werden, dürfte sie beruhigen. Tatsächlich sind Medienarbeiterinnen nicht langfristig rechtfertigungspflichtig für ihre Ausrutscher; ein Wissen, das die Rücksichtslosigkeit verstärkt. Sie sind, wie Thomas Meyer sagt, unbelangbar.[199]

Ein Mechanismus, der es wichtiger macht, zur situativen Ingroup zu gehören, als die Ambivalenz von Geschehnissen im Blick zu behalten, ist für die offene Gesellschaft ein bedenklicher Mechanismus. Er ist es allerdings nicht für den einzelnen Journalisten. Für ihn ist Konformität mit dem Cursor die risikoloseste Option und die stets nützlichste Wahrheit im Sinne des Opportunismus. Das journalistische und das gesellschaftliche Risiko stehen sich also diametral gegenüber. Der konforme Journalist als Schwarmtäter gewinnt, wenn er in der In-group bleibt. Die Gesellschaft aber verliert, wenn ihr Vierter Stand sich moralisch durch Wechselbestätigung in der eigenen Zunft absichert, statt echte Öffentlichkeit herzustellen, die sich deliberativ rückversichert. Auf diese Weise schwinden jene solidarischen Bindewirkungen, die die Gesellschaft zusammenhalten. Denn der mediale Cursor des gefühlten Anstandes lebt ja geradezu davon, die weit vom Cursor Entfernten, also die »Unanständigen«, zu brandmarken, bevorzugt durch die geschilderte Isolierung einzelner Sätze. Cursor-Journalismus, Dekontextualisierung und öffentliche Ausgrenzung gehören, vor allem in Krisenzeiten, unmittelbar zusammen.

Anders als die Direktmedien, deren Meinungsvielfalt unüberschaubar ist und die auch keine informelle Einheit bilden, werden die amtierenden Medien in Krisenzeiten durch nichts so sehr zusammengehalten wie durch gemeinsame Feindbilder, das reicht, wie gezeigt, vom Ischgl-Urlauber über die Impfpflicht-Gegnerin bis zum Skeptiker im Hinblick auf den langfristigen Nutzen deutscher Waffen für die Menschen in der Ukraine. Das Selbstmissverständnis, im Namen *der* Moral zu sprechen, die eine kurzfristige Cursor-Moral ist, verleiht die Lizenz, unfair sein zu dürfen.

Doch die leitmediale Aufforderung, die Reihen zu schließen und die Unangepassten zu ächten, ist ein Missverständnis der eigenen Funktion im liberalen Staat. Statt dass der Demokratie damit ein Dienst erwiesen wird, werden wir hier mitunter Zeugen eines situativen Rückfalls in die Zeit der Vierten-

Gewalt-Täter Hearst, Hugenberg und Northcliffe. Denn staatsbürgerliche Pflichten gibt es im liberalen Staat nicht auf der Meinungs-, sondern nur auf der Handlungsebene. Dazu gehört, Steuern und Abgaben zu zahlen und die Gesetze zu achten. Und dazu gehört auch, sich an Verordnungen zum Schutz der Allgemeinheit zu halten, sofern sie durch die Pflichten des Fürsorge- und Vorsorgestaates gedeckt sind, was in demokratischem Konsens diskutiert und erarbeitet und verfassungsrechtlich legitimiert werden muss wie bei der Corona-Pandemie. Das Gleiche über komplizierte politische Fragen zu denken, gehört nicht dazu. Und je kompromissloser der Cursor-Journalismus andere Meinungen und Haltungen ausgrenzt, umso stärker verhärten sich die Ausgegrenzten. Die Auswanderung aus den amtierenden Massenmedien nimmt zu, und die angeführten Zahlen einer schwindenden Zustimmung zu deren Berichterstattung werden erklärlich.

Politisch bedenklich ist auch, dass der Cursor-Journalismus und die mit ihm einhergehende Dekontextualisierung aller vom Cursor abweichender Positionen die Genese langfristiger Strategien der Krisenbewältigung nicht erleichtert, sondern zumeist erschwert. Die von den Medien »gehetzte Politik«, wie der Medienwissenschaftler Bernhard Pörksen und der Sprachwissenschaftler Wolfgang Krischke sie nennen, kann fast nur noch taktisch nach gefühlter oder medial inszenierter Mehrheitsmeinung entscheiden.[200] Das verhinderte, wie oft schmerzhaft deutlich wurde, jede langfristige Planung und jeden zukunftsfähigen Handlungshorizont.

Denn die größte Angst bei der Krisenbewältigung besteht

bei Politikern heute vor allem darin, als »Abweichler« wahrgenommen zu werden und zwischenzeitlich den Kontakt zur insinuierten Mehrheit zu verlieren. Dafür reicht ein einziger dekontextualisierter Satz, eine Momentaufnahme eines lachenden Gesichts völlig aus. In ein Bild gefasst: Der Italo-Western-Regisseur Sergio Leone erklärte einmal, was der Unterschied zwischen einem US-amerikanischen und einem Italo-Western ist. »Wenn bei John Ford jemand aus dem Fenster guckt, dann hat er den Blick in eine strahlende Zukunft. Wenn bei mir jemand nur die Tür aufmacht, dann weiß jeder, der wird jetzt erschossen!«

Dieses Italo-Western-Szenario gilt nicht nur für Politiker, sondern zumeist auch für jede Person des öffentlichen Lebens, die in den amtierenden Medien, in Zeitungen, Zeitschriften oder als Talkshow-Gast auftritt. Sich bei sensiblen Themen zu weit aus dem Fenster zu lehnen, ist äußerst gefährlich, weshalb sich manche Fachleute aus der Öffentlichkeit zurückziehen, wenn sie zu viel Stress durch Shitstorms und Angriffe in der Presse erleben. Für das Projekt einer deliberativen Demokratie entsteht daraus ein echtes Problem, denn sie braucht ja – besonders in Krisensituationen, für die kein Skript vorliegt – entscheidungsfähige und verantwortungsbereite Politikerinnen und Politiker, die auch unpopuläre Entscheidungen zu treffen bereit sind – wie soll das unter den genannten Vorzeichen noch möglich sein? Und welche Kraft soll in Deutschland dauerhaft verhindern, dass sich die etablierten Medien dabei zugleich um ihre noch verbliebene Glaubwürdigkeit bringen? Die Abwärtsbewegung aus medialem Vorsichhertreiben der

Politik bei gleichzeitigem Vertrauensverlust der Medien muss sich also in irgendeiner Form aufhalten lassen. Die schwierige Frage ist nur, wie.

Vertrauen herstellen

In welche Richtung der neue Kurs der Leitmedien gehen könnte

Vertrauen, so sagt man gern, ist eine Währung. Mit Vertrauen lässt sich im Sozialen bezahlen. Wer vertraut, stellt anderen einen mentalen Kredit aus auf zukünftiges Verhalten. Und Vertrauen ist notwendig vor allem dort, wo es alternativlos ist, weil wir nicht alles überschauen und überwachen können. Historisch liegt das Verhältnis von Vertrauen und Währung allerdings andersherum. Jede Währung beruht bereits auf Vertrauen; auf dem Vertrauen in eine gesellschaftliche Verabredung, deren langfristigen Wert und Bestand.

Vertrauen ist mehr als eine emotionale Einstellung oder ein Gefühl. Es ist ein mentaler Zustand. Wer vertraut, weiß gemeinhin, dass er vertraut, und er hat Gründe und Überzeugungen, die ihn dazu motivieren, Vertrauen zu stiften oder jemandem auszusprechen. Ohne Gründe, warum man ihm vertrauen kann, ist kein gesellschaftliches System und auch kein Teilsystem dauerhaft überlebensfähig, schon gar nicht eine liberale Demokratie. Vertrauen gehört damit zu jenen Voraussetzungen, von denen Böckenförde meinte, dass der freiheitliche Staat sie nicht einfordern könne, aber unbedingt voraussetzen müsse. Ein liberaler demokratischer Staat, dem die Bürger das

Vertrauen entziehen, ist nicht dauerhaft überlebensfähig, jedenfalls nicht unter freiheitlichen Bedingungen. Wenn in der eingangs zitierten Umfrage weniger als die Hälfte der Bevölkerung angibt, sie hätte »Vertrauen in die Presse«, und nicht mal jeder dritte der Befragten dem Fernsehen vertraut, hat Deutschland ein sehr ernsthaftes Problem. Und wenn die Tendenz dabei stark nach unten zeigt, ein noch größeres.

Dieser Befund lässt sich nicht einfach wegdiskutieren, ohne grob fahrlässig zu sein. Wenn unsere Leitmedien maßgeblich daran beteiligt sind, zwischen Politik und Gesellschaft zu vermitteln, und wenn sie auf diese Weise eine demokratische Öffentlichkeit gewährleisten sollen, so ist der Vertrauensverlust in sie eine Katastrophe. Ein wesentlicher Pfeiler, auf dem unsere freiheitliche Gesellschaft steht, wird als morsch betrachtet. Und wenn Vertrauen die Währung ist, von der unsere Leitmedien leben, dann *macht* der Vertrauensverlust sie tatsächlich morsch, egal wie sie sich selber sehen. Ein wesentlicher Grund dieses Vertrauensverlustes liegt, wie uns am Ende dieses Buches scheint, in einem Paradox: *Je stärker die Leitmedien sich der Wirkmechanismen von Direktmedien bedienen, um ihrem Publikum möglichst nahe zu sein, umso mehr schwindet dessen Vertrauen in sie.* Darin liegt nicht nur die seit Franz Josef Strauß allgemein bekannte Wahrheit: Everybody's darling ist everybody's Depp; die Erkenntnis mithin, dass Vertrauen auf Respekt und Anerkennung gründet und nicht auf Ranschmeiße und Anverwandlung. Darin liegt offensichtlich auch, dass Menschen gute Gründe dafür haben, Medien zu misstrauen, die sich der Mittel derer bedienen, die per se keinem Qualitätsanspruch folgen müssen. Und dass Erregung und Sensationierung zwar kurzfristig Aufmerksamkeit generieren, aber langfristig Vertrauen verspielen.

Man erinnere sich, gleichsam als Einstieg in eine wirkungsvolle Therapie, an den journalistischen Skandal, der vor wenigen Jahren vor allem die Mediengemüter stark erhitzte. Der vielgepriesene und mit zahlreichen Preisen ausgestattete Reporter Claas Relotius hatte Teile (manchmal auch mehr) seiner Geschichten frei erfunden. Der *Spiegel*, bei dem Relotius beschäftigt war, reagierte höchst empört; allen voran sein Chefredakteur. Kein Wunder, die Reputation des ganzen Magazins stand auf dem Spiel. Und natürlich fürchtete man, dass die Verschwörungserzähler die Steilvorlage genüsslich als Beweis für eine vermeintliche »Lügenpresse« in ganz Deutschland nutzen würden.

Den überraschendsten Kommentar zum »Relotius-Skandal« verfasste in dieser Zeit Claudius Seidl, damals Feuilletonchef der *Frankfurter Allgemeinen Sonntagszeitung*. Seidl stimmte nicht in den Gesang der Empörten ein, sondern hielt die Empörung der *Spiegel*-Redaktion für wohlfeil – schließlich habe Relotius als »Superstreber« doch nur gemacht, was in Reportage-Seminaren gelehrt werde, u. a. von besagtem Chefredakteur selbst: dass die Reportagen nach dem Erzählmuster und der Montagetechnik erfolgreicher Spielfilme verfasst werden sollten, damit das Publikum fasziniert sei und bei der Stange bleibe: »Und genau so bringen das auch andere hochdekorierte Reportagepreisträger in Seminaren und Workshops den jungen Kollegen bei: Dass es bei der Reportage um Casting und Dramaturgie gehe; dass, wer in diesen schnellen Zeiten noch gelesen werden wolle, sich an der Erzähltechnik von Spielfilmen orientieren solle.« Nun, exakt das habe Relotius gemacht und sei in perfekter Redundanz gerade dafür mit Reporterpreisen ausgezeichnet worden.

Aber das, so Seidl, sei eben kein Journalismus, denn der dürfe das Widersprüchliche, Unverstandene, Offene nicht in Kitsch verwandeln, der exakt den unterstellten Erwartungen der Lesenden entspricht. Im Übrigen interessierten Reporterpreis-Reportagen die Leser nicht sonderlich, wie eine kleine Umfrage in seinem Umfeld ergeben habe: »Dass erstaunlich viele von denen, die sich sehr fürs geistige und politische Leben interessieren, Zeitungen lesen und auf die Namen der Autoren achten, von Claas Relotius noch nie gehört hatten. Und, wenn man Themen und Titel nannte, zugeben mussten, dass sie über den dritten Absatz nicht hinausgekommen seien: zu bekannt, zu berechenbar, lieber weitergeblättert zum Wissenschaftsressort. Man darf solche Momentaufnahmen sicher nicht allzu ernst nehmen. Aber es scheint doch Anlass zur Hoffnung zu geben, dass Zeitungsleser sich nicht einen Gefühlsverstärker wünschen. Dass sie sich lieber herausfordern als einlullen lassen. Journalismus ist halt, im Kern, die Verbreitung von Neuigkeiten, nicht von Altbekanntem.«[201]

En passant hat Seidl hier Qualitätskriterien für Journalismus formuliert, die gerade im Angesicht von Reichweitenforderung, Quotendruck und Sensationismus gar nicht stark genug gemacht werden können: Politischer Journalismus, anspruchsvoller zumal, ist dann verfehlt, wenn er sich als Gefühlsverstärker von (konstruierten wie nicht konstruierten) Mehrheitsmeinungen versteht. Gerade im Zeitalter technischer Reproduzierbarkeit journalistischer Standardtexte durch Künstliche Intelligenz wird das Berechenbare immer langweiliger. Rezipientinnen und Rezipienten sind gemeinhin intelligent genug, um sie nicht mit Erwartbarem abzuspeisen, sondern sie mit jenem zu konfrontieren, was das Herz des Journalismus ist: das Neue. Das Neue, um es mit einem bekannten Beispiel zu illustrieren, könnte ja die Herausarbeitung des Grundes sein, weshalb Armin Laschet während der Rede des Bundespräsidenten gescherzt und gelacht hat – und nicht die Einstimmung in den erwartbaren Empörungschor. Das Neue könnte die Geschichte eines russischen Soldaten sein, der Teil der angreifenden und mordenden Truppen Putins ist, oder die eines ukrainischen Deserteurs, nicht aber die vierhundertste Helden- und Opfergeschichte aus identifikatorischer Perspektive. Das Neue, um das Feld zu wechseln, könnte die Suche nach dem Unerwartbaren in der Politik sein, wozu im Sound der Skandalisierung und Sensationierung schon zählen würde, dass es auch Seiteneinsteiger gibt, die nicht an den vermachteten Strukturen scheitern, sondern zum Beispiel als Bürgermeister gerade deshalb erfolgreich sind, weil sie diese Strukturen gar nicht kennen und sich deshalb um sie nicht scheren. Oder neu könnte auch sein, zu recherchieren und berichten, *was alles geht* in der scheinbar unheilbar durch Bürokratie, Parteienklüngel, Inkompetenz und Politikversagen erkrankten Republik und wer auch jenseits der Spitzenpolitik dafür Sorge trägt, dass etwas geht.

So notwendig ein problemorientierter Journalismus gerade in seinem aufklärerischen und informationellen Anspruch ist, so notwendig scheint heute seine Ergänzung um einen *lösungsorientierten* Journalismus. Ein solcher würde auch von der eigentlich erstaunlichen Tatsache ausgehen können, dass trotz aller Krisenerscheinungen, trotz aller berechtigter Institutionenkritik in einem Land wie der Bundesrepublik mehr gut läuft, als dass es schlecht läuft, oder dass, wie Odo Marquard betont hat, die Welt immer mehr Nicht-Krise als Krise ist. Ein sensationierender Journalismus erweckt dagegen im Konzert mit den permanenten Eilmeldungen im Netz den irrigen Eindruck, dass permanent nur Katastrophales sich ereigne und dass daher am kommenden Untergang des Abendlandes und natürlich auch des ganzen Planeten kaum noch etwas zu drehen sei.

Dabei sind es gerade die funktionierenden Institutionen – die Krankenhäuser, die Bundesagentur für Arbeit, die Polizeibehörden und unendlich viele Behörden und Verwaltungen mehr –, die den Handlungsraum für die Bewältigung auch künftiger Probleme offenhalten. Deren gelegentliches Versagen fällt ja nur deshalb auf, weil die Erwartung an ihr stabiles Funktionieren nie grundlegend und irreversibel enttäuscht wird. Die Institutionen arbeiten systematisch und unauffällig die Probleme ab, die anfallen, aber der Helikopterblick, den der politische Journalismus habituell einnimmt, übersieht allzu leicht, welche Leistung dort erbracht wird und wie diese Leistung gewährleistet, dass bislang tatsächlich immer mehr Nicht-Krise als Krise ist. Im Elitendiskurs jedenfalls kommen sie kaum vor, und wenn als »schwerfällig«, »blockierend« oder »überfordert«.

Was das Bearbeiten und Bewältigen neuer Problemlagen angeht: Da gäbe es beispielsweise auf der kommunalen Ebene weit mehr und Vielfältigeres zu berichten als auf der Ebene der »großen« Politik. Es ist ganz zweifellos interessanter politischer Journalismus, wenn man einen Bericht über eine Landgemeinde macht, die sich schon vor 15 Jahren hinsichtlich von Bürgerenergien so solide aufgestellt hat, dass das Kappen der Energiezufuhr vonseiten des russischen Diktators keinen Schrecken hat – man verfügt über hinreichend Solar- und Windenergie und auch über Biogasanlagen, um gut über jene Runden zu kommen, die den Wirtschafts- und Klimaminister in die Verzweiflung stürzen. Es ist auch politischer Journalismus, die transformative Arbeit jener in der Initiative C40 zusammengeschlossenen Bürgermeisterinnen und Bürgermeister der fast 100 Städte weltweit zu begleiten, die sich seit 2005 dem Kampf gegen den Klimawandel widmen und dabei deutlich greifbarere Erfolge erreichen, als spitzenpolitisch Ziele zu formulieren, die im Jahr 2050 wirksam werden sollen. Das vermehrte Berichten über die Wirksamkeit proaktiven politischen Handelns trüge weit mehr zum demokratisch wichtigen Systemvertrauen bei als die permanente Orientierung des Berichtens an Problemen und Skandalen, und vor allem: an personalisierten Problemen und Skandalen. Denn die Personen, gerade die Spitzenpolitiker, kommen und gehen und interessieren schnell niemanden mehr; die großen Fragen und Herausforderungen aber bleiben.

Ein solcher lösungsorientierter konstruktiver Journalismus wird auch in Deutschland seit mehr als einem Jahrzehnt erprobt – *Perspective Daily*, FUTURZWEI, *constructiveinstitute.org* und viele andere heißen die Plattformen, die sich daran versuchen. Und seither mischen sich auch Seiten nach dem Motto »Geht doch!« in die etablierten Wochenzeitschriften oder – unter dem Titel »plan b« – in das öffentlich-rechtliche Fernsehen. Die Schöpflin-Stiftung eröffnet demnächst in Berlin mit Publix ein eigenes Pressehaus, das den konstruktiven Medien einen gemeinsamen Ort geben soll – das sind Ansätze zu einer praktischen Reform des bestehenden Journalismus, die sicher hilfreich sind; vor allem dann, wenn sie auch auf die journalistische Ausbildung zurückwirkten.

Überhaupt wäre es ja eine lohnende Aufgabe, die reflexive Dimension des Journalismus – also die Berichterstattung über das, was man selber tut – viel stärker als Teil des politischen Journalismus zu verstehen, als das bislang geschieht. Denn, wie gezeigt, es ist eklatant, wie die Direktmedien die politische Kultur, das politische Handwerk und die politische Thematisierung verändert haben; Trump ist hier nur das offensichtlichste Beispiel. Warum soll es kein Thema sein, zu untersuchen, wie sich die Diplomatie gewandelt hat, seit Botschafter twittern, und was Außenpolitik heute ist, da sich Staatspräsidenten per Zoom in sämtliche Parlamente schalten können und damit auch die nationalen Innenpolitiken beeinflussen? Dagegen geistert politischer Journalismus Oberflächenphänomenen hinterher, wenn man den Bundeskanzler angreift, weil der auf eine direkte Videoansprache des ukrainischen Präsidenten nicht unmittelbar reagiert, anstatt darüber zu schreiben, dass solche Innovationen die Aushandlungsmodi der Politik *direkt unkontrolliert* verändern. Dasselbe gilt für Außenminister anderer Staaten, die in Talkshows des öffentlich-rechtlichen Fernsehens geschaltet werden und Forderungen artikulieren, auf die nach Wunsch des moderierenden Personals analog anwesende deutsche Politiker dann direkt zu antworten haben.[202]

Solche Prozesse, die die Aushandlungsarenen des Politischen unmittelbar betreffen und verändern, zu beobachten und zu beschreiben wäre eine wichtige Aufgabe für einen politischen Journalismus. Er jagte dann nicht nur den scheinbaren Aufregern hinterher, um sich dabei in seiner Funktion und Bedeutung misszuverstehen. Denn genau hier läge ja der Bereich, in dem die Direktmedien nicht mit den Leitmedien konkurrieren können, weil sie als Akkumulation unredigierter Äußerungen per se nicht analytisch sein können. Wer nur etwas loswerden muss, hat keinen Überblick. Ein guter, verantwortungsvoller politischer Journalismus staunte also nicht atemlos über Sensationen, die man selbst erzeugt, sondern hätte stattdessen: Medienkompetenz! Er hätte sie nicht auf der Ebene schulischer Pädagogik, wo sie ja viel intensiver gefordert als vermittelt wird, sondern mit den professionellen Mitteln der Medienschaffenden selbst.

Es war das, was Frank Schirrmacher im Sinn hatte, wenn er die digitale Transformation der kommunikativen Welt zum Gegenstand machte und versuchte klarzumachen, dass es dabei nicht nur um ein weiteres Instrument im journalistischen

Werkzeugkasten geht: »Jahrhundertelang haben Intellektuelle, Wissenschaftler, Schriftsteller und Journalisten den Veränderungsdruck der Moderne beschrieben. Wir alle kennen das. Wir haben das studiert, in jedem Roman, in jeder Zeitung. Diese Intellektuellen, Wissenschaftler und Journalisten waren aber selbst, wenn man genauer hinschaut, keine Objekte dieses Veränderungsdrucks. Bei ihnen hat sich fast gar nichts verändert. Mit Ausnahme der Erfindung der Schreibmaschine und des Fernschreibers sind die handwerklichen Bedingungen des Intellektuellen oder des geistigen Arbeiters völlig gleichgeblieben. Noch nicht einmal die Distributionsbedingungen haben sich verändert, der Buchhandel und Ähnliches, auch Zeitungen blieben völlig gleich. Das heißt, sie waren immer in der Position – der Professor ebenso wie der Journalist, der Schriftsteller ebenso wie der Künstler – von Leuten, die tatsächlich Beobachter einer Moderne waren, die alles revolutionierte, die aber nur partiell und auch nur als empirische Personen selber davon betroffen waren. Was wir aber jetzt erleben, das ist eine industrielle Revolution, und zwar nicht mehr nur von Aufschreibsystemen, sondern von geistiger Arbeit überhaupt.«[203]

Und diese Revolution bedeutet Schirrmacher zufolge nicht weniger als eine Veränderung der Denkprozesse selbst – was man an den in diesem Buch beschriebenen Denk- und Artikulationsformen eines von den Mechanismen der Direktmedien infizierten Journalismus nachvollziehen kann. Genau deshalb war Schirrmacher journalistisch an den Treibern, Formen und Wirkungen dieser industriellen Revolution interessiert und hat Denkerinnen wie etwa Shoshana Zuboff im deutschen Sprachraum bekannt gemacht. Dies hätte der Beginn eines reflexiven *turns* im Journalismus sein können; der frühe Tod Schirrmachers hat dies abgebrochen. Sein Nachfolger Jürgen Kaube hat dessen Lebenswerk leider in wenigen Monaten annulliert und das FAZ-Feuilleton in diesem Sinn horizontlos gemacht. So entstand ohne Not eine Art mediales Schwarzes Loch, in dem jene Reflexivität, die zu einem aufklärerischen Medienschaffen immer konstitutiv dazugehört, spurlos verschwand.

Diese Reflexivität zurückzugewinnen, wäre eine wichtige Aufgabe. Denn ein politischer Journalismus, der auf der Höhe der Zeit ist, müsste reflexiv in dem Sinn werden, dass er sich über die Transformation seines ureigensten Gegenstands, der Politik, Rechenschaft ablegt – und damit automatisch auch über das eigene Handwerk. Damit wäre schon viel gewonnen, denn nur auf diese Weise wäre eine echte *innere* Emanzipation des Journalismus von den unmittelbaren und mittelbaren Abhängigkeiten der Klick-Industrien möglich. So hat Bernhard Pörksen vor einigen Jahren die Idee einer »redaktionellen Gesellschaft« entwickelt, in der »die Normen und Prinzipien eines ideal gedachten Journalismus zum Bestandteil der Allgemeinbildung geworden« sind.[204] Die etwas idealistische Vorstellung knüpft an Konzepte einer *literacy*, also einer Alphabetisierung an, wie sie etwa in den Umwelt- und Klimawissenschaften diskutiert werden: Wenn Problemlagen und Transformationen von tiefgreifender gesellschaftlicher Bedeutung deutlich werden, dann wäre es auch die Aufgabe der Medien, das Knowhow zum Verständnis solcher Entwicklungen zu vermitteln – im Fall der »redaktionellen Gesellschaft« wäre das dann ein reflexives Medienverständnis.

Es versteht sich von selbst, dass eine solche gewandelte Berufsauffassung einhergehen muss mit einer veränderten Bildung und Ausbildung. Wie der Münsteraner Kommunikationswissenschaftler Bernd Blöbaum nachgezeichnet hat, ist es in Deutschland erst in den 1970er Jahren überhaupt zu Journalistik-Studiengängen gekommen, interessanterweise begründet durch die Betonung einer gesellschaftlichen Verantwortung der Presse und entsprechend ausgebildeter Journalistinnen und Journalisten.[205] Und erst seit den 1990er Jahren kann man von einer Institutionalisierung der Journalistik in Deutschland sprechen, mit eigenen Instituten, Lehrstühlen, Studiengängen und Schulen. Damit etablierten sich zugleich bestimmte Standards der Ausbildung, was Recherchen, Aufbereitung von Material, Schreibstil, Genres usw. angeht. Mithin entstand also erst jetzt so etwas wie eine institutionalisierte Kultur des Berufs, ein gemeinsames Ethos. Bezeichnenderweise jedoch hielt dieses Ethos nicht lange vor. Auf die erste Institutionalisierungsphase der Journalistik folgte eine deutliche Veränderung der Curricula, und zwar genau dadurch, dass die Konkurrenz der Online-Medien wirtschaftlichen Druck auf die etablierten Printmedien entfaltete. Die fachliche Ausbildung veränderte sich und mit ihr das Berufsverständnis. Nach Michael Haller setzte sich sukzessive die Auffassung durch, »dass die journalistischen Kompetenzen an die Marktbedingungen der Online-Medien – etwa: Reichweite statt Relevanz im Kontext der noch immer vorherrschenden

›Gratiskultur‹ – angepasst und ›transformiert‹ werden sollen (offenbar wird ›Kompetenz‹ als abhängige Variable der ›digitalen Transformation‹ definiert). Den Medienmacher*innen geht es nicht darum, öffentlich Kritik und Kontrolle zu üben und politische Vorgänge unter den Gegebenheiten des Internets aufzuklären; das Lernziel gilt der Rückgewinnung von Marktanteilen vermittels der die Online-Welt beherrschenden ›Aufmerksamkeitsökonomie‹.«[206]

Es wird nicht verwundern, dass solchermaßen ausgebildete und geprägte Journalisten ein anderes Berufsethos haben als ihre Vorgängergeneration – falls Ethos hier noch das richtige Wort ist. Und dass es gerade diese an den Direktmedien geschulte Fehlprägung ist, die dem Qualitätsjournalismus heute so sehr zusetzt, dass in vielen Medienhäusern starke Auflösungstendenzen erkennbar sind. Da wieder herauszukommen ist nicht einfach. Viele Medienunternehmen haben ihre Transformationen im letzten Jahrzehnt nicht oder noch nicht wirtschaftlich erfolgreich bewältigt. Der wirtschaftliche Druck hält an und damit die Tendenz, sich an den drei durch die Online-Medien entstandenen Erfolgskriterien zu orientieren: Reichweite, Reichweite, Reichweite. Und auf den wirtschaftlichen Druck folgt der Konformitätsdruck der Journalisten in Ausbildung und Praxis, insbesondere in der finanziell deutlich verschlechterten Lage freier Journalistinnen. Reduzierte Zeilen- und Beitragshonorare, die ständige Verkleinerung der Redaktionen – wie etwa bei der *Süddeutschen Zeitung* –, dazu reduzierte Mittel für Recherche, Reisen, aufwendige Investigationen usw. sprechen hier eine eindeutige Sprache. Eine innere

Emanzipation von den *fallacies* der Direktmedien-Verführungen ist da fast unmöglich. Workshops mit Journalistinnen und Journalisten, in denen ihnen ihre Berichterstattungsmuster und mögliche Folgen vor Augen geführt werden, wie Marcus Maurer und Kollegen sie vorschlagen, sind sicher hilfreich, aber nicht hinreichend.[207]

In solcher Lage lohnt es sich, erneut darüber nachzudenken, welche psychologischen und finanziellen Anreize gesetzt werden können, um die Branche vor der Selbstverzwergung durch Austauschbarkeit und Verwechselbarkeit zu schützen. Denn es ist sicher kaum zu erwarten, dass eine Öffentlichkeit, die gänzlich auf Leitmedien verzichtet, eine bessere Öffentlichkeit wäre, wie mancher Radikalkritiker mutmaßt. Man denke hier an Habermas' Zweifel daran, dass das Web 2.0 tatsächlich vollständig leisten kann, was früher durch die Leitmedien hergestellt wurde. Im Netz, so Habermas, fehle eine »professionelle Auswahl und diskursive Prüfung der Inhalte anhand allgemein anerkannter kognitiver Maßstäbe«.[208] Und es fehle die klare Trennung von öffentlichem Raum bzw. öffentlicher Sprecherrolle und Privatsphäre. Wie in diesem Buch gezeigt, fehlt beides leider auch mehr und mehr in den etablierten Leitmedien. Will man die amtierenden Medien stützen, so wäre die Einhaltung dieses Standards die unabdingbare Voraussetzung. Bewahrenswert an Medienhäusern und Verlagen sind nicht ihre Namen, sondern der Grund, aus dem sie einst einen solchen erwarben.

Unverzichtbar wäre dafür, dass sich die Leitmedien ihres zentralen Vorteils gegenüber den Direktmedien besser versichern – nämlich über die Nachrichtenfunktion weit hinaus eine Informations- und Thematisierungsfunktion zu haben, die Online-Medien aufgrund ihrer Eigenlogik überhaupt nicht haben *können*. Deshalb ist der Faktor Zeit – also die Ersten, Schnellsten, Aufgeregtesten zu sein – kein zielführendes Kriterium, wenn man langfristig sein Bestehen sichern will. Frank Schirrmacher hat in diesem Sinn ein »Interesse an Verzögerung« bei den Leserinnen und Lesern unterstellt, das man nicht ohne Not zugunsten von vermeintlicher Hyperaktualität ignorieren sollte. Und gibt es nicht zahllose Leserinnen und Leser, die sich schon von der bescheuerten Cliffhangerrhetorik der Unterüberschriften infantilisiert fühlen (»Wie konnte es dazu kommen?«, »Was ist da los?«, »Das könnte schwierig werden« usw.)? Überhaupt wäre es wohl ein guter Ausgangspunkt, sein Publikum für urteilsfähig und erwachsen zu halten. Der Erfolg der *Zeit* zum Beispiel, die 2022 die höchste Auflage seit Gründung erzielte, spricht vielleicht dafür.

So könnte auf gute Weise geschehen, was in der Geschichte der Medienentwicklung immer geschehen ist, wenn die Technikentwicklung zu medialen Revolutionen geführt hat: dass ein neues Medium in einem Ergänzungsverhältnis mit eigenen Qualitäten neben die vorhandenen tritt und den für die Demokratie unabdingbaren Dienst einer aufgeklärten Vierten Gewalt erfüllt. Denn ein losgelassener, nicht reflexiv eingeholter Wettbewerb des einen Mediums mit dem anderen führt, wie gezeigt, eben genau nicht zu einer Erweiterung und Demokratisierung der journalistischen Arbeit am Öffentlichen, sondern zu einer nachhaltigen Beschädigung des Journalismus selbst. Und damit der Demokratie.

Eine zweite Anregung neben der inneren betrifft die *äußere* Emanzipation. Wir sind damit, mit Michael Haller gesagt, bei der Frage angelangt, wie eine *mediale Infrastruktur* aussähe, die eine Medienkompetenz auf der Höhe der Zeit erlaubt, und zwar auf beiden Seiten – der Produzierenden wie der Rezipierenden. Diese Frage »greift eine Debatte auf, die vor mehr als 70 Jahren in der Gründungsphase der Bundesrepublik Deutschland schon einmal in Fahrt kam, als es um die Bedingungen eines Journalismus ging, der aus ökonomisch und ideologisch *unabhängiger Position* informieren kann. Es war die Idee des *public service*, mithin eines *meritorischen* Dienstes, vergleichbar dem Gesundheits- und Bildungssystem, die eigentlich nicht marktfähig sind (…) und deshalb nicht kommerzialisiert, sondern als gemeinnützige oder öffentlich-rechtliche Einrichtungen zu organisieren wären. Jedenfalls sollte der Informationsjournalismus von keinem Finanzier, keiner Machtgruppe, keiner politischen Partei und keiner gewinnorientierten Eigentümerin abhängig sein. Dies schien realisierbar, sofern diese Medien – ähnlich wie die BBC in Großbritannien – allein über Gebühren finanziert und von gesellschaftlich relevanten Gruppen kontrolliert würden.«[209]

Natürlich ist diese Perspektive so alt, wie der Zweite Weltkrieg vergangen ist, denn sie bildete die Gründungsidee für den öffentlich-rechtlichen Rundfunk, wie er aus der Einsicht in die Notwendigkeit einer *unabhängig* informierenden und analysierenden Instanz für die Demokratie entstand. Aber das heißt ja nur, dass es möglicherweise gut wäre, diese Perspektive zu aktualisieren und sie um das neu hinzugetretene mediale Universum der sozialen Netzwerke und der Direktmedien zu erweitern. Wenn, wie Jaron Lanier sagt, die Algorithmen, die die Denk- und Sozialformen der Nutzerinnen und Nutzer von Direktmedien verändern, indem sie auf die permanente Erhöhung der Reichweite ihrer Äußerungen – also die Zahl der Follower, Klicks und Likes – aus sind, wenn also ein solches Medium der eigenen Funktionsweise nach Menschen zu Arschlöchern formt, dann kann die Suche nach Auswegen nur darin liegen, dass man diesen Medien etwas entgegensetzt und sich eben nicht zum Vollstrecker ihrer Vorgaben macht.

Warum also dehnt man nicht die Idee der öffentlich-rechtlichen Medien im Sinn der staatlichen Daseinsvorsorge, als einer nicht marktfähigen Sphäre der demokratischen Meinungsbildung und Aushandlung, auch auf die Direktmedien aus? Man stelle sich dafür ein europäisches öffentlich-rechtlichen Netzwerk vor, das der algorithmischen Logik der kommerziellen sozialen Netzwerke nicht folgt, weil es ihnen nicht folgen muss. So etwa hat der SPD-Politiker und heutige saarländische Finanz- und Wissenschaftsminister Jakob von Weizsäcker im europäischen Parlament beharrlich das Projekt eines öffentlich-rechtlichen Europafunks vorangetrieben. Leider gibt es ihn bis heute nicht, was zu der absurden Praxis führt, dass gemeinsame Beschlüsse immer national kommuniziert und diskutiert werden – eine Horizontbeschränkung des politischen Journalismus, die nicht mehr in die Zeit passt.

Selbstverständlich bedarf auch das öffentlich-rechtliche Rundfunksystem, das hier zum Vorbild erklärt wird, einer strengen Selbstkontrolle der eigenen Qualitätsstandards, die schon seit den Tagen der Richard-von-Weizsäcker-Kommission immer wieder angemahnt, aber nie operationalisiert wurde. Qualitätsjournalismus definiert sich ganz allgemein ja nicht nur durch sein Tun, wahrhaftige Berichterstattung, umsichtiges Aufklären und deliberatives Integrieren, sondern auch durch sein *Unterlassen*. Wie eine solche Unterlassungsliste aussehen könnte, dürfte in diesem Buch deutlich geworden sein; sie beträfe all die hier vorgestellten Mechanismen, die den Qualitätsverfall begünstigen und die umsichtige Aufklärungsfunktion unterlaufen. So ließe sich die Tendenz zu immer kurzlebigerem Erregungsjournalismus zugunsten von Marktvorteilen aus einem eigenen Überlebensinteresse des Qualitätsjournalismus korrigieren, was zugegebenermaßen nicht leicht ist, kluger Führungsqualitäten und sicher auch einer gründlichen Debatte bedarf. Gebraucht in der Gesellschaft der Gegenwart und der Zukunft wird ein nachhaltiger Aufklärungsjournalismus, der sich seiner eigenen Existenzvoraussetzungen bewusst und diesen verpflichtet ist. Denn *mit der Demokratie muss sich der Journalismus durchaus gemein machen* – sie bildet seine ureigenste Existenzvoraussetzung und dort, wo sie nicht gegeben ist, das Ziel oft lebensgefährlicher journalistischer Aufklärungsarbeit.

Tatsächlich gibt es in den Politik-, Medien- und Kommunikationswissenschaften inzwischen eine Fülle von Vorschlägen zu einer Therapie der Schräglage, in die viele Leitmedien gerutscht sind und von denen hier nur einige genannt wurden. Manches davon ließe sich zusätzlich im Kodex des Presserates verankern. Anderes, wie ein öffentlich-rechtlicher Europarundfunk, bedeutete große Strukturveränderungen. Wiederum anderes ist eine Frage des Betriebsethos in den Medienhäusern. Es gibt, in der Tat, viel zu reflektieren, um das Restvertrauen zu sichern, das noch geblieben ist, und idealerweise sogar wieder neues zu gewinnen. Das Leitmotiv dafür ist leicht gefunden: Erinnert euch an die Frage, auf die ihr eine Antwort sein wolltet!

Anmerkungen

Einleitung

1 https://www.ifd-allensbach.de/fileadmin/kurzberichte_dokumentationen/FAZ_Juni2021_Meinungsfreiheit.pdf.

2 Wir verstehen unter Leitmedien gemäß klassischer Definition die führenden Medien eines Mediensystems, neben dem öffentlich-rechtlichen Rundfunk und Fernsehen also jene Printerzeugnisse und ihre Online-Ableger, die wie *Bild*, FAZ, SZ, *Welt*, *Zeit*, *Stern* und *Spiegel* öffentliche Kommunikationsanlässe bieten und auch unter Journalistinnen und Journalisten als Referenz gelten.

3 Die Vorjahreswerte lagen bei 49 Prozent (Presse), 58 Prozent (Radio) und 37 Prozent (Fernsehen). https://de.statista.com/statistik/daten/studie/794879/umfrage/glaubwuerdigkeit-der-medien-in-west-und-ostdeutschland/.

4 https://www.pro-medienmagazin.de/glaubwuerdigkeit-des-journalismus-leidet-in-der-pandemie.

5 Wobei die Einzelwerte für Radio, Fernsehen und Print deutlich positiver ausfallen und die 42 Prozent auch deshalb zustande kommen, weil die Privatsender, das Internet und die Boulevardpresse mit abgefragt wurden. (https://www.infratest-dimap.de/umfragen-analysen/bundesweit/umfragen/aktuell/glaubwuerdigkeit-der-medien/).

6 https://www.bepanthen.de/kinderfoerderung/sozialforschung/vertrauen-bei-kindern-und-jugendlichen

7 https://www.mdr.de/nachrichten/deutschland/politik/umfrage-meinungsfreiheit-100.htm

8 Vgl. stellvertretend Thomas Meyer, *Mediokratie. Die Kolonisierung der Politik durch die Medien*, Frankfurt am Main: Suhrkamp 2001 (6. Aufl. 2015). Bernhard Pörksen u. Wolfgang Krischke, *Die gehetzte Republik. Die neue Macht der Medien und Märkte*, Köln: Halem, edition medienpraxis 2013.

9 Meyer (s. Anm. 8). Vgl. dazu auch Zhao Tingyang, *Alles unter dem Himmel*, Berlin: Suhrkamp 2020. Der chinesische Philosoph nennt die westlichen Demokratien von heute »Publikratien«, in denen nicht mehr die Vernunft herrsche, sondern der bessere Effekt, die größere Aufmerksamkeit.

10 https://de.statista.com/statistik/daten/studie/4575/umfrage/wichtigste-eigenschaften-der-politiker/.

11 Es kursieren verschiedene Begriffe in der Debatte: soziale Medien, Web-Medien, Direktmedien usw. Die gängige Definition für die sozialen Medien lautet: »Angebote auf Grundlage digital vernetzter Technologien, die es Menschen ermöglichen, Informationen aller Art zugänglich zu machen und davon ausgehend soziale Beziehungen zu knüpfen und/oder zu pflegen« (https://www.bidt.digital/glossar-soziale-medien/). Da es uns vor allem um den publizistischen Aspekt sozialer Medien geht und nicht um den privaten und uns die zeitlich und personell jederzeit erstellbaren Berichtsformen interessieren, die internetbasierte Kommunikationen hervorgebracht haben und die neben die etablierten Berichtsmedien getreten sind, werden wir in diesem Buch hauptsächlich den Begriff »Direktmedien« verwenden.

12 Franz Ronneberger, *Integration durch Massenkommunikation*, in: Ulrich Saxer (Hg.), *Gleichheit oder Ungleichheit durch Massenkommunikation?*, München: Ölschläger 1985, S. 3–18, S. 14.

13 Es gibt in den USA viele News Deserts, also zeitungslose Regionen: 2500 US-Zeitungen von ursprünglich 10 000 sind

seit 2005 eingestellt worden – https://www.sueddeutsche.de/medien/usa-zeitungssterben-1.5615180.

14 *Macht der Kampagne.* Interview mit Thomas Meyer: https://www.journalistenblatt.de/files/journalistenblatt18-1.pdf.

15 https://www.heise.de/tp/features/Die-gefallenen-Engel-des-gruen-schwarzen- Mainstreams-7310010.html?seite=all

16 dbb Bürgerbefragung Öffentlicher Dienst, 2023, S. 14; https://www.dbb.de/fileadmin/user_upload/globale_elemente/pdfs/2023/forsa_2023.pdf

Der Krieg

17 *Frankfurter Allgemeine Sonntagszeitung*, 5. 6. 2022, S. 28.

18 https://www.presseportal.de/pm/154530/5212220.

19 https://www.tagesschau.de/inland/deutschlandtrend/deutschlandtrend-2991.html.

20 Irving L. Janis, *Victims of Groupthink*, Boston: Houghton-Mifflin 1972.

21 Mit den Prinzipien ist das übrigens so eine Sache: De facto galt zuvor das Prinzip der Einzelfallprüfung, und Beispiele, »bei denen deutsche Waffen mit Einverständnis der deutschen Regierung, mit ihrer besonderen Unterstützung oder sogar von der Regierung selbst exportiert wurden«, gebe es »jede Menge«, wie Pieter Wezeman vom Stockholmer Institut für Friedensforschung (SIPRI) in einem DW-Beitrag bestätigte. https://www.dw.com/de/faktencheck-deutschland-liefert-doch-waffen-in-krisengebiete/a-60667432.

22 *Frankfurter Allgemeine Zeitung*, 5. 7. 2022, S. 9.

23 Jan Söffner, *Überraschung und Krise.* tazFUTURZWEI Nr. 22, 2022.

24 Christiane Eilders u. Albrecht Lüter, *Gab es eine Gegenöffentlichkeit während des Kosovo-Krieges? Eine vergleichende Ana-*

lyse der Deutungsrahmen im deutschen Mediendiskurs, in: Ulrich Albrecht u. Jörg Becker (Hg.), *Medien zwischen Krieg und Frieden*, Baden-Baden: Nomos 2002, S. 103–122, S. 111, zitiert nach Uwe Krüger, *Meinungsmacht. Der Einfluss von Eliten auf Leitmedien und Alpha-Journalisten – eine kritische Netzwerkanalyse*, Köln: Halem 2019, S. 39.

25 Adrian Pohr, *Indexing im Einsatz. Eine Inhaltsanalyse der Kommentare überregionaler Tageszeitungen in Deutschland zum Afghanistankrieg 2001*, in: Medien und Kommunikationswissenschaft, 2–3, 2005, S. 261–276, zitiert nach Krüger (s. Anm. 24), S. 40.

26 https://mmm.verdi.de/beruf/der-einfluss-der-eliten-5501.

27 Leon Festinger, *A Theory of Cognitive Dissonance*, Stanford: Stanford University Press 1957, S. 3.

28 Marcus Maurer, Pablo Jost, Jörg Haßler, Die Qualität der Medienberichterstattung über den Ukraine-Krieg. Frankfurt/M.: Otto-Brenner-Stiftung 2023.

29 https://www.fischerverlage.de/magazin/neue-rundschau/die-veroeffentlichte-meinung

30 https://www.tagesschau.de/inland/deutschlandtrend/deutschlandtrend-3277.html; https://www.n-tv.de/politik/46-Prozent-fuer-Lieferung-von-Kampfpanzern-article23850376.html; https://www.zdf.de/nachrichten/politik/politbarometer-leopard-panzer-lieferung-ukraine-krieg-russland-100.html

31 https://meedia.de/2022/06/17/medien-und-die-ukraine grenzen-zum-kriegsaktivismus-scheinen-fliessend/.

32 Ebd.

33 William Isaac Thomas u. Dorothy Swaine Thomas, *The child in America*, Oxford: Knopf 1928, S. 572.

34 Das Zitat des Fernsehjournalisten Hanns Joachim Friedrichs übrigens ist Millionen Mal wiederholt worden – und dennoch aus dem Zusammenhang gerissen. Friedrichs hat etwas anderes gemeint. Es ging um tragische Nachrichten, und er

wurde vom *Spiegel* gefragt, ob er schon mal habe weinen oder schlucken müssen. Daraufhin hat er das gesagt. Vgl. http://www.hanns-joachim-friedrichs.de/index.php/dankesrede-von-anja-reschke.html.

Ungleiche Meinungen über das Gleiche

35 Vgl. dazu Caspar Hirschi, *Die Erneuerungskraft des Anachronismus. Zur Bedeutung des Renaissance-Humanismus für die Geschichte politischer Öffentlichkeiten*; https://journals.ub.uni-heidelberg.de/index.php/vuf/article/view/18057.

36 Die Vorstellung von der Presse als »Viertem Stand« stammt offensichtlich von Thomas Carlyle, der 1837 in seinem Werk *The French Revolution: A History* das erste Mal von einem »Fourth Estate of Noble Editors« spricht.

37 Zitiert nach Tony Harcup, *Journalism: Principles and Practice*, London u. a.: Sage 2009, S. 69.

38 Vgl. George Boyce, *The Fourth Estate. The Reappraisal of a Concept*, in: Ders., James Curran u. Pauline Wingate (Hg.), *Newspaper History. From the Seventeenth Century to the Present Day*, Legend 1978, S. 19–40.

39 Zum Unterschied von »Viertem Stand« und »Vierter Gewalt« siehe Hans Wagner, *Vom Gespenst, das als »Vierte Gewalt« erscheint. Bemerkungen zu einer Demokratiegefährdung, die sich als ihr Gegenteil ausgibt*, in: Zeitschrift für Politik 54, 2007, S. 324–351; https://www.nomos-elibrary.de/10.5771/0044-3360-2007-3-324.pdf?download_full_pdf=1.

40 In der ersten Ausgabe der in Lyon erschienenen Tageszeitung *Le Salut Public* (dt. »Das öffentliche Wohl«) vom 13. März 1848 heißt es in eigener Sache: »Die Presse, plötzlich befreit von ihren Fesseln, die ihre Handlungsfreiheit einschränkten und ihren Aufschwung aufhielten, erlangt heute eine unerwar-

tete Autorität und einen unerwarteten Einfluss.« Die Presse nehme das Erbe der drei anderen Staatsgewalten an, zu deren Zerstörung sie beigetragen habe (zitiert nach Wikipedia »Vierte Gewalt«).

41 https://www.zeit.de/wissen/geschichte/2013-04/verleger-william-randolph-hearst.

42 https://www.deutschlandfunk.de/der-erfinder-der-sensationspresse-100.html.

43 Vgl. Jörg Requate, *Medienmacht und Politik. Die politischen Ambitionen großer Zeitungsunternehmer – Hearst, Northcliffe, Beaverbrook und Hugenberg im Vergleich*, in: Archiv für Sozialgeschichte 41, 2001, S. 87.

44 Wagner (s. Anm. 39), S. 344.

45 Ebd.

46 Wolfgang Donsbach, *Die Mediatisierung der Politik in der Informationsgesellschaft*, in: Bürger fragen Journalisten e. V., FN 63, S. 73–104. Zitiert nach Wagner 2007.

47 Jo Groebel, Wolfgang Hoffmann-Riem, Renate Köcher, Bernd-Peter Lange, Ernst Gottfried Mahrenholz, Ernst-Joachim Mestmäcker, Ingrid Scheithauer, Norbert Schneider, *Bericht zur Lage des Fernsehens für den Bundespräsidenten der Bundesrepublik Deutschland, Richard von Weizsäcker*, Gütersloh 1994.

48 Martin Löffler, *Presserecht. Kommentar*, München: Beck, 1. Aufl. 1955 (3. Aufl. 1980).

49 Ebd., S. 6.

50 Löffler steht damit am Anfang einer Neuorientierung in den 1960er Jahren im Kontext der wachsenden Kritik (»öffentliches Unbehagen«) am Adenauer-Staat. Dazu kamen dann die *Spiegel*-Affäre und einschlägige BVG-Urteile sowie Landespressegesetze und Rundfunk-Staatsverträge, die der Presse eine »Öffentliche Aufgabe« zuschrieben, allerdings nicht den Status einer »Vierten Gewalt«.

51 René Marcic, *Vom Gesetzesstaat zum Richterstaat*, Wien 1957; Ders., *Öffentlichkeit als staatsrechtlicher Begriff*, in: Günther Nenning (Hg.), *Richter und Journalisten. Über das Verhältnis von Recht und Presse*, Wien/Frankfurt/Zürich: Europa-Verlag 1965, S. 153–228.

52 Wagner (s. Anm. 39), S. 339.

53 Zur Integrationsfunktion der Leitmedien siehe Ronneberger 1985; Manfred Rühl, *Integration durch Massenkommunikation? Kritische Anmerkungen zum klassischen Integrationsbegriff*, in: Ulrich Saxer (Hg.), *Gleichheit oder Ungleichheit durch Massenmedien? Homogenisierung – Differenzierung der Gesellschaft durch Massenmedien*, München: Ölschläger 1985, S. 19–32; Otfried Jarren, *Gesellschaftliche Integration durch Medien? Zur Begründung normativer Anforderungen an die Medien*, in: Medien & Kommunikationswissenschaft, Bd. 48, Heft 1, 2000, S. 22–41; Philomen Schönhagen, *Evaluation des Integrationspotenzials von Massenmedien – theoretische und methodische Überlegungen*, in: Medien und Kommunikationswissenschaft, Bd. 48, Heft 4, 2000, S. 554–570.

54 Michael Haller, *Die Flüchtlingskrise in den Medien. Tagesaktueller Journalismus in den Medien zwischen Meinung und Information*, München: Otto-Brenner-Stiftung 2017, S. 9.

55 Thomas Meyer, *Noch ein Strukturwandel der Öffentlichkeit*; https://www.frankfurter-hefte.de/artikel/noch-ein-strukturwandel-der-oeffentlichkeit-3356/.

56 David Randall, *The Universal Journalist*, London: Pluto Press 1996, 4. Aufl. 2011; https://vdoc.pub/documents/the-universal-journalistfourth-edition-62vb7pgshd50.

57 Ebd., S. 13: »Discover and publish information that replaces rumour and speculation. · Resist or evade government controls. · Inform, and so empower, voters. · Subvert those whose authority relies on a lack of public information. · Scrutinise the action and inaction of governments, elected representati-

ves and public services. · Scrutinise businesses, their treatment of workers and customers, and the quality of their products. · Comfort the afflicted and afflict the comfortable, providing a voice for those who cannot normally be heard in public. · Hold up a mirror to society, reflecting its virtues and vices and also debunking its cherished myths. · Ensure that justice is done, is seen to be done and investigations carried out where this is not so. · Promote the free exchange of ideas, especially by providing a platform for those with philosophies alternative to the prevailing ones.« (Übersetzung R. D. P.)

58 Haller (s. Anm. 54), S. 7.

59 Jürgen Habermas, *Überlegungen und Hypothesen zu einem erneuten Strukturwandel der politischen Öffentlichkeit*, in: Martin Seeliger / Sebastian Sevignani (Hg.), *Ein neuer Strukturwandel der Öffentlichkeit?*, Sonderband Leviathan 37 / 2021, Baden-Baden: Nomos 2021; Ders., *Ein neuer Strukturwandel der Öffentlichkeit und die deliberative Politik*, Berlin: Suhrkamp 2022.

60 https://www.youtube.com/watch?v=4Y1lZQsyuSQ; https://www.zdf.de/nachrichten/video/panorama-youtuber-rezo-bei-precht-100.html.

Eine Frage des Systemvertrauens

61 Ernst Wolfgang Böckenförde, *Recht, Staat, Freiheit. Studien zur Rechtsphilosophie, Staatstheorie und Verfassungsgeschichte*, Frankfurt am Main: Suhrkamp 1991 S. 112.

62 Ebd.

63 Frank Decker, Volker Best, Sandra Fischer u. Anne Küppers, *Vertrauen in die Demokratie*, Bonn: Friedrich-Ebert-Stiftung 2019, S. 30.

64 https://www.ifd-allensbach.de/fileadmin/kurzberichte_dokumentationen/FAZ_Ma__rz2022_Ausnahmezustand.pdf (vor 1990 Werte nur für Westdeutschland).

65 https://www.dbb.de/artikel/vertrauenskrise-zwischen-staat-und-bevoelkerung.html. Es wird aber darauf hingewiesen, dass trotz des deutlichen Vertrauensrückgangs »immer noch mehr Bürger Vertrauen in die Leistungsfähigkeit des Staates als vor Beginn der Corona-Pandemie« haben.

66 https://www.welt.de/wirtschaft/article234058756/Bundestagswahl-Das-sind-die-Berufe-der-neuen-Abgeordneten.html.

67 Haller (s. Anm. 54), S. 9.

68 Carsten Reinemann, Marcus Maurer, *Einseitig, unkritisch, regierungsnah? Eine empirische Studie zur Qualität der journalistischen Berichterstattung über die Corona-Pandemie*, Hamburg: Rudolf-Augstein-Stiftung 2021.

69 Haller (s. Anm. 54), S. 13.

70 Ebd., S. 130.

71 Ebd.

72 Ebd., S. 133.

73 Marcus Maurer, Pablo Jost, Simon Kruschinski u. Jörg Haßler, *Fünf Jahre Medienberichterstattung über Flucht und Migration*, 2021, S. 21. Policy_Paper_Migration.indd (stiftung-mercator.de).

74 Haller (s. Anm. 54), S. 41.

75 Reinemann u. Maurer (s. Anm. 68), S. 27.

76 https://www.youtube.com/watch?v=o3ksvjoTsgY.

77 Carsten Brosda, *Diskursiver Journalismus: journalistisches Handeln zwischen kommunikativer Vernunft und mediensystemischem Zwang*, Wiesbaden: VS Verlag für Sozialwissenschaften 2008 (= Dissertation 2007).

78 https://www.fischerverlage.de/magazin/neue-rundschau/die-veroeffentlichte-meinung; Welzer, Harald, Zeitenende. Politik

ohne Leitbild. Gesellschaft in Gefahr. Frankfurt/M.: Fischer 2023, S. 171.

79 https://de.ejo-online.eu/qualitaet-ethik/der-getruebte-rueckblick-wenn-in-jahresrueckblicken-drei-viertel-der-welt-vergessen-wird

80 https://www.otto-brenner-stiftung.de/fileadmin/user_data/stiftung/02_Wissenschaftsportal/03_Publikationen/AP53_Kurzfassung_Auslandsberichterstatttung.pdf

81 Zum Beispiel: Jörg Baberowski, *Räume der Gewalt*, Frankfurt am Main: Fischer 2015; Regina Mühlhäuser, *Eroberungen. Sexuelle Gewalttaten und intime Beziehungen deutscher Soldaten in der Sowjetunion 1941–1945*, Hamburg: Hamburger Edition 2010; Jan Philipp Reemtsma, *Vertrauen und Gewalt. Versuch über eine besondere Konstellation der Moderne*, Hamburg: Hamburger Edition 2008; Sönke Neitzel u. Harald Welzer, *Soldaten. Protokolle vom Kämpfen, Töten und Sterben*, Frankfurt am Main: Fischer 2011; Harald Welzer, *Täter. Wie aus ganz normalen Menschen Massenmörder werden*, Frankfurt am Main: Fischer 2008; Michaela Christ, *Die Dynamik des Tötens. Die Ermordung der Juden von Berditschev. Ukraine 1941–1944*, Frankfurt am Main: Fischer 2011.

82 *Süddeutsche Zeitung* vom 9./10.7.2022, S. 45.

83 https://www.faz.net/aktuell/politik/ausland/asow-stahlwerk-was-hat-russland-mit-den-helden-von-mariupol-vor-18038497.html.

84 Bei Willemsen bezog sich dieser Satz auf das Fernsehen, vgl. Roger Willemsen, *Das blinde Fernsehen. Rede zur Lage des Fernsehens*, in: Bernhard Pörksen u. Andreas Narr (Hg.), *Die Idee des Mediums. Reden zur Zukunft des Journalismus*, Köln: Halem 2015, S. 182–213: S. 199.

85 Diese Erkenntnis verdanken wir dem Radikalen Konstruktivismus. Vgl. Siegfried J. Schmidt (Hg.), *Der Diskurs des Radikalen Konstruktivismus*, Frankfurt am Main: Suhrkamp 1987.

86 Vgl. dazu George Spencer Brown, *Laws of Form – Gesetze der Form*, Lübeck: Bohmeier 1997. Der *unmarked space* ist der Raum, aus dem heraus das Markierte (*marked state*) vom Unmarkierten (*unmarked state*) unterschieden wird, der aber im Akt des Unterscheidens selbst nicht thematisiert wird.

87 Vgl. dazu am Beispiel von Auslandsnachrichten in norwegischen Zeitungen Johan Galtung und Mari Holmboe Ruge, *The Structure of Foreign News*, Journal of Peace Research, Bd. 2, Nr. 1. 1965, S. 64–91.

88 Niklas Luhmann, *Die Realität der Massenmedien*, Opladen: Westdeutscher Verlag 1995, S. 11.

89 Ebd.

90 Meyer (s. Anm. 8), S. 45.

91 Ebd., S. 46.

92 Luhmann (s. Anm. 88), S. 12.

93 Jürgen Habermas, *Theorie und Praxis*, Frankfurt am Main: Suhrkamp 1971, S. 32.

94 Jürgen Habermas, *Hat die Demokratie noch eine epistemische Dimension? Empirische Forschung und normative Theorie. Politische Soziologie 2008 / 2*, GESIS-IZ Sozialwissenschaften Bonn 2008, S. 9–38, hier S. 10; vgl. auch Haller (s. Anm. 54), S. 8.

95 *Die Anstalt* vom 29. 4. 2014, zitiert nach Uwe Krüger, *Meinungsmacht. Der Einfluss von Eliten auf Leitmedien und Alpha-Journalisten – eine kritische Netzwerkanalyse*, Köln: Halem 2019, S. I.

96 Zitiert nach https://www.blaetter.de/ausgabe/2016/august/immer-einer-meinung. Der *Zeit*-Beitrag ist einsehbar unter

Jochen Bittner und Matthias Naß, *Kurs auf die Welt*, in: *Die Zeit*, 7 / 2014.

97 https://www.zeit.de/2015/26/journalismus-medienkritik-luegenpresse-vertrauen-ukraine-krise?page=39.

98 Zitiert nach https://mmm.verdi.de/beruf/seltsame-netzwerke-2581.

99 Zitiert nach https://mmm.verdi.de/beruf/seltsame-netzwerke-2581.

100 Krüger (s. Anm. 24), S. 111.

101 https://www.spiegel.de/international/europe/founderof-german-marshall-fund-guido-goldman-retires-a-834696.html.

102 Krüger (s. Anm. 24), S. 48.

103 Ebd., S. 90.

104 https://www.zeit.de/1968/14/dieser-krieg.

Gala-Publizistik

105 *Übermedien*, Interview AF mit RA, 26. 10. 2019 https://uebermedien.de/42596/hast-du-manchmal-das-gefuehl-benutzt-zu-werden-staendig/.

106 C. Nuernbergk und J. H. Schmidt, *Twitter im Politikjournalismus*, Publizistik 65, S. 41–61 (2020). https://doi.org/10.1007/s11616-019-00557-4.

107 »Journalisten aus dem Bereich Nachrichten und Politik verbringen die meiste Zeit in sozialen Medien; Journalisten mit dem Schwerpunkt Wirtschaft und Finanzen nutzen am häufigsten professionelle Netzwerke.« Social Journalism Studie 2017, S. 2, https://www.cision.de/ressourcen/whitepaper/social-journalism-studie-2017-deutschland-report-lp/.

108 Zitiert nach Lutz Hachmeister, *Nervöse Zone. Politik und Journalismus in der Berliner Republik*, München: DVA 2007, S. 27.

109 Ebd., S. 13.

110 https://www.faz.net/aktuell/politik/wahlkampf-schroeder-bereitet-spd-auf-richtungswahl-vor-159664.html.

111 Im ersten TV-Duell um die Nachfolge von Boris Johnson im Juli 2022 wurden von 30 Minuten sieben Minuten auf die Diskussion um die Ohrringe der Außenministerin verwendet.

112 Meyer (s. Anm. 8), S. 144 ff. Man kann das etwa damit illustrieren, dass in Nachrichtenredaktionen derjenige König ist, der als Erster einen Gesetzesentwurf präsentieren kann, denn das produziert »News«. Dass dieser Entwurf eh noch über mindestens drei Schreibtische gehen wird, spielt keine Rolle.

113 Zur »medienindogenen« Produktion von Politik siehe Otfried Jarren und Patrick Donges, *Politische Kommunikation in der Mediengesellschaft: Eine Einführung*, 2 Bände, Opladen: Westdeutscher Verlag 2002, 3. Aufl. 2011.

114 https://www.spiegel.de/politik/deutschland/gruene-anton-hofreiter-stoesst-mit-aussage-zu-eigenheimen-aufscharfe-kritik-a-73666bfb-7118-47f6-813e-1aa2bb2dbf09.

115 Meyer (s. Anm. 8), S. 145.

116 Erving Goffman, *Asyle. Über die soziale Situation psychiatrischer Patienten und anderer Insassen*, Frankfurt am Main: Suhrkamp 1973.

Auf den Cursor kommt es an!

117 https://www.tagesschau.de/inland/deutschlandtrend/deutschlandtrend-2991.html, vgl. auch https://www.rnd.de/politik/umfrage-zu-krieg-in-ukraine-das-denken-die-deutschen-ueber-waffenlieferungenund-deutschlands-ZGCED4DYHONWSLRH2YA76T3TQU.html.

118 https://www.tagesschau.de/inland/deutschlandtrend/deutschlandtrend-2991.html.

119 https://www.mdr.de/nachrichten/deutschland/politik/mdrfragt-umfrage-krieg-regierung-100.html (diese Umfrage ist nicht repräsentativ, basiert aber auf einer außergewöhnlich großen Stichprobe von 29 197 Personen).

120 https://www.zdf.de/nachrichten/politik/220715-politbarometer-ukraine-energiekosten-100.html?slide=1657824671900.

121 Luhmann (s. Anm. 88), S. 10.

122 Peter Hoeres, *Die Realität der Pressefreiheit*, Die Neue Ordnung Nr. 5 / 2021, Oktober, Institut für Gesellschaftswissenschaften Walberberg e. V., S. 370.

123 https://www.welt.de/vermischtes/plus231406453/Forscher-Die-grosse-Mehrheit-der-Journalisten-steht-links-der-Mitte.html.

124 Meyer (s. Anm. 8).

125 Die Springer-Presse hatte zuvor allerdings schon Anstoß daran genommen, dass Wulff geäußert hatte, dass der Islam zu Deutschland gehöre. Dieser motivierte Verfolgungsanlass verflüchtigte sich im Verlauf der zunehmend personalisierten Kampagne.

126 https://www.zeit.de/kultur/film/2014-07/maybrit-illner-christian-wulff/komplettansicht.

127 https://www.focus.de/politik/deutschland/flasspoehler-ueber-umstrittenen-auftritt-moderator-hat-versucht-mich-zu-diffamieren_id_24441560.html.

128 Thomas Meyer, *Die Unbelangbaren. Wie politische Journalisten mitregieren*, Berlin: Suhrkamp 2015, S. 26.

129 Es existiert ja auch eigens ein Ranking, in dem die Medien als besonders relevant gelten, die am häufigsten von anderen Medien zitiert werden – ein starker Indikator für Selbstreferenz: https://kress.de/news/detail/beitrag/148687-exklusiv-die-meistzitierten-medien-des-jahres-2021.html. Dieses Ranking scheint in der Medienbranche so wichtig, dass daraus eine »objektive« Statistik gebaut wird: https://de.statista.com/

statistik/daten/studie/169706/umfrage/die-meistzitierten-medien-in-deutschland/.

130 https://meedia.de/2022/06/17/medien-und-die-ukraine grenzen-zum-kriegsaktivismus-scheinen-fliessend/. Marlis bezieht ihre Interpretationen unter anderem auf die Studie https://reutersinstitute.politics.ox.ac.uk/digital-news-report/2022/perceptions-media-coverage-war-Ukraine.

131 Ebd.

132 https://www.berliner-zeitung.de/politik-gesellschaft/neue-haltung-zur-ukraine-new-york-times-klingt-ploetzlich-wie-sahra-wagenknecht-li.229127.

Kapieren kommt von Kopieren

133 Henri Taijfel, *Gruppenkonflikt und Vorurteil: Entstehung und Funktion sozialer Stereotypen*, Bern: Huber 1982.

134 Ebd., S. 76.

135 Siehe Morton Hunt, *Das Rätsel der Nächstenliebe*, Frankfurt am Main / New York: Campus 1992, S. 88.

136 Norbert Elias und John Scotson, *Etablierte und Außenseiter*, Frankfurt am Main: Suhrkamp 1990.

137 Erving Goffman, *Stigma. Über Techniken der Bewältigung beschädigter Identität*, Frankfurt am Main: Suhrkamp 1974.

138 Die folgenden Ausführungen enthalten überarbeitete Passagen aus dem Buch von Michael Pauen u. Harald Welzer, *Autonomie. Eine Verteidigung*, Frankfurt am Main: Fischer 2015.

139 S. E. Asch, *Studies of independence and conformity: I. A minority of one against a unanimous majority*, Psychological Monographs, 70(9), 1956, S. 1–70.

140 Martina Kroher, *Should I stay or should I go? Abweichendes Verhalten im Straßenverkehr*, Soziale Welt, 65/2, 2014, S. (201–220).

141 Pauen u. Welzer (s. Anm. 137), S. 147 ff.

142 Sina Trautmann-Lengsfeld u. Christoph Herrmann, *Virtually simulated social pressure influences early visual processing more in low compared to high autonomous participants*, Psychophysiology 51 (2014), S. 124–135. Die Stichprobe bestand hier aus 27 weiblichen Personen.

143 Sina Trautmann-Lengsfeld u. Christoph Herrmann, *EEG reveals an early influence of social conformity on visual processing in group pressure situations*, SOCIAL NEUROSCIENCE, Vol. 8, Nr. 1, 2013, S. 75–89.

144 Zitiert nach Elliot Aronson, *Sozialpsychologie. Menschliches Verhalten und gesellschaftlicher Einfluß*, München: Pearson 1994, S. 39.

145 Eine Fülle von Beispielen liefert Barbara Tuchman, *Die Torheit der Regierenden. Von Troja bis Vietnam*, Frankfurt am Main: Fischer 2012.

146 Karl E. Weick u. Kathleen M. Sutcliffe, *Das Unerwartete managen. Wie Unternehmen aus Extremsituationen lernen*, Stuttgart: Klett-Cotta 2001.

147 https://www.tagesschau.de/inland/corona-sachverstaendigen-rat-101.html.

148 Die folgenden Ausführungen enhalten Elemente aus Richard David Precht, *Sei du selbst. Eine Geschichte der Philosophie III.*, München: Goldmann 2019, S. 475–481.

149 William James, *Der Pragmatismus*, Hamburg: Meiner 1994, 2. Vorlesung.

150 Ebd.

151 Ebd.

152 Ebd., 7. Vorlesung.

153 http://www.einladung-zur-literaturwissenschaft.de/index690c.html?option=com_content&view=article&id=98%3A3-2-die-deutsche-ideologie&catid=38%3Akapitel-3&Itemid=55.

154 Mathias Döpfner, *Abschied vom Pessimismus. Warum der Journalismus von der digitalen Revolution profitiert*, in: Bernhard Pörksen u. Andreas Narr (Hg.), *Die Idee des Mediums. Reden zur Zukunft des Journalismus*, Köln: Halem 2015, S. 44–67, S. 57.

155 https://www.welt.de/debatte/article239179499/Ulf-Poschardt-Vom-Schmerz-der-Modernisierung.html; https://www.welt.de/debatte/article239180477/Mathias-Doepfner-Unser-Haus-steht-fuer-Vielfalt-und-Freiheit.html.

156 Inzwischen gilt allgemein nur noch »Paid« als zukunftsfähig: *New York Times*, *Financial Times* und *Economist* haben gezeigt, dass das sehr gut funktioniert, vor allem englischsprachig und damit global. Allen Befürchtungen zum Trotz funktionieren aber auch deutschsprachige Angebote wie *Spiegel plus* oder *Zeit plus* inzwischen sehr gut. Aber die Währung ist die sogenannte Konvertierung: Wie viele Abos generiert eine veröffentlichte Geschichte? Als erfolgreich gelten 70 bis 100 Konvertierungen, als »Volltreffer« etwa 300 Konvertierungen.

157 https://www.spiegel.de/kultur/gesellschaft/michael-haller-zur-zeitungsdebatte-a-917026.html.

158 https://www.tagesschau.de/wirtschaft/medienkrise102.html.

159 https://taz.de/Abschied-von-Gruner--Jahr/!5827323/.

160 https://www.bpb.de/themen/medien-journalismus/lokaljournalismus/151250/zeitungsfinanzierung/. In diesem Beitrag von 2012 heißt es: »Bei den Tageszeitungen macht das Werbegeschäft heute noch knapp die Hälfte des Gesamtumsatzes aus. Über Jahrzehnte war das ganz anders: Die Werbung in Zeitungen boomte. Zwei Drittel der Verlagseinnahmen wur-

den mit Werbung erzielt. Diese große Nachfrage nach Zeitungswerbung hielt an bis zum Jahr 2000. Es war das beste Jahr für die Zeitungsverlage, die allein mit der Werbung einen Umsatz von 6,6 Mrd. € erreichten.«

161 Bernhard Pörksen, *Die fatale Stille*, in: Ders. u. Andreas Narr (Hg.), *Die Idee des Mediums. Reden zur Zukunft des Journalismus*, Köln: Halem 2015, S. 9–19, S. 11.

162 Ebd., S. 12.

163 https://andreaslesch.substack.com/p/fur-mich-fuhlt-sich-das-nicht-verruckt?s=r.

164 https://www.otto-brenner-stiftung.de/fileadmin/user_data/stiftung/02_Wissenschaftsportal/03_Publikationen/AP55_Medienmacher_innen_Vierseiter.pdf.

165 https://www.spiegel.de/kultur/gesellschaft/michael-haller-zur-zeitungsdebatte-a-917026.html.

166 https://www.bild.de/ratgeber/gesundheit/kurioses-ueber-orgasmus-penis-mann-und-frau-5718520.bild.html.

167 *Spiegel-online* am 20. 7. 2022 in einem Artikel über Sahra Wagenknecht: https://www.spiegel.de/politik/deutschland/michael-kretschmers-vorschlag-zum-ukrainekrieg-unterstuetzung-von-linken-und-afd-csu-geht-auf-distanz-a-9eb718f2-a71a-4ee2-87a6-a51bfcac44c3.

168 https://www.freitag.de/autoren/klaus-raab/warum-auch-serioese-medien-falsch-informieren.

169 Ebd.

170 So gab es im Sommer 2022 eine bizarre Kontroverse um Emily Dische-Becker, eine Journalistin, deren skandalisierbare Tat offenbar darin bestanden hatte, im Jahr 2006 (!) Co-Autorin eines Artikels in der libanesischen Zeitung *Al Akhbar* gewesen zu sein. Weswegen Dische-Becker als Coach für Führungen auf der ihrerseits maximal skandalisierten Documenta problematisch sei – weil, wie die FAZ insinuierte, »Al Akhbar im Libanon, wo Zeitungen bis auf ganz wenige Ausnahmen

Sprachrohre politischer Kräfte sind, als der Schiitenorganisation Hizbullah nahestehend« zu betrachten sei (https://www.faz.net/-gsf-atn50). Da muss man erstmal draufkommen, aber das war der Beginn einer »Kontroverse«, der sich *Welt*, *taz*, FAZ und natürlich die *Twitter*-Community in höchster Wallung widmeten.

171 https://www.spiegel.de/kultur/gesellschaft/auflagenschwund-elf-vorschlaege-fuer-bessere-zeitungen-a-914855.html.

172 https://checkpoint.tagesspiegel.de/encore/6xdAXg9urSN0j-lsd7NKNUa?utm_medium=social-button-nl-web.

173 https://www.dwdl.de/zahlenzentrale/88812/so_viel_reichweite_kostet_die_kultur_das_heutejournal/.

174 https://meedia.de/2019/01/15/reuters-digital-news-report-2019-journalismus-droht-wegen-paywalls-groesste-entlassungswelle-seit-jahren/.

175 https://www.leibniz-gemeinschaft.de/ueber-uns/neues/forschungsnachrichten/forschungsnachrichten-single/newsdetails/ruecklaeufige-nachrichtennutzung.

176 Klaus Dörre, *Kampf um Öffentlichkeit. Kapitalistische Landnahme und die Zerstörung von Vernunft*, in: Nils S. Borchers, Selma Güney, Uwe Krüger u. Kerem Schamberger (Hg.), *Transformation der Medien – Medien der Transformation. Verhandlungen des Netzwerks Kritische Kommunikationswissenschaft*, Frankfurt am Main: Westend 2021, S. 116; doi: https://doi.org/10.53291/TMQO5163.

177 Ebd., S. 117.

Verzweiseitigung

178 https://www.nzz.ch/international/deutschland/angelamerkel-im-ersten-oeffentlichen-interview-seit-dem-ende-ihrer-kanzlerschaft-ld.1687755.

179 https://nachrichten-online.eu/2021/01/17/warum-es-die-nzz-nach-deutschland-zieht-es-rappelt-im-kanton/.

180 Steffen Mau, *Kamel oder Dromedar? Zur Diagnose der gesellschaftlichen Polarisierung*, in: *Merkur* vom 28. Februar 2022. Auch: https://www.merkur-zeitschrift.de/2022/02/28/kamel-oder-dromedar-zur-diagnose-der-gesellschaftlichen-polarisierung/#more-21048.

181 Ebd.

182 So Marina Weisband unkommentiert in einem Gespräch mit Julia Encke in der *Frankfurter Allgemeinen Sonntagszeitung* vom 10. 7. 2022, S. 39.

183 Zitiert nach Klaus Raab, »Darüber müssen wir reden«, *taz* vom 23. 1. 2016, S. 17–20, hier S. 20.

184 https://taz.de/Ausgabe-vom-23/24-Januar-2016/!161697/.

185 https://www.mz.de/deutschland-und-welt/politik/nach-video-zur-silvesternacht-am-excelsior-hotel-ernst-kolner-hotel-direktor-distanziert-sich-von-den-aussagen-des-tur stehers-3091393.

186 https://www.wolfgangmichal.de/2015/09/06/monothematischer-journalismus/.

187 https://www.aliceschwarzer.de/artikel/das-sind-die-folgen-der-falschen-toleranz-331143.

188 https://www.cicero.de/innenpolitik/uebergriffe-koeln-und-hamburg-der-kontrollverlust/60323.

189 Hauptherkunftsländer von Asylsuchenden waren 2015 in dieser Reihenfolge Syrien, Albanien, Kosovo, Irak und Serbien https://www.proasyl.de/hintergrund/zahlen-und-fakten-2015/.

190 https://twitter.com/sternde/status/684049967170850819?lang=de.

191 Vgl. https://www.spiegel.de/panorama/justiz/koelner-silvesternacht-ernuechternde-bilanz-der-justiz-a-1257182.html.

192 Bernhard Pörksen, *Die große Gereiztheit. Wege aus der kollektiven Erregung*, München: Hanser 2018, S. 47.

193 https://www.reuters.com/article/germany-president-verb-idINDEE80B0JQ20120112.
194 https://www.otto-brenner-stiftung.de/fileadmin/user_data/stiftung/02_Wissenschaftsportal/03_Publikationen/AH110_OERM_Soziale_Netzwerke.pdf.

Erregungsökonomie

195 http://www.symbolforschung.ch/files/pdf/Allegorie_Gefaengnis.pdf.
196 *Süddeutsche Zeitung* vom 29. 4. 2022, S. 12.
197 https://www.deutschlandfunk.de/habermas-meinungskampf-krieg-100.htm.
198 https://www.faz.net/aktuell/feuilleton/ukraine-lambrecht-spricht-das-wort-sieg-nicht-aus-18076516.html.
199 Vgl. Meyer (Anm. 119).
200 Bernhard Pörksen u. Wolfgang Krischke, *Die gehetzte Republik. Die neue Macht der Medien und Märkte*, Köln: Halem, edition medienpraxis 2013.

Vertrauen herstellen

201 Claudius Seidl, *Schicksal und Simulation*, *Frankfurter Allgemeine Sonntagszeitung*, 23. 12. 2018, S. 41.
202 Ein gutes Beispiel liefert die Anne-Will-Sendung vom 13. 3. 2022, wo Lars Klingbeil erst direkt auf Forderungen der Schriftstellerin Katja Petrowskaja und später auf solche des ukrainischen Außenministers Dmytro Kuleba einzugehen hat: https://www.ardmediathek.de/video/anne-will/angriff-auf-die-ukraine-wie-kann-putins-krieg-beendet-werden/

das-erste/Y3JpZDovL25kci5kZS83YzYzMjM4NC0xNTJiLTRiZjEtOWEzNS00YjU2NDc3ZGUzYTE.

203 Frank Schirrmacher, *Die Idee der Zeitung. Wie die digitale Welt den Journalismus revolutioniert*, in: Bernhard Pörksen u. Andreas Narr (Hg.), *Die Idee des Mediums. Reden zur Zukunft des Journalismus*, Köln: Halem 2015, S. 122–144, S. 126.

204 http://www.zeit.de/2018/08/umgang-medien-fake-news-propaganda-journalismus/komplettansicht; Pörksen 2018, S. 186 ff.

205 Bernd Blöbaum, *Journalismus als soziales System. Geschichte, Ausdifferenzierung und Verselbständigung*, Opladen: Westdeutscher Verlag 2013, S. 35.

206 Michael Haller, *Transformationen im Online-Medienmarkt: Was wird aus den journalistischen Kompetenzen?*, in: Nils S. Borchers, Selma Güney, Uwe Krüger u. Kerem Schamberger (Hg.), *Transformation der Medien – Medien der Transformation. Verhandlungen des Netzwerks Kritische Kommunikationswissenschaft*, Frankfurt am Main: Westend 2021, S. 217; doi: https://www.westendverlag.de/OA/10.53291GCAL8505 %20 Krueger_Transformation_09_Transformationen_im_Online-Medienmarkt.pdf.

207 Reinemann u. Maurer (s. Anm. 68), S. 29.

208 Jürgen Habermas, *Überlegungen und Hypothesen zu einem erneuten Strukturwandel der politischen Öffentlichkeit*, Leviathan Sonderband 37, 2021, S. 470–500, hier S. 489.

209 Haller (s. Anm. 206), S. 218.

Danksagung

Das war ein ungewöhnliches Projekt. Zwei in den Medien präsente Autoren schreiben ein medienkritisches Buch, zwei Verlage befördern auf höchst unkonventionelle und engagierte Weise und sehr spontan das Projekt, und alle helfen mit, dass dieses in kurzer Zeit auf den Weg gebracht werden kann. Dafür danken wir Siv Bublitz vom S. Fischer Verlag und Grusche Juncker von Penguin Random House sehr, und natürlich auch Lea Kubisch vom Hörverlag Penguin Random House. Dann für das unkomplizierte und engagierte Handling und Lektorat Dr. Alexander Roesler und Yelenah Frahm vom S. Fischer Verlag, für ungemein hilfreiche Hinweise Prof. Dr. Michael Haller, für akribisches Factchecking Thorsten Oltmer, für Recherchen zu Prozessen der Verzweiseitigung und zur Entwicklung des Online-Journalismus Klaus Raab. Und noch ein Extra-Dank für technische Spontanhilfe an Sybille Frederiks und Dana Giesecke. Ohne den Spirit und die Unterstützung all dieser wunderbar unkomplizierten und anpackenden Menschen hätten wir das nicht geschafft. Danke!

Richard David Precht & Harald Welzer,
im August 2022

Von Richard David Precht ist im Goldmann Verlag außerdem erschienen:

Wer bin ich – und wenn ja, wie viele? • Die Kosmonauten • Liebe. Ein unordentliches Gefühl • Die Kunst, kein Egoist zu sein • Warum gibt es alles und nicht nichts? • Anna, die Schule und der liebe Gott • Lenin kam nur bis Lüdenscheid • Tiere denken • Erkenne die Welt. Geschichte der Philosophie I • Erkenne dich selbst. Geschichte der Philosophie II • Sei du selbst. Geschichte der Philosophie III • Mache die Welt. Geschichte der Philosophie IV • Jäger, Hirten, Kritiker • Künstliche Intelligenz und der Sinn des Lebens • Von der Pflicht • Freiheit für alle

Die Instrumente des Herrn Jørgensen (mit Georg Jonathan Precht)